Barbara Friehs

Grundlagen der Vergleichenden Erziehungswissenschaft

Barbara Friehs

Grundlagen der Vergleichenden Erziehungswissenschaft

Konzepte – Skizzen – Materialien

Leykam

Druck: Steiermärkische Landesdruckerei GmbH, 8020 Graz
Gesamtherstellung: Leykam Buchverlag
ISBN 978-3-7011-0298-3
www.leykamverlag.at

Inhalt

1. Einleitende Bemerkungen 7

2. Die Entwicklung der Disziplin 11
2.1 Die Anfänge 11
2.2 Jullien de Paris 12
2.3 Weitere Pioniere der Vergleichsforschung 14
2.4 Die wissenschaftliche Weiterentwicklung der Vergleichsforschung 15
2.5 Wissenschaftliche Organisationen 19

3. Ziele der Vergleichenden Erziehungswissenschaft 21

4. Theoretische Ansätze der Vergleichenden Erziehungswissenschaft 27
4.1. Allgemeine Bemerkungen 27
4.2 Weltsystemtheorie 28
4.2.1 Die Weltsystemtheorie nach Immanuel Wallerstein 28
4.2.2 Weltsystemtheorie (Weltkulturtheorie) nach John W. Meyer und Francisco O. Ramirez 30
4.2.3 Die Weltsystemtheorie von Jürgen Schriewer 36
4.2.4 Die Weltgesellschaftstheorie von Niklas Luhmann 38
4.2.5 Kritische Gegenpositionen 40
4.3 Theoretische Verbindungen zwischen Bildung und Entwicklung 46
4.3.1 Humankapitaltheorie 46
4.3.2 Modernisierungstheorie 47
4.3.3 Dependenztheorie 48
4.3.4 Befreiungstheorie 49
4.4 Weltmodell „Schule“ 50

5. Die Funktionen des Vergleichs 53
5.1 Die idiographische Funktion 53
5.2 Die quasi-experimentelle Funktion 54
5.3 Die evolutionistische Funktion 55
5.4 Die melioristische Funktion 55

6. Die Methoden der Vergleichenden Erziehungswissenschaft 57
6.1 Allgemeine Bemerkungen 57
6.2 Die Rolle definierter Vergleichskriterien 59
6.3 Forschungsbereiche der Vergleichenden Erziehungswissenschaft 62
6.4 Qualitative und quantitative Methoden in der Vergleichsforschung 63
6.5 Stufen des Vergleichs 65
6.6 Der Forschungskontext 67

7. Kultur 69
7.1 Begriffsbestimmung 69
7.2 Bedeutungsfelder von Kultur 76
7.3 Klassifikation von Kulturen 78
7.3.1 Ethnozentrismus, Stereotype und Heterotype 78
7.4 Kulturtypenmodelle 80
7.5 Kommunikation 84

8. Globale Entwicklungen 87
8.1 Globalisierung 87
8.2 Die Internationalisierung des Lehrens und Lernens 90
8.3 Internationale Schüler- und Schülerinnenvergleichsleistungsstudien 92
8.4 Bildungssysteme in Nordeuropa und das Geheimnis ihres Erfolges 96
8.5 Kolonialpädagogik und Bildungsforschung mit der Dritten Welt 99
8.6 Grundzüge der EU-Bildungspolitik 105
8.6.1 „Die Europäische Dimension" 105
8.6.2 Der Vertrag von Maastricht 109
8.6.3 Aktions- und Mobilitätsprogramme der Europäischen Gemeinschaft nach Maastricht (ab 1993) 110
8.6.4 Der „Bologna-Prozess" 112

9. Interkulturelle Pädagogik 121
9.1 Vergleichende Erziehungswissenschaft und Interkulturelle Pädagogik 121
9.2 Migration und ihre Ursachen 122
9.3 Historische Entwicklungslinien der Migration 125
9.4 Verschiedene pädagogische Ansätze zur Interkulturalität 126
9.4.1 Ausländerpädagogische Ansätze 127
9.4.2 Schwerpunkt: Fremd- und Zweitsprache 129
9.4.3 Interkulturelle Ansätze 130
9.5 Interkulturelle Kompetenz 134
9.6 Interkulturelle Bildung und Erziehung im Unterricht 135
9.7 Kinder und Jugendliche mit Migrationshintergrund im Bildungssystem 138
9.8 Migration und Mehrsprachigkeit 146
9.9 Multikulturalität 157
9.9.1 Begriffsbestimmung 157
9.9.2 Multikulturalität in den USA 157
9.10 Cross-Cultural Trainings als Beispiel für die interkulturelle Erwachsenenbildung 173

10. Literatur 177

1. Einleitende Bemerkungen

Die Anwendung des systematischen Vergleichs ist in vielen Gebieten der akademischen Forschung üblich. Disziplinen wie die Vergleichende Religionswissenschaft, die Vergleichende Literaturwissenschaft oder die Vergleichende Politikwissenschaft wenden die Methode des Vergleiches an, um zu aussagekräftigen Untersuchungsergebnissen zu kommen, die in der Folge häufig auch als Instrument für Meinungsbildungen und Entscheidungsfindungen fungieren können.

Die Anfänge der Vergleichenden Erziehungswissenschaft als wissenschaftlicher Disziplin, die von jeher einen politikberatenden und entscheidungsunterstützenden Anspruch erhob, gehen auf die zweite Hälfte des 18. Jahrhunderts[1] zurück, als die Nationalstaaten in Europa und auch in anderen Teilen der Welt erstmalig begannen, eigene Bildungssysteme zu etablieren. Der Prozess der Internationalisierung begann ab da zunehmend auch das Bildungswesen und die Pädagogik zu durchdringen.

Die Auswahl der Vergleichselemente und die Ausrichtung der Fragestellung blieb lange auf den Nationalstaat hin ausgerichtet, wobei sich die Allgemeine Pädagogik auf das „Innen" und das „Eigene" und die Vergleichende Erziehungswissenschaft auf das „Außen" und das „Fremde" konzentrierte. Dies bedingte die Wahrnehmung der „Nation als geschlossener Einheit, mit einer Nationalkultur und einem daraus resultierenden Nationalcharakter", wobei diesem Konzept in der Vergleichenden Erziehungswissenschaft die Idee der Faktoren entsprach, die auf die Nation und deren Kultur bzw. das Bildungswesen gestaltende Auswirkungen entfalten und damit deren Entwicklung mitbestimmen (vgl. Krüger 1974, 38 f.).

> „Dass die Normierung des ‚Eigenen' empirisch-historisch nicht mit den nationalstaatlichen Grenzen identisch war und auch nicht sein konnte, wurde ebenso wenig systematisch thematisiert, wie die Tatsache, dass Homogenisierung stets neue Heterogenität schafft: Schließlich wird erst dadurch, dass ein in bestimmten politisch-sozialen Konstellationen definiertes ‚Eigenes' zum Maßstab erhoben wird, anderes ‚fremd' gemacht" (Krüger-Potratz 2005, 102 f.).

„Comparative education has been developed as a field devoted broadly to the study of education in other countries" (Altbach/Arnove/Kelly 1982, 505). Das Interesse daran, was anderswo im bildungspolitischen Bereich geschah, wurde größer und rückte ins

1 Sogar im Jahre 1902 wurde teilweise trotzdem noch immer die Meinung vertreten, dass es unmöglich und unwissenschaftlich sei, ein nationales Bildungssystem mit einem anderen zu vergleichen. „Each system of education can only be understood when seen in its own setting. Each is an expression of its nation's genius; it is characteristic of its people. In so far as it is thriving it is truly popular, and only so far as it is popular and peculiar is it national. The habitat of each system is fixed, it is an indigenous product; consequently it is not only unscientific, but it is impossible to measure comprehensively any system of national education in terms of another. These systems cannot be arranged on order of merit. The finer elements, the more ethical and spiritual factors in national culture, defy the balance of the analyst and the scalpel of the anatomist; they are susceptible to no quantitative tests" (Hughes 1902, 387).

Zentrum politischer Debatten. Allerdings bedurfte es noch vieler Jahre, bevor Vergleichsaktivitäten systematisch durchgeführt und einschlägige Theorien der Vergleichsforschung entwickelt wurden.

Die Vergleichende Erziehungswissenschaft, die als Wissenschaft noch kaum entwickelt und daher als akademische Disziplin nicht institutionalisiert war, durchlief eine seltsame Ausformung (vgl. Krüger 1974; Schriewer 2000 a, b). Auf der einen Seite entstand eine „(Allgemeine) Pädagogik", die sich der Erforschung und Entwicklung eines nationalen Bildungswesens verschrieb und auf der anderen eine „Auslandspädagogik", die ihren Blick auf die bildungspolitische Entwicklung im Ausland warf. Beiden gelang es, sich als Teildisziplinen der Pädagogik zu etablieren, wobei Letztere seit Beginn des 20. Jahrhunderts als Vergleichende Erziehungswissenschaft firmiert[2]. Ihre Aufgabe bestand im systematischen Beobachten, Analysieren und Vergleichen von internationalen Entwicklungen im Bereich von Bildung und Erziehung.

Die Vergleichende Erziehungswissenschaft konnte sich im deutschsprachigen Raum erst in den 60er Jahren des vorigen Jahrhunderts als eigenständige Teildisziplin etablieren und entfalten. Zwar gab es erste Bestrebungen in diese Richtung auch schon vorher, diese wurden allerdings durch den Nationalsozialismus jäh unterbrochen (vgl. v. Blumenthal et al. 1995; Kienitz 1994). Nach dem Krieg erlangte die erziehungswissenschaftliche Vergleichsforschung ihren Aufschwung durch die internationalen politischen Entwicklungen, die neuerdings eine Vergleichung verschiedener Bildungssysteme interessant werden ließen. Auch Bildungsreformen wurden unter internationalen Gesichtspunkten betrachtet. Daneben begann sich außerdem ein Forschungsbereich zur „Pädagogik in Bezug auf die Dritte Welt" zu entwickeln (vgl. Schubert 2005, 9).

Heute leistet die Vergleichende Erziehungswissenschaft einen wertvollen Beitrag zur „Schärfung eines internationalen Problembewusstseins zwecks Erweiterung des denkbaren Handlungsspektrums" (Anweiler 1990, 233), sowie zur Entwicklung von kulturvergleichenden Sichtweisen, die dazu beitragen können, fremde Sozietäten mit ihren jeweiligen Bildungsproblemen besser zu verstehen und durch die Beschäftigung mit „anderen" Ideen und Konzepten neue Ansätze für den Umgang mit den Herausforderungen im eigenen Land zu entwickeln.

Die Vergleichende Erziehungswissenschaft hat demnach die Aufgabe, sich mit Problembereichen zu befassen, die die reflektorische Spannbreite an pädagogischen Fragestellung um neue Perspektiven anreichert. Dass wissenschaftliches Arbeiten und Forschen anwendungsorientiert sein muss, war ein Gedanke, der in der Vergleichenden Erziehungswissenschaft stets vorherrschend war. Wozu Vergleiche im weiten Feld von Bildung und Erziehung und im Spannungsfeld von Bildungs- und Gesellschaftssystemen dienen und wem vergleichende Analysen welchen Nutzen bringen (können), soll in der Folge zur Diskussion stehen.

Seit einiger Zeit werden die komplexesten Daten und Informationen über die verschiedenen Aspekte fremder Bildungssysteme, welche primär von diversen internati-

2 Auf die „Auslandspädagogik" als Entwicklungsschritt in Richtung „Interkultureller Pädagogik" wird in einem eigenen Abschnitt genauer eingegangen.

onalen Organisationen, allen voran der UNO, der UNESCO, der OECD, der IEA (International Association for the Evaluation of Education or Achievement) sowie der Weltbank erhoben und gesammelt werden, allen Interessierten online und auch in gedruckter Form zur Verfügung gestellt. Der direkte Zugang zu diesem Material erleichtert auch den Vergleich desselben.

Der vergleichende Blick auf Bildungsstrukturen in verschiedenen Ländern macht deutlich, dass ähnliche Problemlagen im Bildungswesen unterschiedlicher Gesellschaften auch sehr different wahrgenommen, eingeschätzt und bewältigt werden können. Damit wird eine multiperspektivische Sichtweise erzielt, die gleichzeitig pädagogische Sachverhalte und Konzeptionen relativiert, „ohne damit den Relativismus zu einem universalistischen Prinzip zu verdinglichen. Nicht Reduktion, sondern eher die Steigerung der Komplexität pädagogischen Wissens wäre Ziel der Bemühungen – freilich nicht als Selbstzweck, sondern als Beitrag zur Differenzierung der Wahrnehmung und der Selbstreflexion pädagogischen Denkens und Handelns" (Schubert 2005, 29).

Im Bereich der Vergleichenden Erziehungswissenschaft des deutschsprachigen Raumes liegen einige einschlägige theoretische Abhandlungen vor. Cristina Allemann-Ghionda verfasste ihre einführende Studie im Jahr 2004, und jene von Dietmar Waterkamp erschien zwei Jahre später. Den umfassendsten Überblick über das Themengebiet bot Christel Adick 2008. Sie unternahm den Versuch, die Disziplin aus verschiedenen Perspektiven zu betrachten und befasste sich unter anderem mit der Gegenstandsstruktur der Vergleichenden Erziehungswissenschaft, dem Alltagswissen in dieser Disziplin, ihrem Regelwissen und ihren Modellen, dem wissenschaftlichen Wissen und dem metatheoretischen Bereich des Faches. Damit bot sie einen hervorragenden Einblick in den Untersuchungsgegenstand. Nicht zuletzt deshalb werden auch in vorliegender Studie regelmäßig Bezüge zu diesem Standardwerk der erziehungswissenschaftlichen Vergleichsforschung hergestellt.

2. Die Entwicklung der Disziplin

2.1 Die Anfänge

1521 begannen die Spanier ihre Eroberungsfeldzüge in Lateinamerika. Daraus erwuchs auch Interesse an der Zivilisation der Azteken, was mit detaillierten Berichten über diese Kultur einherging. Beschrieben wurde dabei die aztekische Gesellschaft, wobei bis heute Erziehungsanleitungen und sogar Hinweise auf Unterrichtsinhalte an Schulen überliefert sind. Diese Berichte wurden in erster Linie von Mönchen verfasst (vgl. dazu Allemann-Ghionda 2004, 18 ff.) Überlieferungen aus der europäischen Antike belegen ebenfalls die Beschäftigung mit Bildungseinrichtungen außerhalb des eigenen Landes. Der griechische Dichter Xenophon (430–355 v. Chr.) befasste sich etwa mit der Erziehung und Bildung im Persischen Reich und Cicero (106–43 v. Chr.) verglich diesen Bereich zwischen Rom und Griechenland. Cäsar (100–44 v. Chr.) widmete sich der Beobachtung von Gemeinsamkeiten und Unterschieden von Römern und Druiden und Tacitus (um 58–um 120 n. Chr.) schilderte ausführlich die Art und Weise von Erziehung und Bildung bei Germanen, Angelsachsen und Juden.

Aus dem antiken Asien sind von Chinesen und Arabern ebenfalls Beobachtungen zu fremden Bildungssystemen überliefert (vgl. Allemann-Ghionda 2004, 19). In diesem Zusammenhang ist auch Marco Polo (um 1254–1324) zu erwähnen, der über die Ausbildung von Beamten am mongolischen Hof in Peking berichtete. Ibn Khaldoun (1332–1406), ein tunesischer Gelehrter, äußert sich sogar dezidiert über die Sinnhaftigkeit der Vergleichsmethode zu Forschungszwecken, indem er meint: „Der Historiker ist darauf angewiesen (....), die Natur der bestehenden Dinge zu kennen, die Unterschiede zwischen den Nationen, Gegenden und Epochen hinsichtlich der Mentalität, der Sitten und Gebräuche, der religiösen Sekten, der Schule und aller Umstände, (welche die Gesellschaft beeinflussen). Er muss wissen, was von alle dem noch überlebt, damit er die Gegenwart mit der Zukunft vergleichen kann (...); er muss die Aspekte unterscheiden, in denen diese übereinstimmen oder sich widersprechen, sowie die Gründe für diese Analogien und Unterschiede zeigen" (zit. in Le Thanh Khoi 1981, 10.)

Diese Berichte waren einfache Beobachtungen, die aus Neugierde entstanden und den exotischen Charakter des Vergleichsobjektes im Gegensatz zu den Verhältnissen im Heimatland herausstrichen. „Only the rare observer could extract systematic conclusions with explanatory value from the mass of indiscriminately reported impressions" (Noah/Eckstein 1969, 4 f.). All diesen Berichten war auch die Tatsache gemeinsam, dass sie primär in deskriptiver Form über fremde Bildungssysteme erzählten. Systematische Ansätze fehlten weitgehend, dennoch wiesen sie durchaus gewissen Informationscharakter auf. Der Vergleich mit dem eigenen Bildungssystem war hauptsächlich implizit, seltener ließ er sich in direkter Form beobachten. Die Kriterien für die Bewunderung oder Ablehnung des anderen Systems wurden im Allgemeinen nicht explizit dargestellt. Dies erfolgte erstmals zur Zeit der Aufklärung, einer Epoche, die dezidiert vergleichende Werke hervorbrachte. Johann Wolfgang v. Goethe befasste sich etwa mit Vergleichender Anatomie, Carl Gustav Carus (1789–1869) widmete sich der Vergleichenden Anatomie und Physiologie und Friedrich Wilhelm Heinrich Alexander von Humboldt (1769–1859) den vielfältigen Erscheinungsformen der menschlichen Sprachen (vgl. Allemann-Ghionda 2004, 20).

2.2 Jullien de Paris

Die Ursprünge der Vergleichenden Pädagogik werden auf Marc-Antoine Jullien de Paris (1775–1848), der als Gründervater der Disziplin gilt, zurückgeführt. Er verwendet in seinem Werk „Skizzen und Vorarbeiten zu einem Werk über die Vergleichende Erziehung" aus dem Jahr 1817 diesen Terminus zum ersten Mal. Jullien de Paris widmete sich als Erster einer systematischen und vergleichenden Datenerfassung von Bildungsinstitutionen in verschiedenen Ländern und empfahl, auf der Grundlage von Studien ausländischer Bildungseinrichtungen eine Taxonomie des Bildungswesens zu skizzieren, welche dann die Basis für eine erfolgreiche Bildungspolitik im Kontext des Nationalstaates darstellen sollte. In Jullien de Paris Augen war die Bildung und Erziehung in Frankreich mangelhaft, weshalb er auf der Grundlage von standardisierten Fragebögen detaillierte Informationen über die Bildungseinrichtungen in anderen europäischen Staaten erheben wollte. Erfasst werden sollten besonders Informationen über die Strukturen, die Fächer und die Unterrichtsmethoden in fremden Bildungssystemen.

Jullien de Paris nahm bei seinen Überlegungen die Naturwissenschaften zum Vorbild, da er auf dieser Ebene die verschiedenen Elemente des Schulwesens vergleichen wollte. In empirischer Form plante er Daten zu sammeln, um Beobachtungen zu analysieren und Regeln und Gesetzmäßigkeiten für eine bessere Unterrichtsgestaltung entwickeln zu können. Zu diesem Zweck entwarf er Fragebögen mit 266 Fragen (siehe dazu weiterführend Espe 1954, 27 ff.). Jullien de Paris wollte diese Fragebögen in ganz Europa verteilen, um sie anschließend mit einer Arbeitsgruppe auswerten zu können. Vorgesehen war auch ein Pre-Test, der in der Schweiz durchgeführt werden sollte. Die Wahl dieses Staates begründete er damit, dass die sprachliche, religiöse und kulturelle Diversität in diesem Land hervorragende Bedingungen für diese Untersuchungen schaffen würde (vgl. Espe 1994, 18 f.). Er stand in der politischen und intellektuellen Tradition der Aufklärung und verstand die Vergleichende Pädagogik als positive Wissenschaft. Bildung und Erziehung des Menschen kamen in der Aufklärung weitreichende Bedeutung zu, da man überzeugt davon war, dass diese die Grundlage einer funktionstüchtigen Gesellschaft waren.

Marc-Antoine Jullien de Paris war als „the first scientifically minded comparative educator" (Bereday 1964, 7) ganz darauf ausgerichtet, akribisch genaue, systematische Aufzeichnungen über fremde Bildungssysteme zu erstellen. Auch diese verblieben allerdings auf der Ebene der Deskription und waren als Anleitung für die Übernahme ins eigene System gedacht. „Taking educational systems of one country and moving them wholesale to another was thought feasible in the nineteenth century" (Bereday 1994, 7). Die Aufzeichnungen von Jullien und anderen in dieser Zeit „were utilitarian in purpose and also melioristic, in the sense that they were based on certain a priori values concerning ways of improving education" (Trethewey 1976, 17).

Jürgen Schriewer spricht Jullien de Paris zu, „die Positivierung spekulativer Erziehungskonzepte und die Metabeziehung pädagogischer Theorie" unterstützt zu haben (vgl. 1994 a, 8) und rückt ihn damit in die Rolle des Begründers einer eigenständigen modernen Erziehungswissenschaft, die nicht mehr nur ein Teil der Philosophie oder Theologie war (vgl. Adick 2008, 21). Jullien de Paris Schrift „Skizzen und Vorarbeiten zu einem Werk über die Vergleichende Erziehung" wird demnach auch „als Gründungsmanifest nicht nur der Vergleichenden, sondern Programmschrift der Erziehungswissenschaft schlechthin" gesehen (Schriewer 1994 a, 8.)

Kritischer bemerkt Adick: „(...) faktische und normative Dimensionen waren in seinem Werk untrennbar verbunden. Es wurde von ihm auch nicht reflektiert, ob und ggf. unter welchen Voraussetzungen Regeln für eine bessere Erziehungs- und Bildungspraxis aus den empirischen Befunden ableitbar waren. Wir können seine Position daher – trotz all seiner Verdienste um die Begründung der Vergleichenden Erziehungswissenschaft – als naive, unreflektierte Gemengelage komparativer und internationaler Motive kennzeichnen" (Adick 2008, 24).

Allerdings darf andererseits nicht vergessen werden, dass, auch wenn die Idee, die europäische Erziehungs- und Bildungswirklichkeit „mittels Fragebögen komplett ab(zu)bilden und daraus Grundsätze für eine bessere Schulbildung ableiten zu wollen" dem „normativen Fehlschluss" entsprang, „aus vorliegenden Befunden relativ unvermittelt normative Zustände ableiten zu können" und heute als „naiver Empirismus" erscheint (Adick 2008, 24), Jullien de Paris Leistungen für die damalige Zeit einzigartig waren. Selbst wenn nicht bekannt ist, wie weit seine Vorhaben tatsächlich gediehen, da keine diesbezüglichen Daten überliefert wurden, sind viele Bereiche, die von ihm erstmalig systematisch bearbeitet worden waren, auch heute noch Teil der Forschungstätigkeit der Vergleichenden Erziehungswissenschaft.

Der damalige Zeitgeist stand nämlich auch gegen diesen in den Grundzügen äußerst vielversprechenden Ansatz Jullien des Paris. Obwohl es im 19. Jahrhundert immer wieder zur Entwicklung ähnlicher Konzepte kam, konnte sich daher in dieser Zeit keine systematische erziehungswissenschaftliche Disziplin herausbilden. Es gab zwar in diesen Tagen bereits einige Untersuchungen, die durchgeführt wurden, allerdings nicht mit wissenschaftlichem Ziel. Somit waren auch die Erhebungsinstrumente nicht wirklich systematisch und strukturiert. Allerdings wollte man durchaus von den ausländischen Gegebenheiten lernen, um auf Grundlage dieser Erkenntnisse das Bildungswesen im eigenen Land verbessern zu können. Jullien de Paris Ideen von einer vergleichenden Pädagogik wurden daher schon deshalb nie umgesetzt, da die geeigneten methodischen Grundlagen nicht vorhanden waren.

2.3 Weitere Pioniere der Vergleichsforschung

Neben Marc Antoine Jullien, der sich als einer der Ersten systematisch international ausgerichteten Forschungsansätzen im Bildungswesen widmete, gab es noch eine Reihe anderer bedeutender Vertreter der frühen Vergleichsforschung, die sich ebenfalls mit dieser Thematik befassten. Zu erwähnen wäre etwa Victor Cousin (1792–1867), dessen Hauptinteresse als französischer Bildungsminister des 19. Jahrhunderts Preußen galt, das 1763 als erster europäischer Staat die allgemeine Schulpflicht eingeführt hatte. Er verfasste eine Reihe von Berichten über das preußische Schulwesen, die dann als Basis für das „Gesetz zur Organisation der öffentlichen, französischen Schulbildung" aus dem Jahre 1833 wurden. Dies kann als Beispiel für den direkten Einfluss gesehen werden, den Bildungssysteme schon damals aufeinander ausübten.

All diese Entwicklungen sind natürlich eng im Zusammenhang mit dem Entstehen von Nationalstaaten zu verstehen, denn ein fundiertes nationales Bildungswesen war eine wichtige Säule jeder Nation. Am Vergleich mit anderen Staaten bestand daher hohes offizielles Interesse (vgl. Allemann-Ghionda 2004, 22). Systematischere und methodisch akzeptablere Forschungsaktivitäten waren überhaupt erst realisierbar, als sich in Europa und in den USA nach und nach ein staatliches Schulwesen herauszubilden begann. Damit war es auch möglich, Erziehung und Bildung wesentlich konkreter als Teil eines Systems zu verstehen, das sich innerhalb eines Nationalstaates in ähnlicher Ausformung demonstrierte, weshalb es auch sinnvoll erschien, diese nationalstaatlichen Bildungseinrichtungen miteinander zu vergleichen. Primäres Ziel dabei war es, Schwächen im eigenen staatlichen Bildungswesen zu erkennen und zu beseitigen.

Jeder Entwicklungsschritt in der Vergleichsforschung ist charakterisiert durch unterschiedliche Motive (vgl. Noah/Eckstein 1998, 15). Während es zu Beginn Berichte von Reisenden waren, die die Neugierde und das Interesse an Praktiken und Bräuchen auch im Bildungs- und Erziehungsbereich in anderen Teilen der Welt weckten, war die erziehungswissenschaftliche Vergleichsforschung während des 19. Jahrhunderts charakterisiert durch die Praxis des „Borgens" (vgl. Gutek 1993; Noah/Eckstein 1998). Bildungsexperten und Politiker reisten in verschiedene Länder, um die dortigen Schulsysteme zu erkunden und Techniken und Praktiken zu beobachten, die auch für die eigenen Länder als geeignet erschienen. Sie basierten ihre Einschätzungen auf den eigenen Eindrücken der fremden Kulturen. Daher waren auch ihre Berichte noch weitgehend deskriptive und unkritische Abhandlungen über die Bildungssysteme in anderen Ländern, dennoch stellten auch sie einen wichtigen Beitrag zu einer Weiterentwicklung der pädagogischen Vergleichsforschung dar.

Horace Mann (1796–1859), ein Verwaltungsbeamter und Pionier des amerikanischen Schulwesens, reiste in verschiedene europäische Staaten, unter anderem nach Preußen, England, Frankreich und England. Speziell das preußische Schulwesen, das vom Humboldt'schen Bildungsideal und dem Geist Johann Heinrich Pestalozzis geprägt wurde, war auch für ihn von hohem Interesse, da er darin eine Quelle der Inspiration für amerikanische Schulen sah (vgl. Hahn 1998).

Sein „Report on an Education Tour in Germany, and Parts of Great Britain and Ireland" aus dem Jahre 1844 verglich organisatorische und methodische Charakteristika in den beobachteten Schulen und postulierte die Erkenntnis, dass die Vereinigten Staaten im Bildungsbereich hinter Preußen zurückgefallen waren. Daran schloss er, um den Entwicklungsrückstand wettmachen zu können, die Empfehlung an, in den USA den Lehrkörper zu professionalisieren, ein anspruchsvolles Curriculum zu entwickeln und die Schulen in effizienterer Form zu überwachen. Nach Horace Manns Auffassung hatte Preußen das bessere schulische Modell, welches er als absolut nachahmenswert ansah (vgl. Phillips/Schweisfurth 2007, 24).

Er setzte bei seinen Analysen bereits statistische Daten ein, blieb allerdings in seinen Schriften in vieler Hinsicht der historisch-philosophischen Tradition verhaftet. Auch erkannte er zwar die politischen und sozialen Unterschiede in den beiden Vergleichsländern USA und Preußen und sah viele Bereiche des preußischen Schulwesens als hilfreich für die Verbesserung des amerikanischen an, war aber nicht daran interessiert, genauere Details über den kulturellen Entstehungskontext zu erforschen oder Hinweise zu liefern, wie eine Übertragung am besten hätte stattfinden können (vgl. Trethewey 1976, 17).

2.4 Die wissenschaftliche Weiterentwicklung der Vergleichsforschung

Ein wesentlicher Kritikpunkt an den frühen Ansätzen war, dass sie zwar großartige Beschreibungen lieferten, aber nicht im Stande waren, Ergebnisse vorherzusagen und daher ohne praktischen Nutzen für die Politik blieben. Auch wenn die frühen Reiseberichte interessant waren, stellten sich die meisten dennoch nur als oberflächliche Beobachtungen heraus und konnten nicht den Anspruch auf systematische Forschungsergebnisse erheben (vgl. Phillips/Schweinsfurt 2007, 1).

Die Arbeit von Jullien de Paris war richtungsweisend für einen Trend, der den Einsatz von systematischen wissenschaftlichen Methoden in der Vergleichenden Erziehungswissenschaft begründete. Im 20. Jahrhundert war man bestrebt, quantitative Methoden anzuwenden, um Aussagen über die Beziehung zwischen Bildung und Gesellschaft treffen zu können (vgl. Noah/Eckstein 1998). Michael Sadler (zit. in Bereday 1964, 7) vertrat die Ansicht, „that each educational system is not readily detachable but is instead intricately connected with the society that supports it." Dies lässt auch erstmals Überlegungen durchklingen, dass sozio-kulturelle Hindernisse die Möglichkeiten des „Borgens" von anderen Systemen beschränkten könnten. Die erfolgreiche Übernahme und Implementierung von fremden Praktiken setzt nämlich das produktive Zusammenspiel vieler kultureller, historischer und sozioökonomischer Faktoren voraus. „Interpreting observed practices in context, and of judging or predicting whether a particular arrangement or practice could be transplanted successfully in the home environment", ist von entscheidender Bedeutung (Trethewey 1976, 17).

Erst am Ende des 19. Jahrhunderts begannen Michael Sadler[3] in England und William Torrey Harris in den USA mit der methodischen Sammlung von Daten als Basis für die Vergleichsforschung. Dies veranlasste auch erstmals eine bewusste Reflexion über die Problembereiche der Vergleichsforschung im Bildungsbereich (vgl. Phillips/Schweisfurth 2007, 2).

In den acht Jahren seiner Tätigkeit als Direktor des „Office of Special Inquiries and Report" in Großbritannien entstanden unter Michael Sadlers Leitung elf Bände an „Special Reports and Education Subjects", welche viel Information, aber auch Empfehlungen und Inspirationsmaterial enthielten. Er ließ eine Reihe von Länderstudien anfertigen und verfolgte dabei das Ziel, die bildungspolitische Diskussion in England anzuregen und mit fundiertem Datenmaterial zu unterstützen. Die ausländischen Bildungssysteme wurden systematisch erforscht und bestimmte Phänomene in historischer und in philosophischer Hinsicht analysiert. Die explizite politische Verwertbarkeit der Forschungserkenntnisse war noch kaum im direkten Interesse Sadlers, dennoch lieferten die Ergebnisse politischen Entscheidungsträgern wertvolle Informationen über die Bildungspraxis in anderen Ländern (vgl. Phillips/Schweisfurth 2007, 87).

Als wichtiger Meilenstein im Rahmen der Institutionalisierung der Vergleichenden Erziehungswissenschaft kann auch das Studienjahr 1899/1900 angesehen werden, da damals James E. Russell die erste Lehrveranstaltung in dieser Disziplin an der Columbia University in New York abhielt (vgl. Allemann-Ghionda 2004, 22).

Eine weitere Grundlage für eine vergleichende Analyse auf wissenschaftlicher, systematisch-analytischer Basis bildeten die Werke von Friedrich Schneider, Nicholas Hans und Robert Ulich, die alle im Nationalsozialismus zur Emigration gezwungen worden waren. Sie führten ihre im Ausland auf internationaler Ebene durchgeführten Vergleichsforschungen nach ihrer Rückkehr gegen Ende des Zweiten Weltkrieges in Deutschland fort. In England und Frankreich hatte die Vergleichende Erziehungswissenschaft jener Tage primär den Zweck einer politikberatenden Wissenschaft, während die deutsche Vergleichende Erziehungswissenschaft als geisteswissenschaftliche Disziplin auftrat.

Zeitgleich entwickelte sich die „Comparative Education" in den USA zu einer empirischen Sozialwissenschaft, die sich primär der Methode der quantitativen Vergleiche verschrieb. Damit wurde die Vergleichende Erziehungswissenschaft immer mehr zu einer eigenen Disziplin, die sich auf eine breite Datenbasis stützen konnte. „Comparative Education" in den USA befasste sich zu Beginn hauptsächlich mit auslandspädagogischen Studien und war anfangs nicht so sehr auf komparatistische Aspekte hin ausgerichtet. Langsam begann man aber auch die sozioökonomischen Dimensionen von Bildung zu erfassen. Als einer der Vorreiter der modernen Vergleichenden Erzie-

3 Michael Sadler (1861–1943) leitete das „Office of Special Inquiries and Reports", das sich später zum „Board of Education" weiter entwickelte und war einer der einflussreichsten Bildungsexperten seiner Zeit.

hungswissenschaft in den USA gilt dabei Isaac L. Kandel. Er betonte die politischen Dimensionen der Vergleichenden Erziehungswissenschaft und deren Auswirkungen auf den Bildungsbereich (vgl. Phillips/Schweisfurth 2007, 37).

Die ersten großen systematischen Vergleiche von Bildungseinrichtungen fanden Mitte des 20. Jahrhunderts statt. Auf Grundlage von Berichten aus Ministerien und Schulbehörden, aber auch wissenschaftlichen Publikationen wurden erstmals empirische Daten erfasst. Dabei ging es primär um das Sammeln von Informationen und Impressionen über ausländische Bildungseinrichtungen und Bildungskonzepte. Auch im wissenschaftlichen Bereich war man primär auf auslandspädagogische Erkenntnisse fixiert und weniger an systematischen Vergleichen interessiert.

In den 60er und 70er Jahren begann es an vielen Universitäten und Colleges üblich zu werden, Lehrveranstaltungen in Vergleichender Erziehungswissenschaft auch als Teil der Lehrer- und Lehrerinnenausbildung anzubieten und im Forschungsbereich entstanden ebenfalls einige bahnbrechende Arbeiten. Namen wie Isaak Kandel, Nikolaus Hans, Friedrich Schneider, Edmund King, Brian Holmes, Harold Noah und Marc Eppstein neben einigen anderen haben bis heute nichts an Bedeutung verloren. Die Arbeiten dieser führenden Wissenschaftler in der Vergleichenden Erziehungswissenschaft basieren auf ganz verschiedenen Traditionen und Kontexten, haben aber in ihrer Gesamtheit die Bildungsvergleichsforschung enorm bereichert. Obwohl es keine methodologische gemeinsame Grundlage in ihren Schriften gibt, ist der forschungsrelevante Beitrag dieser Autoren zur Disziplin von hoher Relevanz.

Mit der Zeit etablierte sich die Vergleichende Erziehungswissenschaft auch im deutschsprachigen Raum als akademische Disziplin im Rahmen der Pädagogik. Hermann Röhrs, Saul B. Robinsohn, Leonhard Froese und Friedrich W. Busch waren dabei führend. Von entscheidender Bedeutung für die Institutionalisierung und auch Professionalisierung einer Wissenschaft sind grundsätzliche Diskussionen über die Methode, den Gegenstand, die Entstehung im Laufe der Geschichte und die weitere Entwicklung einer Disziplin. Die Vergleichende Erziehungswissenschaft im deutschsprachigen Raum stand anfangs in der Tradition des historisch-hermeneutischen Ansatzes. Das Bildungssystem wurde als historisch gewachsenes gesehen und in den Kontext seines kulturellen Erbes gestellt. Speziell der Kulturbegriff war von großer Wichtigkeit, der die historische Einmaligkeit von Konzepten, Ereignissen und sozialen Bedingungen in sich vereinte. Das Bildungssystem wurde im Umfeld seines kulturellen Bezuges gesehen und der Vergleich bemühte sich um das Verständnis von historisch entstandenen Bedeutungskontexten. Mehr und mehr setzte sich die Überzeugung durch, dass die Pädagogik als Sozialwissenschaft zu verstehen sei. Dies ist in der Vergleichenden Erziehungswissenschaft besonders stark ausgeprägt, in der das Selbstverständnis eine dezidiert sozialwissenschaftliche Ausrichtung erfuhr. In der Folge wurde auch einer empirisch-sozialwissenschaftlich orientierten Methodik verstärkt Raum gegeben.

Auch wenn die Vergleichende Erziehungswissenschaft ihren Ursprung in der Auslandspädagogik hatte, gewann doch der vergleichende Aspekt immer mehr an Bedeutung. Dabei konnte dieser durchaus auch zeitlich vergleichende Entwicklungen innerhalb ein und desselben nationalstaatlichen Bildungssystems zum Ziel haben. Durch den Einfluss amerikanischer und international vergleichender Studien wurde dann aber doch viel mehr Augenmerk auf den Vergleich von aktuellen Daten aus unterschiedlichen nationalstaatlichen Bildungssystemen geworfen.

Immer wieder wurde versucht, die Aufgabe der erziehungswissenschaftlichen Vergleichsforschung neu zu definieren und man sah sie etwa als die „intersection of the social sciences, education and cross-national study" (Trethewey 1976, 2). Ein weiterer Ansatz argumentierte: „Not all scholars accepted a definition of the field by its method. Some argued that this was folly, for comparative education was intrinsically a multidisciplinary undertaking that focuses on school/society relations from varying perspectives" (Kelly et al. 1982, 513) und Michael Apple (1978) sah die Hauptaufgabe der Disziplin in der Durchführung internationaler Vergleiche von inneren Abläufen in schulischen Kontexten.

Während der 80er und 90er Jahre standen Bildungsreformen, Bildungsgerechtigkeit und interkulturelle Themenbereiche im Mittelpunkt der Vergleichsforschung (vgl. Kubow/Fossum 2007, 13). All diese Bereiche haben auch zum gegenwärtigen Zeitpunkt nichts an ihrer Aktualität verloren, auch wenn sich aufgrund von massiven sozialen und politischen Veränderungen im Weltgefüge gegen Ende des 20. Jahrhunderts noch neue Schwerpunktsetzungen bei der erziehungswissenschaftlichen Vergleichsforschung herausbildeten. Ursprünglich galt das Interesse der Forschung im deutschsprachigen Raum den Entwicklungen in den europäischen Nachbarstaaten und in den USA, aber auch in der Sowjetunion. Durch die politisch-militärische Teilung der Welt in zwei Blöcke rückte verstärkt die Situation der osteuropäischen Länder ins Zentrum der Beobachtungen. Vergleiche zwischen Ost und West bzw. kapitalistisch und kommunistisch wurden häufiger durchgeführt und es bildete sich mit der „Ostpädagogik" bzw. der „pädagogischen Osteuropaforschung" sogar eine Spezialisierung innerhalb der Vergleichenden Erziehungswissenschaft zu dieser Thematik heraus (vgl. Krüger-Potratz 2005, 104). Dieser Bereich verlor naturgemäß mit dem Zerfall der Sowjetunion an Bedeutung. An Wichtigkeit gewann hingegen infolge der sich verschärfenden Nord-Süd-Konflikte im Zusammenhang mit zunehmenden antikolonialistischen Bewegungen eine Teildisziplin, die damals als „Dritte-Welt-Pädagogik" bekannt wurde und heute als „Bildungsforschung mit der Dritten Welt" oder „Kooperative Pädagogik" bezeichnet wird (vgl. Krüger-Potratz 2005, 104).

George Z. F. Bereday (1964) spricht demnach von drei Phasen der Vergleichenden Erziehungswissenschaft, wobei die erste Phase jene der Entlehnung ist. Sie dominierte im 19. Jahrhundert und legte das Hauptaugenmerk auf das Erkunden ausländischer Bildungseinrichtungen, um positive Aspekte in das eigene System übernehmen zu können. Die zweite Phase ist jene der Voraussage, in der man vor allem im 20. Jahrhundert die Errungenschaften und Leistungen anderer Systeme kritischer untersuchte mit dem Ziel, vorhersagen zu können, welche Konsequenzen bestimmte Maßnahmen haben würden. Die Phase der Analyse war die dritte. Sie ist es auch, die aktuell auf eine fundierte Analyse und Systematik der Vergleichstätigkeit hin abzielt.

Die Schwerpunktsetzung liegt heute auf einer exakten wissenschaftlichen Analyse von Bildungsphänomenen mit dem Ziel, Erklärungen dafür zu finden und auf diese Weise die Leistungsfähigkeit von Systemen zu verbessern. Es ist eine Phase der Ergebnisanalyse und des globalen Kontextes. Methoden der Sozialwissenschaften dominieren die erziehungswissenschaftliche Vergleichsforschung. Speziell die Studien der der OECD haben in den letzten Jahren zur Ansammlung von großen Datenmengen geführt, die eine internationale Beschreibung der einzelnen Bildungssysteme ermöglichen und Praktiken identifizierbar machen, die nachvollziehbare Leistungsergebnisse versprechen. Dies erklärt etwa auch das weltweite Interesse am finnischen, aber auch an asiatischen Schulsystemen, da die Schüler und Schülerinnen dieser Länder immer Spitzenplätze bei internationalen Vergleichsstudien erzielen (vgl. dazu auch Phillips/ Schweisfurth 2007, 38).

Ausständig ist nach Meinung kritischer Autoren und Autorinnen nach wie vor die Übernahme von postmodernen Perspektiven in die erziehungswissenschaftliche Vergleichsforschung. Dabei wird Kritik an einer bestimmten Form der Wahrnehmung geübt:

> „Postmodernism offers critiques of the 'grand narrative' that dominate what is accepted as knowledge, which consist mainly of white, male and western points of view, and therefore are seen to serve white, male and western interests. Instead, it favours a pluralistic view, which acknowledges and celebrates that individuals and groups of individuals have equally valid but different perspectives, and an equal right to constitute knowledge" (Phillips/Schweisfurth 2007, 38).

Demnach scheint die Vergleichende Erziehungswissenschaft erst verspätet Themenbereiche der Postmoderne anzusprechen und ist aufgerufen, dies zu korrigieren (ebda).

2.5 Wissenschaftliche Organisationen

Im Rahmen der Entwicklungen des 20. Jahrhunderts, die zumindest in der zweiten Hälfte gekennzeichnet waren durch internationale Kooperationsbemühungen, trug die Vergleichende Erziehungswissenschaft auch zu internationalen Friedens- und Verständigungsbestrebungen bei (vgl. Arnove/Torres 1999). Eine Reihe von Organisationen und Gesellschaften von verschiedenen Ländern bemüht sich seither auch sehr um die Weiterentwicklung der vergleichenden und internationalen erziehungswissenschaftlichen Forschung. Diese Gesellschaften veranstalten regelmäßige Konferenzen, auf denen ein weites Spektrum von Themen im Bereich der pädagogischen Vergleichsforschung diskutiert wird. In der Folge sei ein Überblick über die wichtigsten wissenschaftlichen Organisationen der Disziplin geboten:

Schon 1956 war die Comparative Education Society (CES) in den USA gegründet worden, deren Bezeichnung 1969 in Comparative und International Education (CIES) umgeändert wurde und die heute die älteste und größte Gemeinschaft ist (vgl. Phillips/ Schweisfurth 2007, 39). Ziel dieser Organisation ist die Förderung interdisziplinärer und internationaler Kooperationen auf dem Gebiet der Vergleichenden erziehungswissenschaftlichen Forschung. Adick (2008, 29) sieht demnach „das Feld, das die internationale Scientific Community heute bearbeitet, gar nicht so weit entfernt von dem, was Jullien de Paris de Paris in seinen Skizzen zur Vergleichenden Erziehungswissenschaft angedacht hatte".

1961 entstand in London die Comparative Education Society in Europa (CESE). „Nimmt man die Gründung einer Organisation als Indiz für auf Dauer gestellte Aktivitäten einschließlich der Definition von Zielen und Mitgliedschaftsregeln, so kann die Londoner Konferenz als die gemeinsame Geburtsstunde der Vergleichenden Erziehungswissenschaften als akademischer Disziplin in Europa und in Deutschland angesehen werden" (Adick 2008, 25). Diese Organisation widmet sich der Förderung von Forschung und Lehre im Bereich der Vergleichenden Erziehungswissenschaft, organisiert internationale Kongresse und unterstützt weltweite Kooperationen.

Die DGfE (Deutsche Gesellschaft für Erziehungswissenschaft) ist die akademische Standesvertretung der Erziehungswissenschaft in Deutschland, der die Vergleichende Erziehungswissenschaft seit 1965 als eigene Kommission angehört[4] (vgl. Adick 2008, 25).

Das World Council of Comparative Education Societies (WCCES) gilt als internationaler akademischer Dachverband der Vergleichenden Erziehungswissenschaften und ist als NGO bei der UNESCO akkreditiert. Es wurde 1970 gegründet und umfasst Mitgliedsverbände aus dem Bereich der Vergleichenden Erziehungswissenschaft in der gesamten Welt. Alle drei Jahre finden internationale Kongresse statt.

Außerdem werden regelmäßig Fachzeitschriften herausgegeben, die sich ebenfalls Themen zur Vergleichenden Erziehungswissenschaft widmen. Die wichtigste im deutschsprachen Raum trägt den Titel „Tertium Comparationis". Weitere Journale sind die „Comparative Education Review" (CER), das Journal der CEIS, die Zeitschrift „Compare", das „Journal of Comparative Education", „The International Review of Education", welche von der UNESCO herausgegeben wird und das „International Journal of Education of Development". Zu nennen wäre auch noch das Online-Journal „Research in Comparative International Education" (RCIE). Zudem gibt es noch eine Reihe von Buchserien, wie etwa die „Oxford Studies in Comparative Education". Zu nennen wären auch die „International Encyclopedia of Education", sowie die verschiedenen Datenbanken, die von der UNESCO, der OECD und der EU (EURYDICE) zur Verfügung gestellt werden.

4 Siehe zu näheren Informationen Adick 2008, 25 f.

3. Ziele der Vergleichenden Erziehungswissenschaft

Aufgrund der Vielfalt der Disziplin stellt sich die Vergleichende Erziehungswissenschaft sehr facettenreich dar. Manchmal wird sie daher auch als „Quasi-Disziplin“ bezeichnet, da sie häufig Anleihen bei anderen Fachdisziplinen, wie etwa der Soziologie, der Psychologie, der Anthropologie, der Politikwissenschaft, den Rechts- und den Wirtschaftswissenschaften nimmt. Dies muss nicht unbedingt als inhärente Schwäche des Faches verstanden werden. Dadurch, dass so viele verschiedene Traditionen im Forschungsbereich zusammengebracht werden und es somit auch eine Fülle von theoretischen Ansätzen gibt, kann man ganz im Gegenteil davon ausgehen, dass die Vergleichende Erziehungswissenschaft die normalen Grenzen einer Disziplin sprengt und in vieler Hinsicht interdisziplinär angelegt ist (vgl. dazu auch Phillips/Schweisfurth 2007, 2 f.). Die Vergleichende Erziehungswissenschaft wird daher auch als „a dynamic interdisciplinary field of study“ (Kelly et al. 1982, 526) beschrieben. „The multidisciplinary nature and context sensitivity characteristic of comparative education make it especially applicable to studying educational phenomena and their sociocultural, historical, and political condition” (Kubow/Fossum 2007, 18).

Broadfoot (1977) vertritt demnach auch die – allerdings kaum geteilte Auffassung – dass, die Vergleichende Erziehungswissenschaft nur ein Bereichsfeld und keine Disziplin sei. Diese Unterscheidung ist insofern von Bedeutung, als jede Disziplin auch bestimmte Untersuchungsmethoden, Regeln und Standards erfordert. „Thus, with rigorous adherence to discipline-specific inquiry, there is a tendency to limit understanding stemming from the subordination and dismissal of other disciplinary perspectives. Comparative education, however, assumes no such hierarchy; rather, as a field, it draws on a variety of disciplines to better understand the complexity of particular educational phenomena” (Kubow/Fossum 2007, 7). Im Gegensatz dazu betont Bereday (1964, x): „(...) comparative educator must attempt to utilize the methods of several disciplines (e. g. sociology, economics, psychology, and philosophy). And if they run the risk of being labeled jacks of all trades and masters of none, they can defend themselves by saying that theirs is a study with a definite limitation of focus – the relevance of education”.

Die Vergleichende Erziehungswissenschaft ist weiters dadurch gekennzeichnet, „dass sie die Gesamtheit von Erziehung und Bildung mit einer bestimmten, für sie charakteristischen Perspektive – die des Vergleichs – in den Blick nimmt (...). Kennzeichnend hierfür ist, dass Erziehung und Bildung in verschiedenen, vom Standpunkt des Betrachters ‚fremden‘ Kulturen und Gesellschaften wahrgenommen, gedeutet und untersucht werden“ (Adick 2008, 52). Dabei können viele Bereiche zum Objekt von reflektorischen und analytischen Aktivitäten werden, wie z. B. die Lehrer- und Lehrerinnenausbildung, Curricula oder auch das Bildungssystem als Ganzes. Entscheidend ist nur, dass dieses explizit oder zumindest implizit unter dem Vergleichsaspekt beforscht wird. Ein zusätzlicher Schwerpunkt der Vergleichenden Erziehungswissenschaft liegt auf der Forschung internationaler und interkultureller Arbeitsbereiche von Erziehung und Bildung. Damit wäre die Vergleichende Erziehungswissenschaft auf einer ähnlichen Ebene angesiedelt wie etwa die Schulpädagogik oder die Erwachsenenbildung.

Als „(t)he study of two or more national systems of education, as existing now and as historical developments, in order that differing approaches to similar problems may be described and evaluated" definiert Collins (1973, 44) die Vergleichende Erziehungswissenschaft. Er sieht ihren Hauptauftrag in der Beschreibung, Evaluierung und vor allen Dingen der Kontrastierung pädagogischer Thematiken, um Erkenntnisse zu gewinnen.

Halls nennt drei weitere Ziele der Vergleichenden Erziehungswissenschaft:

- „To provide an educational morphology, i. e. a global description and classification of the various forms of education (as undertaken by UNESCO and the OECD, etc.)
- To determine the relationships and interactions between the different aspects or factors in education, and between education and society.
- To distinguish the fundamental conditions of educational change and persistence and relate these to more ultimate philosophical laws" (Halls 1990, 22)

und Phillips (2000, 298) weist der erziehungswissenschaftlichen Vergleichsforschung folgende Aufgabenbereiche zu:

- „Shows what is possible by examining alternatives to provision 'at home'
- Offers yardsticks by which to judge the performance of education systems
- Describes what might be the consequence of certain courses of action, by looking at experience in various countries (i. e. in attempting to predict outcomes it can serve both to support and to warn against potential policy decisions)
- Provides a body of descriptive and explanatory data which allows us to see various practices and procedures in a very wide context that helps to throw light upon them
- Contributes to the development of an increasingly sophisticated theoretical framework in which to describe and analyse educational phenomena
- Serves to provide authoritative objective data which can be used to put the less objective data of others (politicians and administrators, principally) who use comparisons for a variety of political and other reasons, to the test
- Has an important supportive and instructional role to play in the development of any plans for educational reform, when there must be concern to examine experience elsewhere
- Helps to foster cooperation and mutual understanding among nations by discussing cultural differences and similarities and offering explanations for them
- Is of intrinsic intellectual interest as a scholarly activity, in much the same way as the comparative study of religion, or literature, or government, is" (Phillips 2000, 298).

Der Schwerpunkt liegt bei diesem Definitionsversuch auf dem Prozess des Lernens und Verstehens von bildungsrelevanten Vorkommnissen in anderen Ländern und möglichen

Vorteilen bei der Übernahme bestimmter „Best practices" ins eigene System, wobei bei einem solchen Vorhaben ein begleitender Analyseprozess unerlässlich ist.

> „This spectrum sees educational transfer as a phenomenon ranging from extreme forms of imposition of ideas (as in an autocratic government demanding a new philosophy and new norms of provision), through policies required 'under constraint' (as in conditions required by aid agencies or countries in receipt of their support), to aspects of educational transfer 'purposefully borrowed' (when policy-makers deliberately seek to import ideas from elsewhere), and finally to the general influence which internationalization or globalization bring in terms of the spread of educational ideas and their associated methods" (Phillips/Schweisfurth 2007, 18).

Dieser auf den ersten Blick eher simple erscheinende Drei-Stufen-Prozess mit der Identifizierung einer erfolgreichen Praktik, deren Einführung in den heimischen Kontext und ihrer anschließenden Integrierung ist in Wirklichkeit jedoch ein unglaublich komplexer Prozess, der die Vergleichsforschung vor viele, bisher zum Teil noch ungelöste Probleme stellt. In Sadlers viel beachteter und oft zitierter Rede zum Thema „How far can we learn anything of practical value from the study of foreign systems of education?, die er 1900 in Guildford hielt, forderte er daher:

> „In studying foreign systems of education we should not forget that the things outside the schools matter even more than the things inside the schools, and govern and interpret the things inside. We cannot wander at pleasure among the educational systems of the world, like a child strolling through a garden, and pick off a flower from one bush and some leaves from another, and then expect that if we stick what we have gathered into the soil at home, we shall have a living plant. A national system of Education is a living thing, the outcome of forgotten struggles and difficulties, and 'of battles long ago'. It has in it some of the secret workings of national life" (zit. in Higginson 1979, 49).

Isaac Kandel nahm einen ähnlichen Standpunkt ein, wenn er meinte:

> „(...) The comparative approach demands first an appreciation of the intangible, impalpable spiritual and cultural forces which underlie an educational system; the forces and factors outside the school matter even more than what goes on inside it. Hence the comparative study of education must be founded on an analysis of the social and political ideals which the school reflects, for the school epitomizes these for transmission and for progress. In order to understand, appreciate and evaluate the real meaning of the educational system of a nation, it is essential to know something of its history and traditions, of the forces and attitudes governing its social organization, of the political and economic conditions that determine its development" (Kandel 1933, xix).

Seit den Forschungsaktivitäten Julian de Paris versteht die Vergleichende Erziehungswissenschaft ihre Hauptaufgabe darin, Vergleiche auf der Systemebene durchzuführen (vgl. Allemann 2004, 50). Die Idee des „Borgens" von anderen Bildungssystemen, also die direkte Übernahme von bestimmten Bereichen von ausländischen Bildungssystemen wurde ziemlich bald sehr kritisch gesehen. Der enge Konnex zwischen Bildungswesen und Gesellschaft war schnell erkannt.

George Bereday (1964, 6) definierte das Ziel der Vergleichenden Erziehungswissenschaft als „to search for lessons that can be deducted from the variations in educational practice in different societies.“ Verbunden mit der Erforschung fremder Systeme ist seiner Meinung nach die Selbsterkenntnis der eigenen Situation. Er befasste sich mit dem Vergleich von Elementen innerhalb von Schulsystemen, wie z. B. dem Curriculum, der Finanzierung oder der schulischen Organisation. Kandel (1933, xxv) sah in der Vergleichsforschung „a branch of politics, using the term in the sense in which it was used by the earliest educational theorists – Plato and Aristotle.“ Seiner Meinung nach war die Internationalisierung einer der Hauptbeiträge der Disziplin. Im Gegensatz dazu bestand für Nicholas Hans (1967, 9) der Zweck der Vergleichenden Erziehungswissenschaft darin, Lösungsansätze für nationale Probleme zu finden. Dies sollte durch historische Analysen mit der Methodik des Vergleichs geschehen. „The role school systems play in contributing to cultural continuity and the maintenance of the nation-state“ stand ebenfalls im Zentrum seiner Überlegungen (Kelly et al. 1982, 510). Charakteristiken wie die Einheitlichkeit der Ethnie, Religion, Sprache, des Staatsgebietes stellen nach Meinung von Hans (1967, 9) die „outward expression of national character and as such the nation in distinction from other nations“ dar. Daher konnten Nationen anhand von drei Faktoren verglichen werden: natürliche Faktoren (z. B. Rasse, Sprache und Umwelt), religiöse Faktoren und säkulare Faktoren (z. B. Werte wie Humanismus, Nationalismus oder Sozialismus). „Only the study of their historical development and their functional role in the social life of a particular nation (could) give a true insight into their values and thus lead to a valid comparison" (Hans, 1967, 8).

Edmund King (1968, 51) vertrat die Ansicht, dass sich die Vergleichende Erziehungswissenschaft auf „approximations and contingencies, not laws“ konzentrieren solle und Bereday (1964, 5) meinte, dass sich viel über eine Gesellschaft herauslesen ließe, wenn man den Stellenwert von Bildung betrachtete: „Education is a mirror held against the face of a people. Nations may put on blustering shows of strength to conceal political weakness, erect grand facades to conceal shabby backyards, and profess peace while secretly arming for conquest, but how they take care of their children tells us unerringly who they are.“

Trethewey merkte im Jahr 1976 an: „There is a growing realization that many of the major problems confronting nations are, in fact, world problems." Auch Gardner (2004, 6) vertrat die Ansicht, dass „the complexity behind many of globalization's 'big problems' requires deep disciplinary grounding as well as the ability to achieve multidisciplinary understandings, collaborations, and solution"s (1976, 5).

Noah (1983, 12) wiederum warnte vor misslungenen Interpretationen ausländischer Praktiken als Folge von übertriebenen und verdrehten Berichten und forderte: „The authentic use of comparative study resides not in wholesale appropriation and propagation of foreign practices but in careful analysis of the conditions under which certain foreign practices deliver desirable results, followed by consideration of ways to adapt those practices to conditions found at home".

Grundsätzlich muss allerdings, wie erwähnt, auch die Gesamtsituation im Ausland mitberücksichtigt werden. Sonst droht folgende Gefahr: „With more and more complex data available through studies such as those produced at regular intervals by IEA and (...) OECD surveys, it is not uncommon for journalists and others to focus on an apparently significant 'result' and to use it in ways not supported by the evidence, which often takes expert knowledge to understand in its complexity" (Phillips/Schweisfurth 2007, 20). „(...) awareness and understanding of the theoretical and philosophical assumptions underlying educational issues and educational reform in various nations are necessary for thoughtful, informed educational practice in each nation" (Kubow/Fossum 2007, 5).

Noah (1983, 12) erwähnt im Kontext der erziehungswissenschaftlichen Vergleichsforschung auch die Gefahren des Ethnozentrismus, was bedeutet, dass bestimmte Phänomene nur durch die Augen der kulturfremden Beobachtenden gesehen werden, was wiederum zu einer Verzerrung führen kann. Dies trifft auch auf den Umstand zu, dass bildungsrelevante Themen oft von einer ganz bestimmten Position aus betrachtet und beurteilt werden, was eine objektive Sichtweise unmöglich macht. Noah nennt dies „a spurious color of definiteness" in Hinblick auf Verallgemeinerungen aus dem Blickwinkel von westlichen Erfahrungswerten, die die Bezugsgröße der meisten Forscher und Forscherinnen darstellen.

Eine sehr umfangreiche Beschreibung des Aufgabenspektrums der Vergleichenden Erziehungswissenschaft nahm auch Saul B. Robinsohn in seinem im Jahre 1970 verfassten Artikel „Erziehungswissenschaft: Vergleichende Erziehungswissenschaft" vor (vgl. Robinsohn 1970, 456 ff.). Danach hat diese Disziplin mit der Methodik des interkulturellen Vergleichs Institutionen, Abläufe und Verfahren in unterschiedlichen Erziehungssystemen mit dem Ziel zu beobachten und zu analysieren, „Aufschlüsse über die Bedingungen zu gewinnen, unter denen sie funktionieren und sich fortentwickeln", sowie „über die ihnen zugrunde liegenden Zielvorstellungen und über ihre Wirkungen" zu forschen. Damit sollen Erkenntnisse gewonnen werden, aus denen sich wiederum Handlungsanleitungen für Theorie und Praxis von Bildung und Erziehung ergeben. Im Rahmen von vergleichenden Analysen werden „Probleme identifiziert und diagnostiziert, Antworten hypothetisch formuliert und durch systematische Untersuchung regelmäßiger Zusammenhänge im Felde variierender Systeme überprüft und erhärtet" (ebda). Mit dieser Zuweisung des Aufgabenspektrums an die Disziplin versucht Robinsohn Zugang und Verständnis für die national bedingten Eigenheiten anderer zu fördern und Wege zu einer internationalen Verständigung aufzuzeigen. Thematisch hat sich die erziehungswissenschaftliche Vergleichsforschung in seiner Überzeugung dennoch mit folgenden Bereichen zu befassen:

- mit der Expansions und Reformproblematik des Erziehungswesens in Länderstudien, Problemuntersuchungen, Surveys, Sammelarbeiten, Konferenzen;
- mit der Analyse von Entwicklungstrends innerhalb größerer interkultureller Räume;
- mit Fragen der Beziehung zwischen ökonomischer Entwicklung und dem Bildungswesen, mit Bildungsplanung und -politik;
- mit Untersuchungen zu Fragen der Unterrichtseinrichtungen und -verfahren, die vornehmlich empirisch-quantitative Methoden zur Anwendung bringen und entwickeln;
- mit den Funktionen von Erziehung und Bildung im Kontext sozialer und politischer Entwicklung, vor allem in den neuen Nationalstaaten (...)" (Robinsohn 1970, 474).

4. Theoretische Ansätze der Vergleichenden Erziehungswissenschaft

4.1. Allgemeine Bemerkungen

Zur Frage nach einer Theorie der Vergleichenden Erziehungswissenschaft meint Adick (2008, 165): „Diese Frage ist alles andere als einfach zu beantworten. (...) Sie hat keine. Jedenfalls keine spezifische, die von ihr als wissenschaftliche Subdisziplin als originär reklamiert werden könnte. Denn (...): Der Vergleich ist keine Theorie, sondern eine Methode der Erkenntnisgewinnung. Es kann allerdings über diese Methode theoretisiert werden (...)".

Die Vergleichende Erziehungswissenschaft hat demnach aus den genannten Gründen keine eigene, genuine, sie allein kennzeichnende Theorie. Dennoch sollte sie, „(...) nicht theorielos betrieben werden (...). Die Vergleichbarkeit von Vergleichseinheiten muss begründet und das jeweilige ‚Tertium comparationis' theoretisch abgesichert werden" (Adick 2008, 166). Häufig sind daher in der pädagogischen Vergleichsforschung „Theorieimporte" erforderlich, wenn dies ein bestimmter Untersuchungsgegenstand bedingt. Zur Erforschung und Vergleichung von Bildungssystemen müssen ja zu einer zufriedenstellenden Erkenntnis über den gesamten Untersuchungsgegenstand häufig auch Theorien aus Bereichen der Soziologie, Politikwissenschaft oder Rechtswissenschaft entlehnt werden.

Allerdings verfügt die Vergleichende Erziehungswissenschaft über eine quasi unterstellte Theorie, da Vergleiche für bestimmte Objekte wie zum Beispiel Länder oder Kulturen zur Anwendung kommen. So gesehen werden diese als unabhängige Variablen betrachtet, auf deren Grundlage die jeweils erforschten Unterschiede oder Gemeinsamkeiten herausgearbeitet werden. Erklärt wird eine bestimmte Ausprägung dann mit Traditionen, kulturellen Besonderheiten, nationaltypischen Charakteristiken oder auch kulturbedingten Entwicklungen. „Implizit wird dabei eine Homogenität innerhalb der Probanden, in diesem Fall der Vergleichseinheiten ‚Länder' oder ‚Kulturen', unterstellt. Diese Annahme ist jedoch in den letzten Jahrzehnten immer mehr in Frage gestellt worden" (Adick 2008, 166), weshalb bei Länder- oder Kulturvergleichen auch die implizite Annahme von vorliegender Homogenität beim Untersuchungsgegenstand überprüft werden muss.

Der Begriff des Nationalstaates erscheint nämlich als historische Konstruktion. Moderne Staaten definieren sich durch bestimmte Konzepte und Ideen, die vom Großteil der Bevölkerung, der ähnliche Wertvorstellungen hat, mitgetragen werden. Dies lässt aber durchaus Pluralität in religiöser und kultureller Hinsicht zulässig erscheinen. Dennoch nimmt nach wie vor eine Reihe von Ansätzen in der erziehungswissenschaftlichen Vergleichsforschung nationalstaatliche Bildungssysteme zum Gegenstand.

> „Andere Differenzlinien, z. B. nach Alter, Geschlecht, Schicht- oder Lebensstandard, sind nicht konstitutiv für die Vergleichende Erziehungswissenschaft, wenngleich sie selbstverständlich in Forschungen berücksichtigt werden können. Pointiert gesagt, ist die Vergleichende Erziehungswissenschaft also nur an solchen ‚Alteritäten' (Andersheiten) interessiert, die durch natio-ethno-kulturelle Differenzen markiert sind. Ferner spielt für sie zunächst einmal keine Rolle, ob diese Alteritäten der gesellschaftlichen Praxen und Zuschreibungen ‚konstruiert' sind oder ob sie ‚real' vorhanden sind" (Adick 2008, 56 f.).

4.2 Weltsystemtheorie

4.2.1 Die Weltsystemtheorie nach Immanuel Wallerstein

Weltweite Bildungsentwicklungen werden in der deutschsprachigen Erziehungswissenschaft hauptsächlich auf der Grundlage der Weltsystemtheorie analysiert5.

Die „Theorie des kapitalistischen Weltsystems" (Weltsystemanalyse) von Immanuel Wallerstein (1974) stellt eine Weiterführung der Dependenztheorien dar und unternimmt den Versuch, die klassische Imperialismustheorie und die Dependenztheorien miteinander zu verbinden (siehe Kapitel 4.3). Bei diesem Ansatz wird der Weltmarkt absolut gesetzt als das alles determinierende Weltsystem.

Der Kapitalismus als historisches Sozialsystem nahm seinen Ursprung im Europa des 15. Jahrhunderts und weitete sich sukzessive über die ganze Welt aus. Wallerstein versteht den Begriff „Weltsystem" nicht als ein System, das sich flächendeckend über den gesamten Erdball erstreckt, sondern vielmehr als eines, welches einfach größer ist „als jede juridisch definierte politische Einheit" (Wallerstein 1986, 27). Somit handelt es sich dabei um keine politische, sondern vielmehr um eine wirtschaftliche Erscheinung, die keine exakten Grenzen aufweist, sondern nur einen Bereich hat, der Stadtstaaten ebenso wie die aufkommenden Nationalstaaten umfasst (ebda). Immanuel Wallerstein versteht den Kapitalismus als ein historisches Sozialsystem und weist darauf hin, dass „immer dann, wenn im Laufe der Zeit die Akkumulation von Kapital mit Regelmäßigkeit den Vorrang vor anderen Zielsetzungen erhielt, (…) wir davon sprechen (können), ein funktionierendes kapitalistisches System zu beobachten" (Wallerstein 1984, 10).

5 Adick (2009, 258) wählt eine etwas andere, sehr differenzierte Unterscheidung und gliedert die Referenztheorien in die „Weltkulturtheorie" (Meyer et al.), die „Weltsystemtheorie" (Wallerstein) und die „Weltgesellschaftstheorie" (Luhmann) (vgl. dazu auch Schriewer 1994, 434 ff.; Amos et al. 2002, 198 ff.; Seitz 2002, 326 ff.). Diese Theorien, die alle drei der makroperspektivischen Sichtweise verpflichtet sind, beeinflussen und bedingen einander, wobei sich mittlerweile die Weltsystemtheorie als primäre Bezugstheorie und Basis für Erklärungsansätze etabliert hat.

Die neue Epoche der international interdependenten Wirtschaft nahm gemäß Wallerstein mit der Entdeckung und Kolonisierung der übrigen Welt durch Europa ihren Anfang. Startpunkt war demnach die Entdeckung Amerikas durch Kolumbus im Jahr 1492. Wallerstein weist allerdings auch darauf hin, dass das Europa der damaligen Zeit nicht die einzige Weltwirtschaft war: „Es gab noch andere. Aber nur Europa begab sich auf den Weg der kapitalistischen Entwicklung, die es ihm möglich machte, die anderen auszustechen" (Wallerstein 1986, 29).

Zur Zeit der verstärkten Expansion des kapitalistischen Weltsystems versuchten einzelne Staaten Hegemonialstellung im Weltsystem zu erreichen. Dies gelang für eine bestimmte Zeit auch drei Staaten: „Diese drei Fälle waren die Hegemonie der Vereinigten Provinzen (Niederlande) in der Mitte des 17. Jahrhunderts, der von Großbritannien in der Mitte des 19. und der USA in der Mitte des 20. Jahrhunderts" (Wallerstein 1984, 50).

Ziel der kapitalistischen Weltwirtschaft ist die Akkumulation von Kapital, wobei dieses mit dem vorrangigen Bestreben eingesetzt wird, sich selbst zu vermehren (vgl. Wallerstein 1984, 9). Um ein funktionstüchtiges kapitalistisches Weltsystem entwickeln zu können, bedurfte es der Entstehung von souveränen Nationalstaaten (vgl. Wallerstein 2000, 17). Wirtschaftliche und kulturelle Abhängigkeit, Konvergenz und Divergenz in der internationalen Weltordnung und die Entwicklung eines Weltwirtschaftssystems sind dabei zentrale Begriffe im Zusammenhang mit der Idee des Weltsystems.

Für Wallerstein gibt es in der Geschichte der Menschheit folgende Arten von Gesellschaften: Minisysteme, die autonome Subsistenzwirtschaften darstellen und Weltsysteme. Letztere sind entweder Weltreiche mit einem gemeinsamen politischen System (z. B. das Römische Reich) oder Weltökonomien, denen ein gemeinsames politisches System fehlt. Dazu zählt auch unser modernes Weltsystem, das gekennzeichnet ist durch internationale Arbeitsteilung und auf einer kapitalistischen Produktionsweise gründet.

Gemäß Wallerstein liegt zudem eine „strukturelle Dreiteilung des kapitalistischen Weltsystems" vor, das sich in Zentrum, Peripherie und Semiperipherie gliedert, wobei die Staaten ihren Status im Laufe der Zeit ändern können (vgl. Wallerstein 2003, 308). Auf gesellschaftlicher Ebene lässt sich diese Dreiteilung in Form der Bourgeoisie, des Proletariats und der Mittelschicht ausmachen.

„Mit dieser ‚strukturellen Dreiteilung' entwickelt er bezogen auf die Weltebene das bi-modale Zentrum-Peripherie-Modell der Dependenztheorien weiter und bezogen auf die marxistische Gesellschaftsanalyse das antagonistische Modell von Bourgeoisie und Proletariat, um so die Dynamik innerhalb des modernen Weltsystems und innerhalb moderner Gesellschaften zu fassen" (Adick 2009, 282). Mittels der „Kapitaltheorie" von

Pierre Bourdieu[6] (1982) gelingt es zudem, eine vermittelnde Verbindung zwischen dem „kapitalistischen Weltsystem" und den globalen Bildungsentwicklungen zu schaffen.

4.2.2 Weltsystemtheorie (Weltkulturtheorie) nach John W. Meyer und Francisco O. Ramirez

Ausgehend von der Weltsystemanalyse wurde die Forderung erhoben, eine solche für den Bildungsbereich zu schaffen. Auch Arnove (1980) konstatierte, dass Studien über Bildung ausgehend vom jeweiligen Nationalstaat als Bezugspunkt durchgeführt werden. Ein höherer Erkenntnisgrad wäre seiner Meinung nach möglich, wenn man stattdessen die Aufmerksamkeit verstärkt auf die Erforschung der „internationalen Kräfte" legen würde, die auf die einzelnen Bildungssysteme einwirken.

Während der 70er und 80er Jahre des vorigen Jahrhunderts entwickelten John W. Meyer und Francisco O. Ramirez an der Stanford University die Weltsystem-Theorie, die Bildung aus der Perspektive der „Welt als ganze" betrachtet. Meyer et al. bezeichnen in ihren Studien mit dem Begriff „World Polity" eben das, was im deutschsprachigen Kontext im Bezug zum Weltsystem unter „Weltkultur" verstanden wird. Gleichzeitig dient dies auch als Theorieansatz für die Diskussionen rund um Globalisierung und Weltgesellschaft (vgl. Krücken 2006, 139). Wissenschaftsgeschichtlich nimmt dieses Konzept eine Gegenposition zu Immanuel Wallersteins makroperspektivischem Weltsystem-Ansatz ein (vgl. Meyer 2005).

Das „World Polity"-Konzept ist eine makrophänomenologische Variante des Neo-Institutionalismus, da es die Ausweitung von Bildungsinstitutionen auf der Grundlage von sich weltweit standardisierenden Ideen beschreibt. Das Weltsystem fungiert gleichsam als Meta-System der Institutionen, das massiv zum steigenden Wachstumstrend von Bildungsinstitutionen beiträgt (vgl. Ramirez/Meyer 2000). Grundsätzlich führt die Auseinandersetzung mit „Institutionen" zum Verständnis sozialen Handelns und kann wichtige Erkenntnisse zu gesellschaftlichen Entwicklungen liefern, wobei zu den Institutionen die Familie ebenso gerechnet wird wie etwa Universitäten oder Schulen. Durch Vorgaben und Regulierungen der Institutionen werden die Individuen in ihrer freien Handlungsfähigkeit eingeschränkt. Gleichzeitig wird durch die Regeln die erwünschte Form für die gesellschaftliche Koexistenz geschaffen (Hasse/ Krücken 1999, 7).

Als makrosoziologischer Ansatz richtet sich das „World Polity"-Konzept in expliziter Weise an weltweiten Phänomenen aus. Adick (2009, 259) erkennt Möglichkeiten für einen Konnex dieser Theorie mit der Erziehungswissenschaft: „Gerade in den Arbeiten der World-Polity-Richtung (…) kann ein überdauerndes Interesse an Forschungen und Theoriediskussionen zu weltweiten Trends im Bildungsbereich von der Grundschule bis zur Hochschule, von strukturellen Veränderungen über Einschreibezahlen bis hin zu curricularen Entwicklungen, verzeichnet werden" (vgl. dazu auch Schofer/ Meyer 2005; Bradley 2006). Die Verbindung zwischen dem World-Polity-Ansatz und der er-

6 Abhängig von ihrer sozialen Herkunft sind dieser Theorie gemäß die Individuen in unterschiedlicher Weise mit ökonomischem, sozialem, kulturellem und symbolischem Kapital ausgestattet, was Auswirkungen auf deren Lebensweg und Lebenschancen hat (vgl. Bourdieu 1982; 1993).

ziehungswissenschaftlichen Vergleichsforschung, innerhalb der er im deutschsprachigen Raum bislang primär rezipiert wurde, ist insofern gegeben, als nicht so sehr einzelne Bildungsinstitutionen im Mittelpunkt der Betrachtungen stehen, sondern vielmehr die Situation von nationalen Bildungssystemen innerhalb globaler Bildungsentwicklungen interessieren[7] (vgl. Adick 2009, 259).

Ramirez und Meyer (2000) verstehen ihre Theorie als neo-institutionalistische Konzeption, da sie die Ausweitung von Bildungsinstitutionen auf der Grundlage von sich weltweit standardisierender Ideen beschreibt[8] (vgl. Meyer/Ramirez 2000, 115). Die Verbreitung dieser Vorstellung geht mit jener von Bildung Hand in Hand, da diese als entscheidender Faktor für Fortschritt und Gerechtigkeit angesehen wird. Damit wird Bildung durch diesen Prozess in ihrer Expansion begünstigt, gleichzeitig verstärkt sie diesen aber auch. Das Weltsystem fungiert gleichsam als Meta-System der Institutionen, das massiv zum steigenden Wachstumstrend von Bildungsinstitutionen beiträgt.

In ihren Studien, die ihren Anfang in den 70er Jahren des vorigen Jahrhunderts nahmen, waren Meyer et al. bestrebt, mit global angelegten Vergleichsdesigns, die sich nicht nur in der Komparation einiger weniger Länder erschöpften, Ursachen für die globale Bildungsexpansion zwischen 1950 und 1970 zu ergründen (Meyer et al. 1977). Mit ihrer neuen Theorie versuchten sie dann, ihre empirischen Befunde zu erklären. Als Ursache für die weltweite Bildungsexpansion identifizieren sie inhärente Elemente der modernen Welt selbst, und nicht wie bisher vermutet, ökonomische oder politische Faktoren, die zur Erklärung weltweiter Bildungsexpansionen herangezogen wurden (vgl. Meyer et al. 1977, 251). Dieses Konzept, das versucht, Bildungsentwicklungen durch weltgesellschaftliche Bedingungen zu erklären, ist nun zentral für die Theorie der World Polity[9].

---

7 „Mit dem inzwischen auch in anderen erziehungswissenschaftlichen Disziplinen wie Schulpädagogik, Bildungsökonomie oder Bildungspolitik zunehmenden Interesse an „large scale assessments" wie PISA, IGLU (PIRLS) und anderen internationalen Leistungsvergleichen sowie den damit gekoppelten Fragen zu den befürchteten oder real nachweisbaren internationalen Einflüssen auf nationale Bildungsentwicklungen könnten aber auch diese und weitere erziehungswissenschaftliche Fachgebiete von einer Beschäftigung mit dem World Polity Ansatz profitieren" (ebda).

8 Im Laufe der Zeit entwickelten sich nach den Befunden von Meyer und Ramirez weltweit gewisse Standards im Hinblick auf Lehrpläne und Curricula. Der Fremdsprachenunterricht gewann überall an Bedeutung, klassische Sprachen wurden unwichtiger und der Stellenwert der Naturwissenschaften nimmt stetig zu (vgl. Meyer/Kamens/Benavot 1992).

9 W. Meyer und Francisco O. Ramirez (2005, 222 ff.) glauben nun auf der Grundlage ihrer empirischen Studien folgende Phänomene nachweisen zu können:
- Es zeigt sich eine weltweite Diffusion des Prinzips der Schulpflicht und eines allgemeinen Schulbesuchs. Insbesondere ist hier die überall gestiegene Bildungsbeteiligung des weiblichen Geschlechts zu beobachten.
- Der Ausbau des Bildungswesens zeigt sich auf allen Stufen und hat inzwischen die Ebene der modernen Universitäten erreicht, was sich in der nach dem Zweiten Weltkrieg rasant gestiegenen Zahl von Universitäten und Studierenden zeigt.
- Die Stufung der Schullaufbahn folgt überwiegend dem von der UNESCO bevorzugten 6-3-3-Modell, d. h. sechs Jahre Primar-, drei Jahre untere Sekundar- und drei Jahre obere Sekundarstufe.

Neben Fragen zur Bildungsexpansion war auch der weltweite Vergleich von Curricula ein Interessensschwerpunkt der World-Polity-Forschung (Benavot et al. 1991; Meyer et al. 1992). Stundentafeln in bis zu 100 Ländern wurden miteinander verglichen, mit dem Ergebnis, dass sich viele Übereinstimmungen nachweisen ließen. Von weiterem Forschungsinteresse war der Einfluss von internationalen NGOs und Regierungsorganisationen auf die Bildungspolitik.

Diese Untersuchungen des World-Polity-Ansatzes wurden mit Hilfe von globalen, quantitativ angelegten Vergleichsdesigns durchgeführt, die sich großteils auf Daten aus Sekundärquellen[10] stützten und in dieser Form in der Vergleichenden Erziehungswissenschaft zuvor nicht zum Einsatz gekommen waren (vgl. Adick 2009, 265). Die Qualität des Datenmaterials ist daher bisweilen fraglich, was die empirische Überprüfung von Modellen erschwert.

Erziehung und Bildung in der Tradition der World-Polity-Forschung wurde somit „im Ländervergleich im Wesentlichen hypothesenprüfend, quantifizierend und teststatistisch untersucht (...), was auch unter methodologischen Gesichtspunkten eine Herausforderung für die in der Vergleichenden Erziehungswissenschaft bisher überwiegend gepflegten idiographischen Herangehensweisen darstellte, mit deren Hilfe Bildungsentwicklungen mit Bezug auf ihren (einzel)gesellschaftlichen Kontext erforscht und vor diesem Hintergrund interpretiert wurden (Adick 2009, 266).

Paradigmatisch ist dieser Forschungsansatz als empirisch-analytisch bzw. (quasi-) experimentell einzustufen (vgl. Schriewer 1982, 211 ff.; Hörner 1993, 10 ff.; Adick 2009, 266). Die wichtigsten Akteure im World-Polity-Ansatz sind heutzutage „der Staat als Organisationsform des politischen Systems, formale Organisationen als grundlegendes Strukturprinzip der modernen Gesellschaft sowie das rationale und autonome Individuum" (Hasse/ Krücken 1999, 33). Andere wie Familien, Clans oder Dorfgemeinschaften haben hingegen keine große Bedeutung mehr. Solche Individuen und Organisationen sind Strukturformen, die der Idee des Phänomenologischen Makroinstitutionalismus nach, als Akteure durch globale, kulturelle Kräfte geschaffen, ermächtigt, aber auch beschränkt werden. Das trifft auch auf den Nationalstaat zu, der sich „der Einbettung in und Konstruktion durch eine externe, mehr oder weniger globale, rationalisierte Kultur verdankt. Unter Kultur ist dabei weniger ein Bündel von Werten und Normen zu verstehen, als vielmehr ein Bündel kognitiver Modelle, die definieren, über welche

---

- Egalitäre Prinzipien des Zugangs zu Bildung sind weltweit als Leitbilder zu erkennen, d. h. offene Diskriminierungen im Bildungswesen nach Geschlecht, ethnischer Herkunft, Religionszugehörigkeit und sozialer Klassenlage werden abgelehnt.
- Die Curricula nähern sich weltweit an; dies manifestiert sich z. B. in der zunehmenden Bedeutung von Fächern wie Sozialkunde, Mathematik und Naturwissenschaften, aber auch in einer eher kindzentrierten Ausrichtung der Lehrpläne.
- Es zeigt sich ein langfristiger Trend zur nationalstaatlichen Kontrolle des Bildungswesens, abzulesen etwa an den praktisch in allen Ländern anzutreffenden Verwaltungsstrukturen auf nationaler Ebene, insbesondere in Gestalt von Bildungsministerien.
- Die Lehrerbildung wird zunehmend professionalisiert und an höhere Bildungsabschlüsse gekoppelt, d. h. akademisiert (vgl. dazu Adick 2009, 265).

10 z. B. Daten von internationale Organisationen

Merkmale, Zwecke, Ressourcen, Technologien, Steuerungsinstrumente und Souveränität ein ordentlicher Nationalstaat zu verfügen hat" (Meyer 2005, 133). Meyer sieht dabei in der Weltkultur global wirkende, rationalisierte Weltbilder, die als externe Institution fungieren und nicht Kulturelemente wie Sitten, Gebräuche oder Traditionen (vgl. Meyer 2005, 134 f.).

Eine zentrale politische Steuerungsmacht in Form eines Weltstaates gibt es nicht, daher fehlt auch eine zentralisierte politische Steuerungsmacht auf Gesamtweltebene. Diese findet vielmehr in virtueller Form eben durch die World Polity, also die allgemeinen, universellen Regeln und Normen statt, die global institutionalisiert sind und umfassende kulturelle Ordnungsfunktion entfalten[11] (vgl. Meyer 2005, 138 f.). Sie setzt sich aus nationalstaatlichen Akteuren, internationalen NGOs, zwischenstaatlichen Organisationen und internationalen „Scientific communities" zusammen und ist keineswegs die Summe der Nationalstaaten (vgl. Meyer et al. 2005, 139 ff.). Aktive Kommunikation zwischen diesen Akteuren ist gegeben. Es wird auch Beraterfunktion gegenüber den Nationalstaaten übernommen – etwa auch im Bereich des Bildungswesens –, verbindliche Handlungen mit autoritätsleitendem Charakter werden allerdings keine gesetzt (vgl. Meyer 2005, 142). Als Konsequenz daraus nähern sich die Bildungssysteme immer weiter an, Curricula und Schulunterricht erfahren eine verstärkte Internationalisierung und die Bedeutung von internationalen Organisationen für den Bildungsbereich nimmt zu (vgl. dazu auch Adick 2008, 169).

> „Ihr erstaunliches Ergebnis ist die Aussage, dass der Nationalstaat ein Produkt der Internationalität ist und nicht die Internationalität als Verdichtung der Kontakte zwischen Nationalstaaten zu verstehen ist. Nachdem in Europa im 19. Jahrhundert die Ideen von ‚Reichen' und ‚Empires' verblasst sind und Nationalstaaten das vorherrschende Modell geworden sind, gibt es einen Sog von der Art, dass Staaten die Kennzeichen von Nationalstaaten aufweisen wollen, um als „Mitglied" im Weltsystem der Nationalstaaten gelten zu können. Dieser Trend gilt auch für Staaten, die erst im Laufe des 20. Jahrhunderts entstanden, und auch für ethnisch vielgestaltige Staaten. Der Prozess der Ausformung von Nationalstaaten verläuft somit immer stärker von außen nach innen. Nationen werden von außen, nicht von innen gebaut. Daher ist der Forschungsweg über die case studies, die Länderstudien, nicht geeignet, um die Etablierung eines Weltsystems zu erkennen. Dieses Weltsystem hat kein Zentrum. Es hat sich eine Art Konvention gebildet, eine Norm in Bezug auf das, was zu einem Nationalstaat gehört, und wesentlich gehört dazu eine Bildung möglichst vieler Kinder bis wenigstens zum Alter von 14 Jahren, die sog. mass education. Ähnlich wie das Weltsystem der Staaten bedarf, bedarf der Staat der Staatsbürger, sozusagen als seiner ‚Mitglieder', die zugleich das Arbeitskräftepotential sind, das den Staat trägt. Letztlich ist das Weltsystem ein kulturelles System: Regeln und

11 Dies ist eine Variante des soziologischen Neo-Institutionalismus, der sich mit der Entstehung und dem Wirkungsbereich von Institutionen befasst. Ausgegangen wird von der Annahme, dass Institutionen für das Verständnis von sozialem Handeln und gesellschaftlichen Prozessen wichtig sind (vgl. dazu auch Adick 2008, 168).

Kategorien verbreiten sich, d. h. Vorstellungen von dem, was ein Staat sein sollte, was eine richtige Gesellschaft ist, was Entwicklung ist, was Fortschritt ist und was soziale Gerechtigkeit ist" (Waterkamp 2006, 135).

Gemäß dem World-Polity-Ansatz resultiert daraus wie gesagt, dass sich die nationalen Bildungssysteme[12] weiter angleichen[13]. Für die Zukunft sehen Meyer/Ramirez (2005, 233 f.) ausgehend von ihrer Theorie folgendes Szenario vorprogrammiert:

> „Die grundlegenden Strukturen der Bildung sind eindeutig von Diffusion und der daraus folgenden Isomorphie gekennzeichnet. (...) Auch der internationale Bildungssektor wird stärker institutionalisiert; internationale Bildungsorganisationen spielen bei der Definition und Vermittlung von Bildungsmodellen für die individuelle und nationale Entwicklung eine stärker akzentuierte Rolle. Außerdem werden die Verbindungen nationaler Bildungssysteme zum globalen Bildungsapparat verstärkt. Schließlich kommt es zu einer starken Internationalisierung der Inhalte sowohl in der allgemeinen, als auch in der höheren Bildung und zu einer weiten Verbreitung der Definition der Welt als gemeinsamer Menschheit und eines gemeinsamen Lebensraums."

Durch diese „Isomorphie" lässt sich nach Meinung von Meyer und Ramirez eine Entwicklung beobachten, die Bildungssysteme in gewisser Hinsicht sogar identisch werden lässt. Wechselseitig werden nämlich Abschlüsse und Standards anerkannt, es liegt eine inhaltliche Identität der Definitionen der Welt vor, die durch Bildung vermittelt wird und die Welt wird immer mehr als Raum gesehen, in dem Völker wohnen, die dieselben rechtlichen, sozialen und physischen Formen aufweisen (vgl. Meyer/Ramirez 2005, 229). Einerseits werden nämlich die Systeme erfolgreicher und einflussreicher Staaten nachgeahmt, andererseits tragen internationale Organisationen und Wissenschaftler bzw. Wissenschaftlerinnen zur Verbreitung von pädagogischen Ideen, Konzepten und neuen Ansätzen bei. Die Ursache für die Entstehung von Isomorphien, die sich nicht nur im Bildungssystem, sondern auch im Gesundheits- oder Verwaltungswesen beobachten lassen, wird wieder in der Herausbildung der World Polity gesehen (vgl. dazu auch Adick 2008, 168).

Diese neue Sicht beeinflusste auch grundlegend die theoretische Ausrichtung der Vergleichenden Erziehungswissenschaft. Im Verständnis von Meyer und Ramirez ist

---

12 Der Theorie von Meyer und Ramirez zufolge entstanden nationale Bildungssysteme auf der Grundlage von Mythen, die konstituierend waren für die im Modernisierungsprozess begriffenen Gesellschaften Europas. Mythen sind nicht reflektierte Erklärungsmuster für unüberschaubare Situationen (vgl. Hasse/Krücken 1999, 67 f.). Zu nennen wären in diesem Zusammenhang der Mythos des Individuums, der Nation, des Fortschritts und des Staates. Das Modell des Nationalstaates war das Ergebnis der Herausbildung von zwischenstaatlichen Systemen, der sich globalisierten Marktwirtschaft und den Einflüssen von Reformation und Gegenreformation. Um die gesellschaftlichen Mythen zu erhalten und weiter zu entwickeln, dienen die staatliche Schulsysteme (vgl. Ramirez/Boli 1987, 10).

13 Bildung wird als entscheidendes Element einer modernen Gesellschaft bzw. eines modernen Nationalstaates gesehen. Bildungssysteme werden daher auch mit dem Ziel etabliert, den Nationalstaat zu einem anerkannten Mitglied der Weltgesellschaft werden zu lassen (vgl. Meyer /Ramirez 2005, 217).

ja der Nationalstaat ein Produkt der Internationalität und nicht umgekehrt die Internationalität das Ergebnis intensivierter Kontakte zwischen den Nationalstaaten. Als sich diese im Europa des 19. Jahrhunderts herauszubilden begannen, ließ sich auch verstärkt den Wunsch der Länder beobachten, sich zu Nationalstaaten zu entwickeln, um als solche als Mitglieder im Weltsystem der Nationalstaaten anerkannt zu werden[14]. Diese Tendenz herrscht durchaus auch bei Staaten vor, die erst im 20. Jahrhundert Souveränität erlangten, ebenso wie bei jenen, die durch starke ethnische Heterogenität gekennzeichnet sind. Die Entwicklung zum Nationalstaat wird demnach primär von exogenen Faktoren gesteuert, während interne Prozesse geringere Bedeutung entfalten. Länderstudien als Case-Study-Ansatz erscheinen unter diesem Blickwinkel forschungstechnisch als ungeeignet, um die Entwicklung eines Weltsystems nachvollziehen zu können (vgl. dazu auch Waterkamp (2006, 135).

In diesem Verständnis sind Nationalstaaten eben nicht kompakte, isolierte Einheiten, sondern innerhalb eines Staates interagierende Akteure auf globaler Ebene mit unterschiedlichen externen Akteuren. Sie „inszenieren vielfältige Stücke, deren Texte anderswo geschrieben werden“ (Meyer et al. 2005, 158). Schließlich werden „die Besonderheit, die Einzigartigkeit und die Verschiedenheit von nationalen Bildungssystemen angesichts ihrer Einbettung in globale Zusammenhänge“ im Konzept der World Polity bestritten“ (Adick 2009, 269).

Bildungspolitik durchzieht das Weltsystem (vgl. Meyer/Kamens/Benavot 1992, 27), wobei es zwar noch Unterschiede zwischen den älteren, hochentwickelten Nationalstaaten mit ihren elaborierten Bildungssystemen und den Entwicklungsländern gibt, allerdings keine Gegenpositionen bestehen, die Befreiungsaktivitäten erforderlich machen würden. Stattdessen orientieren sich alle gleichermaßen an den Standards des Weltsystems. Mit der Behauptung, dass lokale Kulturen aufgrund der Massenbildung für die Bevölkerungen zerstört werden, wird auch der Stellenwert der „Pädagogik mit der Dritten Welt“ in Frage gestellt (vgl. Meyer/Kamens/Benavot 1992, 59). Westliche Staaten zwingen Entwicklungsländern ihre Konzepte nach Meinung Meyers und Ramirez nämlich nicht auf. „In der Logik des Diffusionsprozesses liegt es, dass gerade die Länder, die aufgrund geringer Ressourcen das Weltmodell nicht genügend umsetzen können, nach seiner Realisierung streben und nicht nach der Ausprägung nationaler Besonderheiten, während die älteren Nationalstaaten ihre historisch bedingten nationalen Besonderheiten leichter erhalten können. Länder, die vom Diffusionsprozess geringfügiger erreicht werden, richten sich in ihrem Denken umso stärker auf ihn aus“ (Waterkamp 2006, 136; Benavot/Riddle 1988; Meyer/Ramirez/Soysal 1992). Dem World-Polity-Konzept fehlt somit in Ausrichtung auf den Weltsystem-Aspekt jegliche Auseinandersetzung mit Fragen von (Un)gleichheit, Macht- und Ausbeutungsverhältnissen, Entwicklungsdifferenzen, Eurozentrismus oder Abhängigkeiten (vgl. dazu Adick 2008).

14 Was einen Nationalstaat ausmacht, unterliegt gewissen Normvorstellungen. So erfordert ein Staat Staatsbürger und Staatsbürgerinnen, die wiederum als Arbeitskräfte seinen Fortbestand sichern, ein Bildungssystem, das möglichst vielen Zugang sichert usw.

Die Bildungsexpansion, die nach bestimmten statistischen Wahrscheinlichkeiten abläuft, profitiert einerseits vom Diffusionsprozess und verstärkt diesen gleichzeitig[15] (vgl. dazu auch Waterkamp 2006, 135). Waterkamp kritisiert: „Für das Bildungsverständnis, das diese Theorie hervorbringt, ist es kennzeichnend, dass Bildung auf expansiven Kurs gestellt ist, unabhängig davon, ob die ihr unterstellten Wirkungen, für Fortschritt und soziale Gerechtigkeit zu sorgen, eintreten oder nicht" (Waterkamp 2006, 137). Diese Erkenntnis ist seiner Meinung nach beunruhigend. Es droht die Gefahr, dass auf diese Weise jene, die die wissenschaftliche und politische Verantwortung für die Steuerung des Bildungswesens übernommen haben, „relativ immun gegen Rückmeldungen aus der Erfahrungswelt der Bildung" (werden). Da die Analyse der Forscher aus Stanford sich hauptsächlich auf die Statistiken der UNESCO und auf nationale Statistiken stützt, stellt sich die Frage, ob die Datenbasis nicht selbst ein Produkt der endemischen Expansion ist. Staaten wollen in ihren Statistiken möglichst einen Fortschritt dokumentieren, besonders wenn sie in weltweite statistische Systeme eingehen" (ebda). Nach Ramirez und Meyer gibt es zudem ein gewisses Maß an Erziehung und Bildung jenseits der einzelnen Staaten und des Weltsystems (Ramirez/Meyer 2000, 105). Somit stellt sich die Frage, ob sich auch außerhalb der Regelungsbereiche des staatlichen, offiziellen Bildungssektors nicht-normierte Bildungswelten bilden und entwickeln können. Dies lässt wiederum hinterfragen, wie valide daher tatsächlich die Schlussfolgerung dieser Theorie ist, dass weltweite Vereinheitlichungstendenzen und unaufhaltsame Anpassungsprozesse stattfinden (vgl. Waterkamp 2006, 138).

4.2.3 Die Weltsystemtheorie von Jürgen Schriewer

Jürgen Schriewer setzte sich kritisch mit der Weltsystem-Theorie von Meyer und Ramirez und dessen Bedeutung für die Vergleichende Erziehungswissenschaft auseinander. Er ist bestrebt, die Weltsystem-Theorie zwar nicht zu widerlegen, wohl aber zu relativieren. Schriewer kritisiert etwa die mangelnde Beachtung von Erkenntnissen der Vergleichsforschung, auf deren Grundlage „eine beeindruckende internationale Variationsbreite von historisch-kulturell realisierten Problemlösungsmustern oder -strategien zu Tage gefördert wurde" (Schriewer 1994 b, 440). Auch die Akzeptanz einer Welt-Vereinheitlichungstendenz scheint ihm unmöglich. Seiner Meinung nach müsse man vielmehr von „gegenläufigen Phänomenen von Internationalisierung und nationalspezifischer Strukturbildung" ausgehen (Schriewer 1994 b, 446).

Meyer und Ramirez beziehen sich primär auf Entwicklungsländer, während Schriewer bevorzugt Beispiele aus Europa und Japan anführt und sich somit eher auf Staaten konzentriert, die schon Traditionen als Nationalstaaten aufweisen. Schriewer möchte eine Harmonisierung der Thesen Meyers und Ramirez mit der Vergleichenden Erziehungswissenschaft erzielen und ist bestrebt, die Spielräume für den unterscheidenden Vergleich zu erhalten, ja im Grunde für den Vergleich überhaupt. Ob aber beide Zugangsweisen wirklich in Einklang zu bringen sind, bleibt offen. Meyer/Ramirez geben

15 Meyer und Ramirez verwarfen demnach den funktionalistischen Erklärungsansatz für die Bildungsexpansion und versuchen diese mit internen Faktoren der Nationalstaaten zu erklären.

in ihrem Beitrag zur Festschrift, die zum 60. Geburtstag von Jürgen Schriewer herausgegeben wurde, zu erkennen, dass sie nicht an diese Möglichkeit glauben, obwohl sie trotz allem zumindest einige Zugeständnisse machen (Ramirez/Meyer 2002, 105).

Eine weitere Herausforderung bestand für Schriewer in der Methodologie der Weltsystem-Theorie. Er sah sich dem Anspruch gegenüber, die erziehungswissenschaftliche Vergleichsforschung zu einer theorieprüfenden Wissenschaft zu entwickeln. Mit anderen Worten sollte die Weltsystem-Theorie also mit Mitteln der Vergleichenden Erziehungswissenschaft überprüft werden. „Theorie-Prüfung ist mehr als Hypothesen-Prüfung, denn es werden nicht Objekt-Aussagen überprüft, sondern Gedankenkonstrukte, die auf einer Meta-Ebene des Denkens über Objekt-Aussagen entstehen" (Adick 2008, 173).

Schriewer nahm die Überprüfung der Welt-System-Theorie vor, indem er eine Datenbank erstellte, in der die Auswertung von erziehungswissenschaftlichen Zeitschriften aus Spanien, der Sowjetunion und der Volksrepublik China gespeichert wurden. Er wertete fast sechzig Jahrgänge der Zeitschriften aus und hinterfragte, wie häufig Artikel mit internationalen Themen erschienen und wie oft Namen aus einer Liste von bekannten Pädagogen und Pädagoginnen aus der ganzen Welt dabei waren. Zum Vergleich wurde eine Zeitschrift herangezogen, die in den USA erscheint und internationale Themen behandelt (vgl. Schriewer 2001; Schriewer et al. 1999).

Seine Erkenntnis war, dass das Interesse an internationalen Themen und Namen in allen drei Ländern nach einem Anstieg in den 20er Jahren und einigen weiteren Schwankungen in den Folgejahren doch stark abnahm. Damit konnte nachgewiesen werden, dass nicht die Internationalisierung das beherrschende Element in den erziehungswissenschaftlichen Fachzeitschriften war, sondern nationale Themen größeres Interesse erfuhren und internationale Themen nur sehr selektiv wahrgenommen wurden. Nach Beendigung der diktatorischen Regime konnte zwar eine gewisse Zunahme an internationaler Ausrichtung festgestellt werden, auffallend häufig wurde allerdings auch dies nicht beobachtet. Damit war für Schriewer klar, dass zwar einerseits durchaus der Trend bestand, sich international auszurichten, gleichzeitig aber auch das Interesse an nationalen Spezifika und landestypischen Entwicklungen ungebrochen weiter bestehen blieb.

> „Das Eigenartige sowohl an der Weltsystem-Theorie als auch an Schriewers vermittelnder Theorie ist die Tatsache, dass der Rezipient nie sicher ist, worüber die Theoretiker genau sprechen. Sprechen sie von Vorstellungen und Ideologien, also von der Produktion einer ‚Semantik' oder von vorfindlichen Bildungsinstitutionen? Meyer und Ramirez sind offensichtlich davon überzeugt, dass die Vorstellungen, die sich im Weltsystem-Prozess verbreiten, auch die Wirklichkeit formen. Schriewer spricht davon, dass die Systeme, die sich durch Bezug auf sich selbst entwickeln, doch zugleich aus ihrer Selbstbezüglichkeit heraus eine Art von Projektion auf die Umwelt richten, also Internationalität imaginieren, um den Kreislauf der Selbstbezüglichkeit zu unterbrechen" (Waterkamp 2006, 138).

Schriewers Untersuchungsergebnisse lassen ihn alternative Erklärungsmodelle zur Weltsystem-Theorie fordern und seine Externalisierungsthese als Gegenmodell postulieren (vgl. Schriewer 2005, 432). Die Erklärung, wann und warum eine internationale Bezugnahme zusätzlichen Wert und Sinn ergibt, bleibt er allerdings schuldig (vgl. Adick 2008, 175).

So ist auch fraglich, ob Schriewers Erkenntnisse Meyer und Ramirez, deren Weltangleichungstheorie sich primär auf regierungsamtliche Statistiken und Dokumente stützt, zu Korrekturen veranlassen werden, zumal sicherlich „in weiteren Forschungen und Theoriedebatten geprüft werden (muss), welcher Theorie für welche Gegenstände und Fragestellungen der Vorzug gegeben und eine bessere Erklärungskraft attestiert werden sollte“ (ebda).

4.2.4 Die Weltgesellschaftstheorie von Niklas Luhmann

Neben der Weltsystem- und der Weltkulturtheorie wird auch eine dritte Theorie zur Erklärung weltweiter Bildungsentwicklungen herangezogen, nämlich die System- oder Differenzierungstheorie von Niklas Luhman. Diese Weltgesellschaftstheorie soll nach Meinung von Amos et al. (2002, 199 ff.) in einen Trialog mit den beiden anderen eintreten, da es ihr angeblich gelingt, bestimmte Phänomene besser zu erklären. Im Verständnis der Systemtheorie ist die Gesellschaft ein soziales System, das alle anderen sozialen Systeme in sich einschließt (vgl. Luhmann 1997, 78). Damit stellt die Gesellschaft einen Sonderfall sozialer Systeme dar. Niklas Luhmann beschreibt die Weltgesellschaft als eine solche, die sich durch Kommunikation reproduziert und sich mit Hilfe der weltumspannenden Kommunikation auch als Sozialsystem über die gesamte Welt ausdehnt (vgl. Luhmann 1997, 150). Luhmann geht anders als Wallerstein davon aus, dass die Differenzierung zwischen Zentrum und Peripherie mit dem Auftauchen des modernen Gesellschaftssystems in einer funktional differenzierten Gesellschaft nicht mehr haltbar ist. Es sieht die moderne Gesellschaft als hierarchisch und azentristisch (vgl. Luhmann 1997, 157). Für Luhmann ist die Schichtung eines Weltsystems und der Gesellschaft, ebenfalls im Gegensatz zu Wallerstein, der sie als notwendig erachtet, ein Phänomen der stratifikatorischen, und damit der vormodernen Gesellschaft, die zwar teilweise in modernen Gesellschaften fortgesetzt werden mag, jedoch „nur noch als irritierendes Rauschen, als Störungen oder Gelegenheiten wahrgenommen“ wird (Luhmann 1997, 708). Ein weiterer wesentlicher Unterschied zwischen den beiden Theorien besteht darin, dass in der Weltsystemtheorie primär das Wirtschaftssystem eine Rolle spielt und keine weitere Unterscheidung zwischen anderen möglichen Systemen erfolgt. Luhmann hingegen grenzt die Systeme scharf voneinander ab. Demnach entwickelt sich jedes System gemäß seinem eigenständigen und unverwechselbaren Code, mit welchem es alle für seine Funktion wichtigen Entscheidungen trifft. Kein System (etwa die Wirtschaft, die Politik oder das Bildungswesen) ist dabei über dem anderen positioniert, sondern alle Teilsysteme der einen Weltgesellschaft, die er ausschließlich annimmt, sind gleichberechtigt, erfüllen eine bestimmte Funktion und sind daher auch nicht wechselseitig ersetzbar (vgl. Luhmann 1997, 744). „Diese funktionale, horizontale

Differenzierung der modernen Gesellschaft und die Eigenlogik bzw. Selbstreferentialität ihrer Systeme sind räumlichen und nationalen Grenzen gegenüber indifferent, weil sie ihrer Funktionslogik folgen (und keiner nationalen oder stratifikatorischen Logik" (Adick 2008. 205). Somit ist Gesellschaft auch nur noch in singulärer Ausprägung, nämlich als Weltgesellschaft denkbar. Damit kann auch die Differenzierung in Territorial- bzw. Nationalstaaten nur noch „segmentär" verstanden werden. Demnach sind Nationalstaaten die Konsequenz aus der Entstehung der Weltgesellschaft und nicht vice versa. Jedes System gibt seiner jeweiligen Funktion Sinn und weist ihr eine bestimmte Eigenlogik zu, auf deren Grundlage dann agiert wird. Funktionssysteme, wie eben z. B. das Bildungswesen sind operativ geschlossen und autopoietisch, somit selbsterzeugend und selbstreferenziell und stehen daher mit ihrer Umwelt, also den anderen Systemen in losem Kontakt. Diese Kontaktaufnahme erfolgt über die Kommunikationsschiene. Durch den wechselseitigen Austausch erhält ein System neue Anregungen, sogenannten „Zusatz-Sinn", wodurch etwa von ausländischen Erfahrungen Reformimpulse für den eigenen Bereich abgeleitet werden können.

Mittels dieses erkenntnistheoretischen Ansatzes, demnach solche Systeme die Tendenz zur Geschlossenheit und zirkulären Interdependenz haben, ist es erforderlich, durch Externalisierung Bezüge zu externen Referenzpunkten herzustellen und eine Öffnung herbeizuführen (vgl. Luhmann 1979). So werden etwa ausländische Bildungssysteme einer Beobachtung unterzogen, um eigene Positionen im Rahmen von Reformdiskussionen zu untermauern. Dies allerdings bereits als ein Zeichen für Internationalisierung oder Isomorphie zu deuten, wäre im Sinne Schriewers theoretisch falsch. „Während die neo-institutionalistische Theorie von der Diffusion globaler Modelle in die jeweiligen nationalen Bildungssysteme hinein ausgeht, fokussiert die Theorie selbstreferentieller Systeme die Empfänger dieser Impulse mit ihrer jeweiligen Eigenlogik. Die externen Impulse werden nach dem Mechanismus der Externalisierung dazu benutzt, der Daseinsberechtigung zusätzliche Legitimität zu verschaffen. Statt zu Standardisierung bzw. zu Isomorphie kommt es so zu kontextuell unterschiedlichen Deutungen, zu Adaptationen an lokale oder nationale Bedingungen und zu Variationen" (Adick 2008, 174).

Gemäß Amos et al. (2002, 202) sowie Adick (2008, 206) gelingt es Luhmanns Weltgesellschaftstheorie besser als anderen, z. B. die Europäisierung zu erklären, die nun als eine neue Variante post-nationaler territorialer Segmentation des politischen Systems verstanden wird. Weiters bedürfe es keiner Erklärung mehr für Globalisierung, da das Modell diese schon unterstelle. Mit der Systemtheorie kann auch vieles aus verschiedenen Perspektiven gleichzeitig betrachtet werden. Einerseits beobachtet das Erziehungssystem seine Umwelt, andererseits wird das Bildungssystem von der Erziehungswissenschaft bei diesem Beobachtungsprozess aus konstruktivistischer Perspektive beobachtet, wie es Globalisierungsimpulse in sein System aufnimmt und entsprechend seiner Eigenlogik bearbeitet.

Die System- oder Differenzierungstheorie von Luhmann nimmt demnach eine Vermittlerrolle zwischen der Weltsystem- und der Weltkultur-Theorien ein, was gute Voraussetzungen für eine wissenschaftliche Weiterentwicklung des Trialogs verheißt (Amos et al. 2002, 199). Um weltweite Bildungsentwicklungen noch intensiver erkunden zu können, müssten aber bei zukünftigen Forschungsvorhaben auch die Ansätze der verschiedenen Globalisierungstheorien (vgl. Seitz 2002, 96 ff.) und der Evolutionstheorien (vgl. z. B. Scheunpflug et al. 2001) in Betracht gezogen werden (vgl. Adick 2009, 286).

4.2.5 Kritische Gegenpositionen

Mikroperspektivische Kritik am World-Polity-Ansatz kommt von Kathryn Anderson-Levitt (2003), die sich in einem ethnographisch ausgerichteten Sammelband mit konkreten Beispielen befasst, die sich globalen Entwicklungen unter den lokalen Bedingungen in verschiedenen Ländern widmen. Gita Steiner-Khamsi (2004) gab ebenso einen Sammelband mit dem Titel „The Global Politics of Educational Borrowing and Lending" heraus, der sich mit dem grenzüberschreitenden internationalen Bildungstransfers befasste und gegen die Idee der isomorphen Diffusion von Bildungsentwicklungen auftritt, die von der World Polity-Theorie vertreten wird[16].

Adick (2009, 273 ff.) analysiert in einer Abhandlung Theorienvergleiche in mehreren Veröffentlichungen von Meyer et al., in denen sie auch ihren eigenen Ansatz positionieren (vgl. Meyer et al. 2005, 88 ff.; Meyer 2005a, 134 ff; Meyer/Ramirez 2005, 212 ff.).

Meyers et al. Ausführungen wurden von Adick (2008, 184 ff.) danach gegliedert, in welcher Form die jeweilige Theorierichtung zum Nationalstaat, zur Weltgesellschaft und zum Bildungswesen Stellung bezieht. Auf diese Weise fasst sie dann die Positionierung des World-Polity-Ansatzes in Abgrenzung zu den anderen Theorierichtungen folgendermaßen zusammen (Adick 2008, 273 ff.)[17]:

16 Zum Zusammenhang zwischen neo-institutionalistischen Ansätzen und schultheoretischen Aspekten äußert sich Adick (2009, 278) wie folgt: „Eine kritische Reflexion des Neo-Institutionalismus aus spezifisch schultheoretischer Sicht wurde bisher kaum geleistet, obwohl eigentlich naheliegend, da die von Meyer et al. kritisierten Theorieangebote der Mikrodimension die dominanten Erklärungsmuster herkömmlicher Schultheorien darstellen; denn diese argumentieren entweder ‚realistisch' oder ‚kulturalistisch', in jedem Falle aber nationalstaatlich und einzelgesellschaftlich statt weltgesellschaftlich. Bildungssysteme werden entweder als Ausdruck einer spezifischen nationalen Kultur betrachtet, d. h. als Ergebnis von bestimmten historischen Entwicklungen des betreffenden Landes, seinen Traditionen und Eigentümlichkeiten (‚mikrophänomenologisch' bzw. ‚mikrokulturalistisch' laut Meyer et al.). Oder nationale Bildungssysteme werden so gesehen, dass sie für das betreffende Land – tatsächlich – bestimmte Funktionen erfüllen und Leistungen erbringen, z. B. Ausbildungsleistungen für das Wirtschaftssystem des Landes oder Beiträge zur Reproduktion des sozialen Systems. Diese ‚Mikro'-Variante wird von Meyer et al. mit ‚realistisch' etikettiert (und verworfen); zudem sei bei solchen mikrorealistischen Theorien noch zwischen einer ‚rechten' Version (Orientierung des Bildungssystems an den Bedürfnissen der Gesellschaft zur Aufrechterhaltung der sozialen Ordnung) und einer ‚linken' Version (Bildungssysteme dienen dem Interesse von Eliten und der Aufrechterhaltung von Herrschaftsstrukturen) zu unterscheiden. Beide hingegen überschätzten den Einfluss nationaler Bedingungen auf Bildungssysteme und ignorierten deren globale Einbettung (Meyer/Ramirez 2005, 212 f.). Innerhalb der Diskussion in Deutschland stellte die ‚Theorie der Schule' von Helmut Fend (1981) lange Zeit die struktur-funktionalistische Schultheorie par excellence dar. Es soll daher nicht unerwähnt bleiben, dass Fends ‚Neue Theorie der Schule' (2006) das neo-institutionalistische Theorieangebot (...) konstruktiv aufgreift".

17 Meyer et al. haben ein Klassifikationsschema für den Vergleich von verschiedenen Theorien entwickelt (Meyer et al. 2005, 88 ff.). In dieser Beschäftigung mit anderen Theorien klassifizieren Meyer

et al. diese in Hinblick auf die Dimensionen „mikro vs. makro" und „realistisch vs. kulturalistisch bzw. phänomenologisch". Die Zuordnung zu „mikro" und „makro" wird danach getroffen, ob eine Theorie ihre Erklärungen aus der Mikroperspektive eines einzelnen Landes bezieht oder ob dies aus dem Blickwinkel der Weltebene (Makroperspektive) geschieht. Bei der Dimension „realistisch – kulturalistisch bzw. phänomenologisch" gehen die Realisten von der Annahme aus, dass bestimmte Erscheinungen auf real vorhandene Tatsachen rückführbar sind, während Kulturalisten annehmen, dass Individuen, Organisationen und Staaten der Bedeutungen gemäß handeln, die etwas für sie entfaltet, und nicht als Konsequenz „realer" Bedingungen.
Adick (2008, 190 f.) stellt diese Modelle grafisch dar:

Klassifikationsschema für einen Theorienvergleich in der Vergleichenden Erziehungswissenschaft

	Nationalstaat	Weltgesellschaft	Bildung
Mikrorealisten	ist ein natürlicher, zweckgerichteter Akteur, der autonom nach den eigenen Erfordernissen handelt; ein einzigartiges, abgegrenztes, integriertes System		orientiert sich – funktionalistisch – an den Bedürfnissen und Entwicklungen der betreffenden Gesellschaft; in einer sog. ‚rechten' Version dient das Bildungssystem der Aufrechterhaltung und dem Wohl der Gesellschaft, in einer sog. ‚linken' Version den Interessen der Herrschenden
Mikrophänomenologen (-kulturalisten)	ist das Produkt einer einzigartigen nationalen Kultur und deren interpretativen Prozesse in Gestalt von Traditionen und kulturellen Eigentümlichkeiten; hierbei wird die (National-) Kultur eher oberflächlich mit expressiven Elementen assoziiert	ist für diese Theorie kein Thema	bringt die kulturellen Werte und Vorstellungen einer bestimmten nationalen Gesellschaft zum Ausdruck und nicht so sehr die funktionalen Erfordernisse oder die Macht- und Interessenssysteme

Makrorealisten	ist das Produkt eines weltweiten Systems von wirtschaftlichen oder politischen Macht-, Tausch- oder Konkurrenzbeziehungen; (National-)Kultur (im Wesentlichen äußerliche expressive Kulturelemente) spielt eine untergeordnete Rolle im Vergleich zu den globalen Triebkräften Geld, Macht, Gewalt, Interessen	funktioniert im Sinne eines Weltsystems ohne Weltstaat, in dem reale Machtverhältnisse, in manchen Theorien vor allem ökonomische Interessen, regulierende Funktion haben; die Weltwirtschaft funktioniert als Motor für Ungleichheit	wird von den in diesem Weltsystem wirkenden Interessen und Herrschaftsansprüchen beeinflusst; spezifische Bildungsentwicklungen erklären sich aus der Stellung im Weltsystem (z. B. Bildung in Zentrums- oder in Peripherieländern)
Makrophänomenologen (-kulturalisten)	gehört zu den Hauptakteuren der Weltgesellschaft; die Nationalstaaten sind standardisiert (Isomorphie), da sie alle der gleichen – durch die World Polity vorgezeichneten – rationalistischen Logik folgen; Kultur wird als Bündel global institutionalisierter kognitiver Modelle gesehen, wobei die expressiven (‚nationalen') Kulturelemente einzigartig sein dürfen (weil sie belanglos sind)	funktioniert ohne Weltstaat, indem die ‚World Polity' Regeln und Modelle vorgibt, nach denen Individuen, Organisationen und Staaten handeln (sollen)	ist ebenso wie andere Institutionen standardisiert (Isomorphie); Bildungsmodelle verbreiten sich durch Diffusion weltweit (Kopiervorgänge, Imitation), wobei es häufig zu Entkoppelungserscheinungen zwischen Modell und Realisierung kommt

Nach Meyer et al. ist allein die makroperspektivisch-kulturalistische Theorie die richtige, um nationalstaatliche Bildungssysteme zu erklären. Makroperspektivische Varianten sind allerdings seltener im Bereich der Vergleichenden Erziehungswissenschaft – aus Angst davor, obsolet zu werden –, „als mikroperspektivische, die sich auf kulturelle Eigenheiten und einzelgesellschaftliche funktionale Erfordernisse von Erziehung und Bildung berufen" (Adick 2008, 189). Um Themenbereiche rund um Internationalisierung oder Globalisierung diskutieren zu können und deren Relevanz für nationale Bildungssysteme erfassen zu können, ist die Zuwendung zu makroperspektivischen Ansätzen unerlässlich.

„Makrotheoretische Ansätze werden zunehmend diskutiert werden (müssen), wenn Fragen zur Internationalisierung oder Globalisierung und deren (mögliche) Auswirkungen auf nationale Bildungssysteme bearbeitet werden. Sofern Fragestellungen dieser Art als legitime Gegenstände der Erziehungswissenschaft betrachtet werden, wird man an Fragen zur möglichen Angleichung von Bildungssystemen oder von Auswirkungen internationaler Entwicklungen auf nationale Bildungswesen – ob diese nun politisch gewollt sind oder ob sie sich einfach ereignen – nicht vorbeikommen und mithin auch nicht an den entsprechenden Theorieangeboten. Diese können dann im Lichte von

Mikrorealisten

Mikrorealisten sehen den Nationalstaat als einen natürlichen, zweckgerichteten Akteur, der autonom nach den eigenen Erfordernissen handelt. Die jeweilige (nationale) Gesellschaft gilt als ein einzigartiges, abgegrenztes, integriertes System. Internationale Beziehungen werden als Interaktionen zwischen autonomen Staaten angesehen. Die Frage einer Weltgesellschaft ist in dieser Theorierichtung entweder kein Thema oder die Weltsituation wird aus der Perspektive der nationalen Akteure analysiert. Bildung orientiert sich gemäß dieser Theorien an den Bedürfnissen und Entwicklungen der betreffenden Gesellschaft. Die dahinter liegende Schultheorie ist funktionalistisch: Bildung erfüllt bestimmte real benennbare Funktionen für die jeweilige Gesellschaft. In einer sog. „rechten" Version dient das Bildungssystem der Aufrechterhaltung und dem Wohl der gesellschaftlichen Ordnung, in einer sog. „linken" Version dient Bildung den Interessen der Elite oder der Herrschenden.

Mikrophänomenologen/Mikrokulturalisten

Im Unterschied dazu sehen Mikrophänomenologen(-kulturalisten) den jeweiligen Nationalstaat als Produkt seiner einzigartigen nationalen Kultur und deren interpretativen Prozesse in Gestalt von Traditionen und kulturellen Eigentümlichkeiten. Hierbei wird die (National-)„Kultur" eher oberflächlich mit expressiven Elementen assoziiert. Die Bildungssysteme bringen dieser Sichtweise zufolge die kulturellen Werte und Vorstellungen einer bestimmten Gesellschaft zum Ausdruck – und nicht so sehr die strengen funktionalen Erfordernisse oder die Macht- und Interessenssysteme. Weltgesellschaft ist für diese Theorien kein Thema.

Makrorealisten

Für Makrorealisten sind Nationalstaaten eingebettet in ein weltweites System von wirtschaftlichen und/oder politischen Macht-, Tausch- oder Konkurrenzbeziehungen. Ihre jeweiligen Bedingungen und ihre Stellung ergeben sich aus den real vorhandenen Situationen und Kräfteverhältnissen auf Weltebene. Der Faktor Kultur

---

Forschungen zu realen Auswirkungen von Internationalisierungsprozessen kritisiert, modifiziert, überprüft, weitergeführt oder durch neue Theorien ersetzt oder ergänzt werden" (Adick 2009, 286). Denn nur so ist es möglich, bestimmte Entwicklungen nicht auf nationale oder kulturelle Traditionen und Besonderheiten zurückzuführen, wie dies bei mikrotheoretischen Ansätzen der Fall ist, sondern als konstruktive Bewältigungsversuche von Internationalisierungstrends und Globalisierungstendenzen zu verstehen. „Schließlich können neue Ideen und Modelle auch jenseits nationaler und kultureller Grenzen oder quer zu diesen entstehen und damit nicht mehr dem klassischen Modell nationalstaatlich geprägter Bildungssysteme entsprechen, womit sie auch nicht mehr mit den mikroperspektivischen Theorien erklärbar sind, sondern neue – makroperspektivische – Theorien erfordern" (Adick 2008, 209).

Dazu muss sich die weitere Theoriedebatte allerdings über die reine Entgegensetzung von „mikro – makro" und „realistisch – kulturalistisch" hinaus weiterentwickeln, „da es (neue) Entwicklungen auch im Bildungsbereich gibt, die sich nicht in diesem Muster verorten lassen, sondern als innovative Antworten auf Internationalisierungstendenzen und Globalisierungsdruck interpretiert werden müssen" (ebda).

– im Wesentlichen äußerlich gedacht, als expressive Kulturelemente – spielt in diesen Theorien eher eine untergeordnete Rolle im Vergleich zu den globalen Triebkräften Geld, Macht, Gewalt, Interessen. Die Weltgesellschaft funktioniert im Sinne eines Weltsystems ohne Weltstaat; in diesem Weltsystem haben reale Machtverhältnisse, in manchen Theorien vor allem ökonomische Interessen, regulierende Funktion. Die Weltwirtschaft funktioniert z. B. als Motor für Ungleichheit. Auch die Bildungssysteme werden von den in diesem Weltsystem wirkenden Interessen und Herrschaftsansprüchen beeinflusst; ihre spezifischen Entwicklungen erklären sich aus diesen Faktoren (z. B. Bildung in Zentrums- oder in Peripherieländern).

Makrophänomenologen/Makrokulturalisten
Nationalstaaten gehören bei den Makrophänomenologen bzw. Makrokulturalisten zu den Hauptakteuren der Weltgesellschaft, aber sie sind nicht einzigartig, sondern standardisiert (Isomorphie), da sie alle der gleichen – durch die World Polity vorgezeichneten – rationalistischen Logik folgen. „Kultur" wird in dieser Theorierichtung als Bündel global institutionalisierter kognitiver Modelle gesehen, wobei die (singulären) expressiven Kulturelemente einzigartig sein und bleiben dürfen (weil sie belanglos sind). Die Weltgesellschaft funktioniert ohne Weltstaat, indem die World Polity universalistische Regeln und Modelle vorgibt, nach denen Individuen, Organisationen und Staaten handeln (sollen). Bildungssysteme sind ebenso wie andere Institutionen standardisiert und setzen Drehbücher um, die von der World Polity virtuell vorgegeben werden. Wie schon eingangs gesagt, verorten sich Meyer et al. in diesem Bereich als „makrophänomenologische" Variante des Neo-Institutionalismus.

Adick (2009, 269 ff.) befasst sich in der Folge auch kontroversiell mit der World Polity-Theorie, indem sie Kritikpunkte unter Bezugnahme auf eine Reihe von anderen Autoren aus der Mikro- und der Makroperspektive heraus betrachtet. Sie (2008, 201) sieht die theoretischen Ansätze von Meyer et al. bzw. Wallerstein kritisch als soziologisch verkürzt an. Die Theorie von Wallerstein bezieht sich demnach so gut wie nicht auf das Bildungswesen[18], auch wenn mit Hilfe der (Kultur)Kapitaltheorie von Bourdieu versucht wird, die Weltsystemtheorie auch für die erziehungswissenschaftliche Theoriebildung

18 „Die Weltsystemtheorie (im Anschluss an Wallerstein) ist sensibel für globale Machtverhältnisse und daraus erwachsenden externen Druck auf nationale Bildungssysteme, so dass sie sich für die Analyse von Globalisierung und daraus möglicherweise erwachsenden Veränderungen des Verhältnisses von Staat und Markt in nationalen Bildungssystemen anbietet" (Adick 2008, 201 f.). Allerdings fehlt für Adick auch hier wiederum die direkte Anschlussfähigkeit an erziehungswissenschaftliche Theorien. „Denn wenn man die in der Rekonstruktion des Weltsystems als kapitalistische Weltökonomie gewonnenen Theoreme und Forschungsfragen, z. B. die These des säkularen Trends der Kommodifikation, unmittelbar auf den Bildungsbereich anwendet, impliziert dies die ungeprüfte Annahme, das Weltmodell Schule sei ein Korrelat oder gar bloß eine abhängige Variable der Weltwirtschaft und funktioniere im Prinzip wie diese. Dies allerdings müsste erst bewiesen werden" (ebda).

nutzbar zu machen[19]. Damit können zumindest Bildungsentwicklungen in Regionen, die nicht zur westlichen Welt gehören, historisch eingeordnet werden. Adick bemängelt weiters, dass keine der beiden Theorien ein Konzept für die relative pädagogische Autonomie von Bildungssystemen – ein Konzept, das ebenfalls auf Pierre Bourdieu zurückgeht (Bourdieu/Passeron 1974, 236) – aufweist. Bildungssysteme haben die Tendenz, nach eigenen pädagogischen Vorstellungen, Bereiche umzusetzen, die national oder international vorgegeben werden. So könnten dann auch die autonomen Weiterentwicklungen und Anpassungsleistungen der Bildungssysteme selbst entsprechend identifiziert werden. Meyer (2005) identifiziert die universalen Prinzipien als „westliche", was den Verdacht des Eurozentrismus wach ruft, der auf Wallersteins Theorien weniger zutrifft (vgl. Adick 2008, 203). Adick merkt zudem an, dass Meyer et al. zwar im Gegensatz zu Wallerstein weitreichende Forschungen zu den weltweiten Bildungsentwicklungen durchführten, weshalb ihre Nähe zur Vergleichenden Erziehungswissenschaft auch auf den ersten Blick größer ist, allerdings „bleiben etliche Vorbehalte gegen die Weltkultur-Theorie als Weltgesellschaftstheorie, da sie aufgrund ihres ‚Anti-Realismus' bedeutende Faktoren wie Machtverhältnisse, Ökonomie und Technikentwicklung einfach ausblendet" (Adick 2008, 203).

Meyer et al. (1992) erkennen zwar durchaus noch Differenzen zwischen den älteren Nationalstaaten mit ihren elaborierten und etablierten Bildungssystemen und den Entwicklungsländern, sehen die beiden Ländergruppen aber nicht im Gegensatz, weshalb es auch kein Erfordernis einer Befreiung gäbe. Stattdessen wird von beiden auf jene Standards geblickt, die das Weltsystem determinieren. Auch wenn diese Ansicht sämtlichen Thesen von Vertretern und Vertreterinnen der Pädagogik mit der Dritten Welt widerspricht, darf nicht vergessen werden, dass sich das Interesse von Meyer und Ramirez auf die Etablierung einer Theorie richtet und nicht auf ein Engagement für oder gegen das Weltsystem (vgl. Waterkamp 2006, 138).

---

19 Für Bourdieu bedeutet Bildung Kulturkapital, das in drei Erscheinungsformen auftritt, nämlich als inkorporiertes Kulturkapital mit einer Gebundenheit an das Individuum, als objektiviertes Kulturkapital, das sich in Büchern oder Maschinen findet und materiell übertragbar ist und das institutionalisiertes Kulturkapital, welches sich Zertifikaten, wie Zeugnissen oder Diplomen, die Berechtigungen verliehen niederschlägt.
Demnach besteht eine gewisse Konvertibilität der verschiedenen Kapitalarten, wodurch etwa institutionalisiertes Kulturkapital in ökonomisches umwandelbar ist. Bestimmte Schul- oder Universitätsabschlüsse ermöglichen beispielsweise erst den Zugang zu diversen beruflichen Tätigkeiten. Daraus ergibt sich auch der Konnex zur Weltsystem-Theorie: Eine verstärkte internationale Anerkennung von Bildungsabschlüssen, der Trend zu Auslandsstudien, aber Brain Drain, also die Tendenz von hochqualifizierten Kräften, das Heimatland zugunsten attraktiverer Arbeitsbedingungen im Ausland zu verlassen, signalisieren eine Zunahme des Kompatibilitätsfaktors von Kulturkapital, welches nun auch im kapitalistischen Weltsystem Konvertabilität besitzt. „Diese internationale Konvertibilität von Kulturkapital erscheint als Motor für die von Meyer et al. gefundenen Isomorphien mindestens ebenso plausibel wie die recht virtuell fungierende World Polity der betreffenden Theorierichtung" (Adick 2009, 282).

4.3 Theoretische Verbindungen zwischen Bildung und Entwicklung

Eine Reihe weiterer Theorien übt ebenfalls Einfluss auf den Forschungsbereich der Vergleichenden Erziehungswissenschaft aus. Die in der Folge dargestellten Beispiele werden primär im anglo-amerikanischen Raum zur Erklärung von weltweiten Bildungsentwicklungen herangezogen (vgl. Phillips/Schweisfurth 2007, 69 ff.).

4.3.1 Humankapitaltheorie

Diese Theorie hat ihren Ursprung in den Werken von Adam Smith aus dem 18. Jahrhundert. Er stellte erstmals einen direkten Konnex zwischen der Bildung und dem Entwicklungsgrad einer Gesellschaft her (vgl. Woodhall 1987, 21). Theodore Schultz entwickelte ab den 60er Jahren des vorigen Jahrhunderts wichtige Ansätze zu den Auswirkungen von Bildungsinvestitionen auf die wirtschaftliche Produktivität (Schultz 1961, 5) und gilt damit als Mitbegründer der modernen Humankapitaltheorie. Weitere Vertreter sind Gary Becker (1964) bzw. Robert Solow (1956), die ihre Ansätze auf der neoklassischen Arbeitsmarkttheorie aufbauten und diese um den Faktor Bildung erweiterten.
Zugrunde liegt der Humankapitaltheorie die Einschätzung der Arbeitskraft als Kapital. Damit wird Arbeitskraft dem Sachkapital gleichgestellt, weshalb durch Investitionen in Human- und Sachkapital gleichermaßen die Produktivität erhöht werden soll. Die höhere Produktivität resultiert dann in höheren Löhnen, was der Humankapitalinvestition Zinsen bringt.

„Der Humankapitalansatz geht vom ‚Homo oeconomicus' aus, der Nutzenmaximierung via Einkommensmaximierung erreichen will und dementsprechend seine arbeitsmarktrelevanten Qualifikationsentscheidungen fällt" (Pfriem 1979, 102). Als Opportunitätskosten einer Ausbildung zählen der entgangene Lohn, die verminderte Freizeit und die Kosten der Ausbildung. Der Humankapitalinvestor hat sich zu entscheiden, ob er sein Einkommen ohne spezielle Ausbildung erarbeiten will oder in Bildung investiert und damit nach einer gewissen Ausbildungszeit auch ein höheres Einkommen erzielen kann. Da die Investitionen der Arbeitnehmer und Arbeitnehmerinnen in Humankapital unterschiedlich sind, variiert auch ihre Produktivität, woraus sich nun unterschiedliche Lohnniveaus ergeben. Dies erklärt wiederum Einkommensdifferenzen zwischen den Arbeitnehmern und Arbeitnehmerinnen. Das Solow-Modell (1956) versucht die Grundlagen wirtschaftlichen Wachstums zu erklären. Dieses neo-klassische Wachstumsmodell sieht den technischen Fortschritt als alleinige langfristig bedeutsame Einflussgröße auf das Wachstum einer Volkswirtschaft. Dieser resultiert in einer gesteigerten Arbeitsproduktivität, die wiederum durch eine bessere Bildung erzielt werden kann.

Ein primärer Kritikpunkt an der Humankapitaltheorie ist, dass es unzulässig sei, Arbeitskraft mit Kapital gleichzusetzen. Die Theorie geht von einem Gleichgewicht zwischen Opportunitätskosten und Grenznutzen aus, was eine ungültige Annahme ist, da Fehlinvestitionen weder abgeschrieben, noch zu hohe veräußert werden können (vgl. Sesselmeier/Blauermel 1997, 75). Ungewollte Fehlinvestitionen in Humankapital können aber nicht vermieden werden, da der Nutzen einer Ausbildung erst beim Qualifikationseinsatz erkennbar ist. Weiters bedürfen die Unberechenbarkeit der technischen Entwicklung und die damit verbundene Entwertung bestimmter Fähigkeiten nach Ablauf einer gewissen Zeit einer entsprechenden Berücksichtigung (vgl. Fischer/Heier 1985, 185 f.).

Zudem zieht die Humankapitaltheorie etwa Variablen wie das „soziale oder kulturelle Kapital" nicht wirklich in Betracht. Erziehung, Herkunftsstatus, Habitus und persönliche Beziehungsnetze der Arbeitnehmer und Arbeitnehmerinnen werden nicht erwähnt, weshalb die Illusion der Chancengleichheit vorherrscht (vgl. Bourdieu 1982, 277). Die Humankapitaltheorie kann somit Effekte der Reproduktion sozialer Ungleichheit oder das Auftreten von Einkommensunterschieden auch im internationalen Vergleich nicht hinreichend erklären.

4.3.2 Modernisierungstheorie

Die Modernisierungstheorie, die vor allen Dingen in den 70er Jahren des vorigen Jahrhunderts sehr populär war, geht von der Annahme aus, dass sich alle Gesellschaften in einer gleichförmigen Art zu einer modernen Industriegesellschaft nach amerikanischem Vorbild entwickeln. Die Unterentwicklung wird als ein vorgeschichtlicher Naturzustand verstanden, wobei Gründe für die Entwicklungsprobleme einiger Gesellschaften nach Auffassung der Modernisierungstheorie primär bei endogenen, gesellschaftsinternen Faktoren liegen wie etwa Mentalität oder Kultur, aber eben auch Korruption und Misswirtschaft[20] (vgl. Nohlen 1994, 478).

„Moderne" Werte unterscheiden sich – so die Kernthese der Theorie – deutlich von den „traditionellen" (vgl. McLelland 1961 und Inkeles/Smith 1976). Phillips/Schweisfurth (2007, 71) stellen diese Wertvorstellungen gegenüber:

Traditional values	Modern values
Fatalism	Sense of control over one's destiny Motivation to work for success
Deep respect for traditional authority	Respect for evidence
Flexible approach to time	Punctuality
Conservatism – desire for a homogeneous society and little desire for change	Acceptance of diversity and change
Particularism – belief that one should treat people in one's inner circle differently from other people	Universalism – belief that everyone should be treated according to a set of principles

20 Grundzüge dieses Ansatzes gehen auf Max Webers „Die protestantische Ethik und der Geist des Kapitalismus" (1905) zurück, wobei sich Weber allerdings anders als die Vertreter der Modernisierungstheorien kapitalismuskritisch äußerte.

Auffällig ist eine gewisse Dichotomie zwischen traditionellen und modernen Strukturen in vielen Lebensbereichen der weniger entwickelten Länder. Institutionen, wie Schulen, basieren auch dort auf modernen Wertvorstellungen, aber diese Werte können die traditionellen nicht einfach ersetzen. Vielmehr koexistieren beide nebeneinander und das nicht immer in harmonischer Form (vgl. Riggs 1964).

Die Kritik an der Modernisierungstheorie bezieht sich auf die Tatsache, dass sie sich auf Werte der westlichen Industrienationen stützt, die als Vorbild für die „traditionellen“ Gesellschaften dienen sollen. „Moderne“ Wertvorstellungen begünstigen wirtschaftliche Entwicklung, weshalb sie zu übernehmen seien. Diese Vorstellung wollen die Kritiker und Kritikerinnen nicht teilen und hinterfragen, ob es nicht auch andere Entwicklungswege gibt, die die bestehenden kulturellen Werte bewahren. Außerdem gibt es große Unterschiede zwischen den Entwicklungsländern. Die Einheitlichkeit der „Dritten Welt“ ist eine Fiktion, was unterschiedliche, auf die jeweiligen Bedürfnisse angepasste Entwicklungsstrategien für die einzelnen Länder erforderlich mache. Damit sei auch die Vorstellung von Modernisierung als ein unabdinglicher, unumkehrbarer, überall ähnlich ablaufender und progressiver Prozess nicht haltbar (vgl. Rullmann 1996, 28 ff.). Zudem wird der ahistorische und ethnozentrierte Charakter der Modernisierungstheorie, welcher sich in der positiven Bewertung von modernen und der negativen von traditionellen Gesellschaften manifestiert, kritisch gesehen (ebda).

4.3.3 Dependenztheorie

Ansätze zur „Dependenztheorie“, die als Kontrast zur Modernisierungstheorie aufgefasst werden können, entstanden Mitte der 60er Jahre in Lateinamerika. Es handelt sich dabei weniger um eine in sich geschlossene Theorie, sondern mehr um eine Schriftensammlung unterschiedlicher Autoren. Unabhängig davon, ob die Ideen eher den Wirtschafts- oder den Sozialwissenschaften zuzuordnen sind, lassen sie sich dennoch auf einen gemeinsamen Nenner bringen und zwar derart, dass allen die Überzeugung gemeinsam ist, „dass Unterentwicklung nicht als Folge einer mangelhaften Integration in die moderne Welt, sondern vielmehr als Folge einer sehr effektiven Integration in die von den Industrienationen dominierten Weltmarktbeziehungen“ zu verstehen ist (Boekh 1982, 135).

Im Zentrum stehen die Analyse der Abhängigkeit und eine daraus abgeleitete Erklärung für die Unterentwicklung und die Probleme Lateinamerikas und der Entwurf von Lösungsmustern (vgl. Nohlen 1996, 28). Die Dependenztheorie sieht die Gründe für die Unterentwicklung gewisser Staaten in der Ausbeutung von ärmeren Nationen durch die wohlhabenderen Länder. Reichere nördliche Länder kontrollieren die Weltmärkte und die Produktionsmittel und verwenden diese, um ihre eigenen Volkswirtschaften auf Kosten des Südens voranzubringen (vgl. Boekh 1982, 135).

Raul Prebisch und Hans Singer, die beide in UNO-Organisationen tätig waren, kritisierten in ihrer als Singer-Prebisch-These bekannt gewordenen Theorie die Ansätze der Modernisierungstheorie und deren Annahme, dass die Unterentwicklung vieler Staaten auf endogene Ursachen zurückzuführen sei (vgl. dazu Menzel 1995, 27). Sie waren der Überzeugung, dass der Handel zwischen Industriestaaten und Entwicklungsländern für

Erstere profitabler ist, da sich aufgrund der „Terms of trade", das Verhältnis zwischen Export- und Importpreisen beim Handel zugunsten der reichen Länder auswirkt. Dieser Ansatz wurde zur Grundlage für die späteren Dependenztheorien. Weiteren Einfluss nahmen die Neoimperialismusthese, die Ende der 50er Jahre unter der Federführung von Paul Baran und Paul M. Sweezy nicht endogene, sondern exogene Faktoren etwa die Außenpolitik und die Ausbeutung der Entwicklungsländer durch die Industrienationen für deren Probleme verantwortlich machte (vgl. Menzel 1995, 27 f.). Von Bedeutung für die Entwicklung der Dependenztheorie war auch der „Linke Strukturalismus", der hauptsächlich von Johann Galtung und Osvaldo Sunkel geprägt wurde, die ihre Ideen nicht an der marxistischen These der internationalen Ausbeutung orientierten, sondern an der Struktur des internationalen Systems mit seinen Konsequenzen für abhängige Länder (vgl. Galtung 2007).

Hauptargument der Dependenztheorie ist jenes der Abhängigkeit der armen von den reichen Staaten, wodurch es zur Ausbeutung durch die Industrienationen kommt, was wiederum zur Unterentwicklung der Dritten Welt führt (vgl. Phillips/Schweisfurth 2007, 72). Die marxistischen Anhänger und Anhängerinnen der Dependenztheorie vertreten die Ansicht, dass aufgrund der sich immer wieder neu reproduzierenden Strukturen der Unterentwicklung ein Ende dieser Abhängigkeit und Unterentwicklung ausschließlich durch eine sozialistische Revolution und die Zerstörung der kapitalistischen Strukturen erzielt werden kann (vgl. Boekh 1982, 142 f.). Konservativere Proponenten und Proponentinnen der Dependenztheorien sehen Lösungen für die Problematik in einer neuen Weltwirtschaftsordnung und der Integration der Entwicklungsländer in den Weltmarkt. Zum größten Kritiker der Dependenztheorien wurden neben einigen theoretischen Ansätzen allerdings ohnehin realökonomische Entwicklungen, wie die Wachstumserfolge der asiatischen Tigerstaaten (vgl. Phillips/Schweisfurth 2007, 73).

Mit Hilfe der Dependenztheorie gelang jedoch andererseits in nachhaltiger Form die Durchsetzung eines neuen Entwicklungskonzepts, nach dem sich Entwicklung nicht einfach über wirtschaftliches Wachstum bestimmt, das nur über das Pro-Kopf-Einkommen definiert wird, sondern auch soziale Indikatoren berücksichtigt (vgl. Boekh 1982, 143).

4.3.4 Befreiungstheorie

Die Befreiungstheorie betont die moralische Verpflichtung, sich auf die Seite der Unterdrückten auf der Welt zu stellen und Entwicklung auf Grundlage der Befreiung von der Dominanz durch andere Staaten voranzutreiben. Solange jedoch keine entsprechende Bildung vermittelt wird, kommt es auch zu keiner Bewusstmachung der Unterdrückung und der Status quo, der durch den Machtanspruch der Eliten und die Unterprivilegierung der armen Massen in Entwicklungsländern gekennzeichnet ist, wird unterstützt und verlängert. Freire (1972) sprach in diesem Zusammenhang vom „Banking concept of education", dessen Ziel es ist, die Menschen durch Konditionierung in die vorherrschenden Machtzusammenhänge einzuüben, damit sie anerkennen, dass nur die Unterdrückenden das Verfügungsrecht über Sinn und historische Gestaltungskraft besitzen.

> „The teacher talks about reality as if it were motionless, static, compartmentalized and predictable. Or else he expounds on a topic completely alien to the existential experience of the students. His task is to 'fill' the students with the contents of his narration – contents which are detached from reality, disconnected from the totality that engendered them and could give them significance. Words are emptied of their concreteness and become a hollow, alienated and alienating verbosity (...) The capacity of banking education to minimize or annul the students' creative power and to stimulate their credulity serves the interest of the oppressors, who care neither to have the world revealed, nor to see it transformed" (Freire 1972, 45 ff.).

Die Befreiungstheorie baut auf Elementen der Dependenztheorie und marxistischen Ansätzen auf und fordert einen radikalen Wandel in den ökonomischen, politischen und kulturellen Strukturen der unterentwickelten Gesellschaften, um deren Entwicklungsfortschritt sicherzustellen. Dazu ist die Mobilisierung und Motivation der ausgebeuteten Masse erforderlich, die dafür wiederum das Lesen und Schreiben beherrschen muss. Nur so können sie ein Bewusstsein für ihre Situation der Ausbeutung entwickeln (vgl. Schugurensky 1998, 20). Daher setzt sich die Befreiungstheorie zum Ziel, „to improve the human existence by viewing knowledge for its emancipatory or repressive potential" (McLaren/Giarelli 1995, 2).

Die Befreiungstheorie wurde als utopische Vision kritisiert (vgl. Fägerlind/Saha 1989). Dennoch gelang es ihrem Hauptvertreter Paolo Freire durch seine Ideen einen internationalen Dialog über Bildung und ihre Rolle bei der Transformation sozialer Bedingungen vor allen Dingen in Ländern der Dritten Welt in Gang zu setzen.

Zusammenfassend ist zu bemerken, dass alle Theorienansätze bislang daran scheiterten, dem Anspruch eines Paradigmas mit globalem Anspruch gerecht zu werden, da sie kein umfassendes Theoriekonstrukt liefern konnten. Sie präsentieren sich hauptsächlich als Sammlungen von einzelnen Entwürfen und individuellen Situationsanalysen der wirtschaftlichen und politischen Hierarchisierung der Welt. Einzelne Ideen und Konzepte haben ihre Aktualität allerdings bewiesen und können durchaus den berechtigten Anspruch auf eine erfolgreiche Weiterentwicklung erheben.

4.4 Weltmodell „Schule"

Die Institution „Schule" ist sich heute trotz unterschiedlicher Ausgangssituationen und Entwicklungsbedingungen überall auf der Welt tatsächlich ziemlich ähnlich. Man kann geradezu von einem „Weltmodell Schule" sprechen, das sich strukturell und funktionell angleicht und in seiner Weiterentwicklung internationaler Einflussnahme unterliegt (vgl. Adick 1995, 159).

Als Vorbild dient meist das Bildungswesen Europas und Nordamerikas (vgl. Husen/Postlethwaite 1994), weshalb die Schule bisweilen kritisch als Teil des modernen beziehungsweise kapitalistischen Weltsystems gesehen wird. Nach dieser Sichtweise findet keine direkte Übernahme von Charakteristiken bestimmter Bildungssysteme statt, sondern es bilden sich in den einzelnen Regionen eigenständige Klone heraus, um die durch das Weltsystem vorgegebenen Produktions- und Reproduktionsbedingungen erfüllen zu können (vgl. dazu Boli/Ramirez/Meyer 1986; Adick 1992). Dies regt auch dazu an, Bereiche des Bildungswesens unter einer internationalen Perspektive zu betrachten. „Vergleichende Untersuchungen werden damit zwar nicht überflüssig; ihr zentraler Gegenstand sind aber nicht nur unterschiedliche nationale Schulentwicklungen, sondern die Varianten eines globalen Modells. Vergleichende Pädagogik löst sich demnach in eine ‚internationale Erziehungswissenschaft' auf, die nach möglichen Verbesserungen und der ‚optimalen' Ausprägung des ‚Weltmodells Schule' fragt" (Schubert 2005, 10 f.). Themenbereiche, die bisher hauptsächlich im nationalen Umfeld behandelt wurden, werden nun unter internationalen Gesichtspunkten betrachtet. Im Umkehrschluss kann dies allerdings auch dazu führen, dass internationale Entwicklungen nicht mehr wie bisher mit einer gewissen Systematik zur Kenntnis genommen werden, sondern wiederum eine reine Forschungskonzentration und Rückführung bestimmter Phänomene auf nationale Schulsysteme erfolgen (ebda.).

Weiters darf nicht vergessen werden, dass sich die „evolutionäre Universalie" von Schule „immer dann weniger universal als vielmehr sozial-kulturell partikular dar(stellt), sobald über ihren organisatorischen Binnenraum hinaus die vielfältigen Wechselbeziehungen (oder Interrelationen) zwischen Schulabschlüssen und Berechtigungen, Bildungskarrieren und Bildungslaufbahnen, Bildungssystem und Beschäftigungssystem, zwischen Bildung und sozialer Schichtung, Bildungsorganisation und Verwaltungsrecht, Hochschulstudien und kollektiven Mentalitäten, Bildungsprozessen und sozialem Wandel oder zwischen wissenschaftlicher Rationalität und Eigen-Evolution historischer Semantik Gegenstand systematischer Analysen werden" (Schriewer 1994, 449)[21].

21 Sicherlich gilt es auch zu hinterfragen, ob sich neben dem „Weltmodell Schule" nicht gleichzeitig auch Unterschiede zwischen den einzelnen nationalen Systemen herausgebildet haben, die durch eine bestimmte Vergleichbarkeit im Hinblick auf Organisation und Funktion nur überlagert werden. Damit ist auch noch ungeklärt, ob die Vergleichende Pädagogik bzw. Erziehungswissenschaft bereits von der dominanten international vergleichenden Bildungsforschung vereinnahmt wurde. Viele Bereiche, die sich etwa mit Lernkultur, Didaktik, Erziehung usw. befassen und von ihrer Ausrichtung her pädagogisch im engsten Wortverständnis sind, waren bislang nämlich noch eher selten Thema internationaler Vergleichsforschungen, würden sich als solche allerdings durchaus anbieten (vgl. Schubert 2005, 12).

5. Die Funktionen des Vergleichs

Für die Vergleichende Erziehungswissenschaft liegt kein einheitliches Wissenschaftsverständnis vor, sondern es gibt eine Reihe von Traditionen und wissenschaftstheoretischen Positionen. Jürgen Schriewer (1982, 196 ff.) benannte mit dem historistischen, dem evolutionistischen und dem empirisch-analytischen drei zentrale Paradigmen der Vergleichenden Erziehungswissenschaft. Das historizistische Paradigma, das sich in narrativ-chronologischer Form häufig auf bestimmte regionale Besonderheiten ausrichtet, ohne dass ein klar definiertes Analyseraster zur Anwendung käme, findet sich in Länderstudien. Das evolutionistische Paradigma ist primär auf einen Nachvollzug von Entwicklungsmustern hin ausgerichtet, wobei der Vergleich zur Identifizierung von Entwicklungslinien eingesetzt wird. Im Rahmen der Suche nach einer gewissen „Diagnose- und Prognosefähigkeit" setzt sich dieses „Paradigma der Gefahr der Mystifizierung von Regelmäßigkeiten und einem Determinismusverdacht aus" (Adick 2008, 178). Das empirisch-analytische Paradigma, das in der Praxis von Erziehung und Bildung in kultureller Variation ein quasi-natürliches, empirisch untersuchbares Feldexperiment sieht, versucht, „empirisch-historisches Wissen, systematisch-theoretische Erkenntnisleistung und praktisch-pädagogische Relevanz in (wissenschafts-)logisch überzeugender Form" zusammenzuführen (Schriewer 1982, 227).

Wolfgang Hörner (1993) entwickelte ein ähnliches Vergleichsschema[22] und unterscheidet vier verschiedene Funktionen des Vergleichs, nämlich die idiographische, die melioristische, die evolutionistische und die experimentelle.

5.1 Die idiographische Funktion

(Die Suche nach dem Besonderen)

Die idiographischen Funktion des Vergleichs liegt vor, wenn der Vergleich dazu dienen soll, das je Besondere in den zu untersuchenden Phänomenen zu erkennen und aus den spezifischen Einflüssen des Kontextes zu erklären. Charakteristisch ist für diesen Ansatz die Erläuterung und Deskription von Bildungsphänomenen mit besonderer Berücksichtigung von nationalen und kulturspezifischen Besonderheiten. Oft wird im Rahmen dieser Studien nicht einmal ein expliziter Vergleich durchgeführt, da dies die Komplexität des vorliegenden Materials kaum zulässt (vgl. Hörner 1993, 8). Diese Funktion des Vergleichs ist am meisten verbreitet.

Der Vergleich übernimmt hier die Methode der klassischen Geschichtswissenschaft, deren Ziel es ebenfalls ist, das historisch Einmalige in den Ereignissen zu beschreiben und aus den historischen Konstellationen zu erklären. Aus diesem Grund bezeichnet Hörner (1993, 6) diesen methodischen Zugang, der als die älteste Variante gilt, auch als „historistischen Ansatz".

22 Zu den Überschneidungen und Unterschieden dieser beiden Modelle siehe Adick (2008, 181 ff.).

Adick (2008, 179) kritisiert diesen Ansatz, da ihrer Meinung nach „die unterstellten Zusammenhänge zwischen den nationalen oder kulturellen Eigentümlichkeiten und der Erziehung und Bildung in diesen Ländern bzw. Kulturen als Vorannahmen bewusst und im Sinne von Hypothesen erst einmal überprüft werden müssten, bevor man deren vermutete Interdependenzen untersucht." Hermeneutisches Verständnis und idiographische Erklärungen ohne empirische Überprüfung der Interdependenzen zwischen Bildung und Erziehung bzw. Gesellschaft und ohne theoretische Erläuterungen seien für Studien im Bereich der Vergleichenden Erziehungswissenschaft nicht ausreichend.

5.2 Die quasi-experimentelle Funktion
(Die Suche, nach dem Universellen)

Diese Funktion bildet in gewissem Sinne den Gegenpol zur idiographischen Funktion. Bei der quasi-experimentellen Funktion soll der Vergleich dazu dienen, nicht das Besondere, sondern das mehreren oder möglichst allen Gegenständen Gemeinsame, das Universelle, vom jeweiligen Kontext Unabhängige der untersuchten Phänomene zu erkennen, um daraus Erkenntnisse über allgemeingültige Sätze, Gesetzmäßigkeiten und regelmäßige Zusammenhänge abzuleiten. Damit wendet sich die Vergleichende Erziehungswissenschaft verstärkt den Sozialwissenschaften zu, denen es hauptsächlich um das Erklären von Wirklichkeit geht (vgl. Hörner 1993, 10). Da im Bereich der Sozialwissenschaft Experimente im naturwissenschaftlichen Sinne aus technischen und ethischen Gründen nicht möglich sind, ist der Vergleich nach einer klassischen Formel des französischen Soziologen Emile Durkheim die einzige Möglichkeit experimenteller Überprüfung von Hypothesen. Der Vergleich übernimmt dabei die Funktion des naturwissenschaftlichen Experiments. Bei dieser Funktion steht die Suche nach Gemeinsamkeiten im Vordergrund (vgl. Hörner 1997, 70). Aufgabe des Vergleichs ist somit die Überprüfung von Hypothesen, oder im Vorfeld davon die Generierung oder Präzisierung derselben. Die verschiedenen Länder stehen dabei für verschiedene Kombinationen von Variablen.

Da die quasi-experimentelle, vergleichende Überprüfung von Hypothesen im Gegensatz zum naturwissenschaftlichen Experiment nicht in beliebiger Zahl wiederholt werden kann, da die Zahl der Länderkontexte begrenzt ist, erscheint eine genau reflektierte Auswahl der Länder besonders wichtig. Die Länder müssen möglichst exakt definierte Variablenkombinationen darstellen, sodass es möglich sein muss, die Ländernamen durch die Namen von Variablen zu ersetzen. Dadurch wird auch ermöglicht, „dem Vergleich eine Aufgabe zuzuteilen, die in den Naturwissenschaften das Experiment hat: die Generierung und Überprüfung von Hypothesen" (Hörner 1993, 10).

5.3 Die evolutionistische Funktion
(Die Suche nach dem Entwicklungstrend)

Die dritte Funktion steht in gewisser Hinsicht zwischen den beiden erstgenannten. Auch sie sucht nicht das Einmalige, Besondere, sondern etwas, das mehreren Ländern gemeinsam ist. Primäre Zielrichtung der Suche ist allerdings nicht ein universell gültiges „Gesetz“ im wissenschaftlichen Sinn, sondern der gemeinsame fortschrittliche Trend der bildungspolitischen und pädagogischen Entwicklung, an dem die Entwicklung in anderen Ländern (sehr oft dem eigenen Land) gemessen wird. Dabei wird die Gemeinsamkeit der „fortschrittlichen“ Entwicklung häufig als Argument für die Gültigkeit der eigenen (bildungs)politischen etc. Vorstellungen genutzt, die gewöhnlich mit Verweis auf das weiter fortgeschrittene Ausland die Entwicklung im eigenen Lande beschleunigen möchten (vgl. Hörner 1997, 71).

Bei diesem Ansatz besteht die Gefahr, dass gewissen Entwicklungstrends quasinormative Gültigkeit zugedacht wird, was eine unreflektierte Argumentation zur Implementierung von Reformen nach sich ziehen kann. Aus diagnostizierten Entwicklungsmustern lassen sich allerdings nach der kritischen Meinung von Adick (2008, 180) auf keinen Fall direkt normative Vorgaben für bildungspolitische bzw. pädagogische Aktivitäten ableiten. Aus bestimmten Trends herauszulesen, dass sie gut oder richtig wären, und darauf bildungspolitische Entscheidungen begründen zu wollen, ist demnach höchst problematisch (siehe dazu näher Adick 2000, 93 f.).

5.4 Die melioristische Funktion
(Die Suche nach den besseren Modellen)

Die vierte Funktion des Vergleichs begründet sich aus dem ursprünglichen politischen Motiv, das die Vergleichende Erziehungswissenschaft von Anfang an begleitete, nämlich dem generellen Wunsch, vom Ausland zu lernen und als positiv bewertete Bereiche zur Verbesserung des eigenen Bildungssystems zu übernehmen, unabhängig davon, ob das jeweilige ausländische Bildungssystem im Ganzen als weiterentwickelt eingeschätzt wird oder nicht. Dabei hat die systematische vergleichende Analyse allerdings eher eine warnende Funktion. Neben dieser Funktion des „Borrowing“, dem Entleihen von Konzepten und Ideen aus fremden Systemen, ist es nämlich auch Ziel, die voreilige Übernahme von ausländischen Modellen ins eigene System zu verhindern. Durch die systematische Berücksichtigung des Zusammenhangs der pädagogischen Einzelphänomene in ihrem sozialen und kulturellen Kontext soll vermieden werden, dass übernommene Elemente im andersartigen Kontext auch eine ganz andere Funktion einnehmen (vgl. Hörner 1997, 70 ff.).

Problematisch an diesem Konzept ist, dass das „wissenschaftliche Erkenntnisinteresse durch die politische Zwecksetzung (so) beeinträchtigt wird“, dass teilweise sogar eine „Indienstnahme von Wissenschaft für die Praxis“ nicht ausgeschlossen werden kann, und zudem nicht geklärt ist, „nach welchem Wissenschaftsverständnis ein solcher melioristischer Vergleich überhaupt betrieben wird" (Adick 2008, 179)[23].

Bei der Beantwortung der Frage, was das Wesen des Vergleichs ist und was diesen determiniert, sind unter anderem die gewählten Vergleichsmethoden, der Standpunkt der vergleichend Beobachtenden, also ob diese eine Innen- oder Außensicht auf den Untersuchungsgegenstand einnehmen und die Eingrenzungskriterien für die zu vergleichenden Einheiten wie Nation, Kultur, Sozialsystem usw. zu nennen. Weitere Fragen, die die Vergleichsforschung begleiten, sind jene nach dem Zweck des Vergleichs, nach dessen Wesen und nach den Ergebnissen, die er erbringen kann.

23 Kritisch äußert sich dazu Adick (2008, 180 f.): „Als Hauptproblem dieser Argumentationsweise stellt sich das (…) Verhältnis von Induktion und Deduktion dar. Laborexperimente gehen dezidiert deduktiv vor: Aus theoretischen Vorannahmen werden Versuchsanordnungen gewählt, in denen per Kontrollgruppenvergleiche die theoretisch abgeleiteten Wirkungen verschiedener Variablen empirisch überprüft werden. In einem ‚indirekten Vergleich', der den Status eines ‚Feldexperiments' hat, wird aber induktiv vorgegangen, indem die Wirkungen verschiedener Variablen zunächst einmal in situ, d. h. Im Feld erhoben werden, um dann aus dem Material Hypothesen, d. h. theoretische Annahmen, zu generieren, was wiederum problematisch ist, da erkenntnistheoretisch der Schluss von singulären Ereignissen (egal wie viele) auf allgemeine Gesetzmäßigkeiten nicht statthaft ist. Wenn zehn (oder mehr) beobachtete Bildungssysteme Gesamtschulcharakter haben, kann daraus nicht gefolgert werden, dass das elfte und das zwölfte oder kurz: alle Schulsysteme Gesamtschulcharakter haben. Dieser sog. ‚naturalistische' Fehlschluss ist ähnlich dem oben genannten normativen Fehlschluss. Denn auch hier gilt, dass das Schließen von Deskription und Analyse (dem ‚Sein') auf Präskription und Handlungsanweisungen (auf das ‚Sollen') nicht statthaft ist; d. h. dass z. B. aus den zehn oder mehr Bildungssystemen, die Gesamtschulcharakter haben, nicht gefolgert werden kann, Bildungssysteme sollten so gestaltet sein."

6. Die Methoden der Vergleichenden Erziehungswissenschaft

6.1 Allgemeine Bemerkungen

Die Vergleichende Erziehungswissenschaft ist offensichtlich wie nur wenige andere Disziplinen auf das Attribut „vergleichend“ in ihrem Namen festgelegt. Das hat immer wieder auch zu (fehlgeleiteten) Überlegungen und zu der Frage geführt, ob und wie die vergleichende Methode als ein konstitutives Merkmal der Vergleichende Erziehungswissenschaft zu definieren sei. Dies ist allerdings nicht möglich, da eine Wissenschaft, auch die Vergleichende Erziehungswissenschaft, sich nicht durch eine Methode, sondern durch den Gegenstand konstituiert (vgl. dazu Adick 2008).

Die Vergleichende Erziehungswissenschaft kann auch deshalb nicht ausschließlich mit dem Vergleich als Methode identifiziert werden, da ein systematisch vergleichendes Vorgehen auch in anderen Segmenten der Erziehungswissenschaft möglich ist, so zum Beispiel im Bereich der Sozialen Arbeit. Gleichzeitig finden aber auch im Bereich der Vergleichenden Erziehungswissenschaft ergänzend andere Methoden, wie zum Beispiel quantitative und qualitative Ansätze (siehe unten), Anwendung.

Der Vergleich ist ein methodisches Mittel aller Forschung und Lehre, und er wird in vergleichend arbeitenden bzw. sich verstehenden Wissenschaften zum methodischen Prinzip. „Vergleichen ist ein geistiges Verfahren, das, von der Betrachtung realer Gegebenheiten ausgehend, auf dem Wege der Analyse und der Wertunterscheidung zu gültiger Erkenntnis gelangt“ (Hilker 1962, 106).

Auch die in der Tradition von Wilhelm Dilthey (1833–1911) stehende geisteswissenschaftliche Pädagogik anerkennt den Vergleich als angemessene Methode. Gemäß Dilthey ist jede Verallgemeinerung ein Ergebnis des Vergleichs, womit diese zu einer Grundbedingung menschlichen Denkens überhaupt wird (vgl. Bereday 1961, 142). Er nennt das Vergleichen ein „Denkmittel, das ebenso sehr in dem Verfahren des Mathematikers oder dem des Physikers als in dem des vergleichenden Anatomen oder Sprachforschers herrscht. Ist doch jede Generalisation das Ergebnis der Vergleichung“ (zit. nach Schiff 1978, 139).

Häufig wird die vergleichende Methode der experimentellen Methode gegenübergestellt und in der Sozialforschung als eine Art Ersatz für die nicht anwendbare experimentelle Methode angesehen und eingesetzt. Wenn daraus nicht gefolgert wird, dass die experimentelle Methode den Naturwissenschaften, die vergleichende Methode den Gesellschafts- und Sozialwissenschaften zuzurechnen ist, dann kann man mit Saul Robinsohn und anderen sagen, dass die vergleichende Methode für solche Wissenschaften charakteristisch ist, „in denen das systematisch angelegte, kontrollierte (d. h. Faktoren isolierende) und wiederholte Experiment nicht oder nur in beschränktem Maße angestellt werden kann und in denen daher die systematische Beobachtung natürlicher Situationen an dessen Stelle tritt“ (Robinsohn 1970, 458; vgl. auch Berstecher 1979).

Der Vergleich kann gleichsam als „Quasi-Experiment" verstanden werden, wodurch Erkenntnisfortschritte unter ähnlichen kontrollierbaren Bedingungen wie in den Naturwissenschaften ermöglicht werden sollen. Er gehört nach W. Mitter zu den Forschungsmethoden, die „nicht an wissenschaftstheoretisch bestimmte Interpretationsmuster" gebunden sind (Mitter 1976, 178). Da der Vergleich als Methode der Erkenntnisgewinnung einen sehr hohen Allgemeinheitsgrad hat und er somit von nahezu allen Wissenschaften (einschließlich der Naturwissenschaften) als Methode für sich beansprucht werden kann und von vielen auch wird, haben sich unterschiedliche Schwerpunkte und Anwendungsbereiche entwickelt, so dass heute nicht mehr von der vergleichenden Methode, sondern von vergleichenden Methoden gesprochen werden muss. Wir finden in der hierzu relevanten Literatur theoretisch abgeleitet oder in konkreter Ausführung vorgestellt: den internationalen Vergleich, den interkulturellen Vergleich, analytische und hermeneutische Vergleiche, quantitative und qualitative Vergleiche, Vergleiche auf der Mikro- und Makroebene, relative und absolute Vergleiche, intrasystemare und intersystemare Vergleiche (vgl. auch den von Mitter 1976, 178 ff., als erste Orientierung aufgestellten Katalog). An dieser Stelle muss allerdings darauf verzichtet werden, die genannten Typenpaare im Einzelnen zu kennzeichnen, die notwendigen Abgrenzungen vorzunehmen oder die Berührungspunkte bzw. Überschneidungen zu verdeutlichen.

Somit ist die Methode des Vergleichs nicht an bestimmte wissenschaftstheoretische Grundsätze gebunden. Vorausgesetzt werden muss allerdings die Vergleichbarkeit eines Untersuchungsgenstandes. Röhrs fordert Methodenvielfalt, die er als „methodenstrategisches Konzept" bezeichnet. „Dieses Konzept der Methodenstrategie besagt, dass in wissenschaftstheoretischer Abschätzung der Aufgabenstellung die Methoden gewählt und den partiellen Ergebnissen entsprechend im Einsatz variiert oder korrigiert werden" (Röhrs 1975, 78). Durch die methodische Flexibilität im Zusammenhang mit der Wahl des Gegenstandes auf Grundlage des komparativen Ansatzes sieht Röhrs die Vergleichende Erziehungswissenschaft wissenschaftstheoretisch der Allgemeinen Erziehungswissenschaft auch mehr neben als untergeordnet (ebda). Jürgen Schriewer weist in diesem Zusammenhang auf eine Mischung von forschungspraxologischen und wissenschaftstheoretischen Ebenen hin (Schriewer 1978, 117 ff.).

In der Vergleichenden Erziehungswissenschaft sind inzwischen unterschiedliche Vergleichsmethoden bekannt und in konkreten Vergleichsstudien auch angewendet und erprobt worden. Die Notwendigkeit des Einsatzes mehrerer und verschiedener Methoden ergibt sich zudem auch aus der Komplexität der Gegenstände der Vergleichenden Erziehungswissenschaft. Sie profitiert bei der Anwendung der unterschiedlichen vergleichenden Methoden u. a. von den Erkenntnissen methodologisch orientierter Wissenschaften, wie z. B. der Systemtheorie. So sind in Anwendung der systemtheoretischen Sichtweise intra- und intersystemare Vergleiche möglich geworden. Diese Sichtweise ist eine erhebliche Erleichterung für den Vergleich, „da sie die Vielgestaltigkeit sozialer Phänomene auf deren Funktionen zurückführt und funktionale Äquivalenzen aufsucht"[24] (Waterkamp 1979, 33).

Die Vergleichende Erziehungswissenschaft versteht sich primär als interdisziplinäres bzw. multidisziplinäres Fach, was bedeutet, dass sie sich Theorien, Methoden und auch Begriffen aus anderen Sozialwissenschaften[25] und nicht nur aus dem pädagogischen Kontext bedient. Sie ist in ihrem Selbstverständnis eine empirische Wissenschaft, die sich auf die Ausformung allgemeiner Hypothesen konzentriert. Zudem weist sie als Besonderheit den Vergleich als eigenständige Methode auf. Quantitative Vergleiche von beobachteten Daten herrschen vor. Dabei werden hauptsächlich quantitativ messbare Indikatoren von Bildungssystemen, wie etwa Schülerleistungsergebnisse oder Schulbesuchszeiten miteinander verglichen[26]. Auf diese Weise sollen Aussagen getroffen werden, die den Zusammenhang zwischen Institutionen und menschlichem Verhalten beleuchten.

Untersuchungen können auf der Ebene der Gesellschaft oder der Nation, auf jener des jeweiligen Bildungssystems oder auch auf der Ebene von einzeln Schulen oder Klassen angelegt sein. Ebenso sind Analysen möglich die die Makro-, Meso- und Mikroebene gleichermaßen miteinschließen. Das Forschungsziel kann somit vielgestaltig sein.

6.2 Die Rolle definierter Vergleichskriterien (Tertia comparationis)

Hermann Röhrs betrachtet die Festlegung eines Tertium comparationis als Voraussetzung für den systematischen Vergleich. „Das Tertium comparationis ist gleichsam der Bezugspunkt der den Vergleich – konzentriert auf eine spezielle Aufgabenstellung – in methodologisch begründeter Form erlaubt" (Röhrs 1975, 99). Friedrich W. Busch bevorzugt gegenüber dem Terminus „Tertium comparationis" die Begriffe Vergleichsziel bzw. Vergleichsbasis. Das Vergleichsziel bezeichnet demnach die Bekenntnisabsicht, die Vergleichsbasis, das hypothetisch angenommene Gemeinsame, welches die Vergleichbarkeit sicherstellt (Busch 1985, 842).

Unter einem „Tertium comparationis" versteht man ein Bezugssystem oder einen Vergleichspunkt, „von dem aus oder auf den hin der explizite Vergleich zur Anwendung

24 So findet eine Ausrichtung an der Funktionalität von Bildungseinrichtungen statt, die dann als Grundlage der Vergleichsforschung dienen. Maßnahmen, Konzepte, Ideen und ähnliches von Bildungssystemen werden dabei verglichen, wobei durchaus auch unterschiedliche Einrichtungen, die ähnliche Funktionen erfüllen, nach dem Grundsatz der funktionalen Äquivalenz miteinander verglichen werden können. Damit einhergehend findet zumindest in implizierter Form häufig auch eine evolutionäre Interpretation des Bildungswesens statt. Demnach weisen Bildungs- und Gesellschaftssysteme immanente Gesetzmäßigkeiten in Hinblick auf ihre Entwicklung auf.

25 Der Begriff „Sozialwissenschaft" wurde im Sinne der Methodendiskussion der 60er Jahre als empirisch-analytischer Ansatz der traditionellen geisteswissenschaftlichen Ausrichtung gegenüber gestellt. Sozialwissenschaft wurde mit einem bestimmten Methodenrepertoire in Verbindung gebracht.

26 Vergleichende Untersuchungen werden etwa in Form von Länderstudien, die nach einer gemeinsamen Vorgabe und in Sammelbänden veröffentlich werden, durchgeführt. Auf diese Weise können ganze Bildungssysteme oder Aspekte davon miteinander verglichen werden (siehe z. B. Döbart/ Hörner/Mitter 2002).

kommt" (Schubert 2005, 16; Froese 1973, 343). Dieses „Vergleichskriterium" (Hörner 1996, 13) wird zu Beginn bestehen oder aber im Laufe der Untersuchung entwickelt. Es stellt sicher, dass der Vergleich mit Vergleichbarem vollzogen wird. „Die Herausstellung des ‚Tertium comparationis' lässt sich als Versuch verstehen, den fehlenden gemeinsamen Kontext aus einem gewissen Vorverständnis heraus hypothetisch zu konstruieren. Das kann allerdings dazu führen, dass nicht mehr Verschiedenes verglichen wird, sondern der Vergleich von vornherein aus der Projektion einer Vergleichsgröße hervorgeht, die aus der eigenen Gesellschaft abgelesen worden ist" (Schubert 2005, 17; Matthes 1992, 81). Denn mit dem „Tertium comparationis" wird automatisch festgelegt, was von Bedeutung ist. Dies impliziert die Gefahr, dass der Vergleich zur „Identifikation des ‚Gleichen' nach eigenem Maß" wird (Matthes 1992, 83). Was sich nicht darin einordnen lässt, wird schnell als kulturelle Besonderheit abgetan. Daher ist es von entscheidender Bedeutung, auf das hypothetische Element der eigenen Semantik zu verweisen. „Nur damit besteht überhaupt die Chance, im Vergleich die Ebene einer Meta-Reflexion zu erreichen, die eine wechselseitige Ergänzung und Relativierung der ihr eigenen Sichtweisen ermöglicht" (Schubert 2005, 17).

Das Tertium comparationis als die übergeordnete Beziehungsgröße, die sich als Konstante für die Bildung der den konkreten Vergleichsobjekten eigenen Variablen definieren lässt, wird aus den vorangegangenen Einzelanalysen gewonnen. Dieser Bezugspunkt, eben das Tertium comparationis, wird von vergleichenden Erziehungswissenschaftlern und -innen häufig nicht im Rahmen seiner pädagogischen Fragestellung gesucht, sondern in benachbarten Disziplinen oder in allgemeineren, etwa politologisch-soziologischen Konzepten. Dies wäre nicht weiter schlimm, wenn die Forscher und Forscherinnen hinreichend politologisch, soziologisch o. ä. geschult wären, um „den Wert und die Reichweite solcher Konzepte" richtig und gründlich zu beurteilen und um der Gefahr einer voreiligen Bestätigung nicht zu erliegen (vgl. Waterkamp 1979, 34).

Funktionen sind vor allem deshalb als „Tertium comparationis" beliebt, weil sie das Problem der „Unvergleichbarkeit" verschiedenartiger Strukturen der einzelnen Bildungssysteme aufheben. Dabei muss man sich allerdings bewusst sein, dass die Abstraktion von einer konkreten Ländersituation bereits einen interpretativen Akt darstellt, dessen Berechtigung kontrolliert werden muss. Eine solche Kontrolle ist umsetzbar, indem die gesellschaftlichen Rahmenbedingungen überprüft und bei der Interpretation berücksichtigt werden, um zu verhindern, dass etwa gleich erscheinende Phänomene unterschiedliche Funktionen erfüllen. Dies ist möglich durch die systematische Erhebung von Daten bezüglich der sozio-ökonomischen Bedingungsfaktoren und durch die Anwendung systemanalytischer Konzepte, die versuchen, die wechselseitige Verknüpfung der einzelnen Faktoren zu berücksichtigen.

Mittels funktionalem Vergleichsansatz können die untersuchten Bildungseinrichtungen in dem sie umgebenden Gesellschaftssystem betrachtet werden. Als Vergleichsbasis dienen wichtige Funktionen, die für die Erhaltung und Entwicklung eines gesellschaftlichen Systems unerlässlich sind. Die zu vergleichenden pädagogischen Variablen werden auf der Basis ihrer gemeinsamen Funktionalität in Beziehung gebracht und verglichen. Damit können Strukturen und Konzepte definiert und Länder auf dieser Basis miteinander verglichen werden, auch wenn die Konzepte und Umsetzungsstrategien keinesfalls in jedem Land ident sein müssen. Gemäß Saul Robinson ist der funktionale Vergleich die „sicherste Brücke zwischen dem Erziehungswesen und den anderen gesellschaftlichen Dimensionen ebenso wie als Mittel zur Feststellung wahrgenommener und nicht wahrgenommener Konsequenzen intendierter und nicht intendierter, manifester und latenter Wirkungen" (Robinsohn 1970, 466). Der funktionale Vergleich berücksichtigt den gesamtgesellschaftlichen Bezug mit und gestattet die Anwendung vieler verschiedener methodischer Ansätze.

Dieser strukturfunktionalistische Ansatz als theoretische Grundlage der Vergleichenden Erziehungswissenschaft gerät jedoch auch immer mehr ins Zentrum der Kritik. Die Ausgangsposition von den Vorstellungen westlicher Demokratien bei der Bewertung von soziokulturellen Entwicklungen wird als Überheblichkeit verworfen. Zudem geht man vom nationalstaatlichen System als Vergleichsgröße weiter ab und legt stärker das Augenmerk auf soziale Gruppierungen im Inneren des Bildungswesens[27]. Durch die globale aber auch lokale Entwicklung entstehen immer mehr neue Untersuchungsbereiche und Problemstellungen. Die Vergleiche von Strukturen nationalstaatlicher Bildungssysteme weichen daher den Erkundungen der Auswirkungen bestimmter Ausformungen der Bildungssysteme auf die Betroffenen. Wichtig werden auch Fragen nach der Organisation, der Kontrolle oder nach Bildungsinhalten. Bildungstheorien und -institutionen und damit verbundene Begriffe und Verhaltensformen erhalten ihre Bedeutung oft erst im Kontext ihrer Kultur, also der allgemeinen Denk- und Verhaltensmuster einer Sozietät. Bevor nun tatsächlich verglichen werden kann, ist daher auf Grundlage semantischer, hermeneutischer und historischer Untersuchungen erst die Transferierung der Besonderheiten und Übersetzbarkeiten eines Systems (vgl. Kelly/Altbach 1986, 89 ff.) in ein anderes sicherzustellen.

27 Ist die Analyseeinheit der Nationalstaat, wirft dies eine Reihe von Problemen auf. Großbritannien etwa besteht aus England, Wales und Schottland, Belgien aus Wallonien und Flamen, die alle völlig unterschiedliche Bildungssystem haben. Dies trifft etwa auch auf die einzelnen Staaten der USA zu. Daher sind eher „intranationale" Forschungsansätze anzudenken. Nur in seltenen Fällen werden dabei nationalstaatliche Vergleiche möglich sein. Auch regional angelegte Studien können problematisch, da Europa oder Lateinamerika nicht einmal sprachlich homogen sind und aus völlig verschiedenen Ländern bestehen. Der Forscher sieht sich somit einer Vielzahl von individuellen Kulturen, Traditionen, Sprachen usw. gegenüber. Ähnlich verhält es sich in der Karibik, wo einige Staaten Mitglieder der EU, andere unabhängig sind und wieder andere zur USA gehören. In einem sehr kleinen geographischen Raum existieren also völlig unterschiedliche Bildungssysteme nebeneinander.

6.3 Forschungsbereiche der Vergleichenden Erziehungswissenschaft

Die Vergleichende Erziehungswissenschaft befasst sich mit dem Vergleich von Bildungssystemen, Bildungsprozessen und Bildungsergebnissen in verschiedenen Ländern, aber auch innerhalb eines Landes. Sie betrachtet dabei in umfassender Weise neben dem Bildungsbereich auch die sozialen, ökonomischen und kulturellen Grundlagen eines politischen Systems, um auf dieser Basis valide Aussagen treffen zu können. Grundlage ist trotz aller kritischen Ansätze noch sehr häufig der Nationalstaat.

Die genaue Eingrenzung des Teilgebietes der Vergleichenden Erziehungswissenschaft ist teilweise umstritten. Neben explizit vergleichenden Studien liegen auch viele Arbeiten vor, die sich primär Bildungsproblemen in bestimmten Ländern oder Regionen widmen. Auch diese sind Beiträge zur Vergleichsforschung, da jede wissenschaftliche Beschäftigung mit fremden Bildungssystemen immer schon implizit vergleichenden Charakter aufweist. „Wer versucht, Bildung, Erziehung, Sozialisation oder erziehungswissenschaftlichen Theorien aus anderen historisch-gesellschaftlichen und kulturellen Kontexten zu beschreiben und zu registrieren, muss dabei notgedrungen auf die eigene historisch-gesellschaftlich geprägte und kulturgebundene Terminologie zurückgreifen, um Fremdes überhaupt zur Sprache bringen zu können" (Schubert 2005, 15). Gemäß Raivola (1985, 362 ff.) ist Vergleichbarkeit immer beruhend auf einer Definition von Äquivalenz, die die Basis im Beobachter selbst hat. Damit hat Komparabilität ihre Grundlage nicht im Objekt selbst sondern in der Beziehung zwischen Beobachter bzw. Beobachterin und Objekt. Der Beobachter bzw. die Beobachterin sind durch deren eigene kulturelle und soziale Identität definiert, was wiederum ihr Denken und ihre Vorstellungen beeinflusst. Auch dies gilt es bei jeglicher Vergleichstätigkeit zu berücksichtigen, um Bias und Vorurteile zu vermeiden (siehe dazu auch Kapitel 6.6).

Bei einem impliziten Vergleich, wird die Untersuchung immer vor dem Hintergrund der Erfahrungen mit einem anderen Land, welches in der Regel das Herkunftsland des Forschers bzw. der Forscherin ist, durchgeführt. Dabei fungiert speziell bei idiographisch ausgerichteten Untersuchungen dieses Herkunftsland auch als der Generator von Hypothesen. Durch diesen Ansatz des impliziten Vergleichs ist es aber ohne Probleme möglich, das Konzept der „Vergleichenden Erziehungswissenschaft" auf reine Auslandsstudien zu transferieren. Von Bedeutung für die erziehungswissenschaftliche Vergleichsforschung ist weiters der illustrative Vergleich. Dabei wird ein Land nicht systematisch auf ein spezifisches Problem hin beforscht, sondern bestimmte Phänomene, die im Ausland zu beobachten sind, werden exemplarisch für die Problembetrachtung herangezogen. Die Vergleichsländer werden dabei lediglich aufgrund des Auftretens eines bestimmten Phänomens ausgewählt.

Es ist auch möglich, verschiedene Länder mit verschiedenen Kulturen, unterschiedlichen nationalen Ressourcen, unterschiedlichen Regierungssystemen und unterschiedlichen Bildungszielen und -systemen miteinander zu vergleichen. Dazu sind allerdings kritische Ansätze und sensible Reflexionen ebenso erforderlich, wie objektive Analysen. Außerdem sind ein fundiertes Wissen über und das Verständnis für die Vergleichsländer und ihre Kulturen nötig (vgl. Phillips/Schweisfurth 2007).

Regierungen auf der ganzen Welt zeigen immer größeres Interesse, die Bildungssysteme in anderen Ländern zu erkunden, nicht zuletzt, um den Erfolg oder Misserfolg des eigenen im Vergleich mit diesen zu bestimmen. Internationale Organisationen haben diesen Trend erkannt und fungieren als eine der Hauptverantwortlichen für Schulleistungsvergleiche. Relevante Daten und Informationen werden in ihrem Auftrag publiziert. „Governments are paying increasing attention to international comparison as they search for effective policies that enhance individual social and economic prospects, provide incentives for greater efficiency in schooling, and help to mobilize resources to meet rising demands" (OECD 2007, 3). Bisweilen enthalten vergleichende Untersuchungen auch Empfehlungen. Dies ist speziell der Fall, wenn eine gewisse Praxisorientierung einer Studie intendiert ist. Die Vergleichsstudien der OECD enthalten beispielsweise immer Anregungen für die jeweiligen bildungspolitischen Entscheidungsträger in den einzelnen Ländern (ebda).

6.4 Qualitative und quantitative Methoden in der Vergleichsforschung

Allemann-Ghionda (2004, 152 ff.) stellt die Vor- und Nachteile qualitativer und quantitativer Methoden in der Vergleichsforschung gegenüber. Quantitative Methoden kommen vor allen Dingen bei den Studien, die von internationalen Organisationen geführt werden, zum Einsatz. Dabei werden Daten, die mittels standardisierter Fragenbögen erhoben wurden, miteinander verglichen. Bezugsysteme sind dabei oft bestimmte Bereiche einzelner Nationalstaaten. Diese Methode spielt seit den Anfängen der Vergleichenden Erziehungswissenschaft eine wichtige Rolle, da schon Jullien de Paris seine Untersuchungen mit Hilfe von Fragebögen durchführte. Allemann-Ghionda (ebda) führt als Gründe für die Dominanz quantitativer Methoden in der erziehungswissenschaftlichen Vergleichsforschung moralische, administrative, pädagogische und erkenntnistheoretische Argumente an.

Seit dem 19. Jahrhundert werden mit Hilfe von Statistiken der Grad der Beschulungen aller Kinder und Jugendlichen erhoben und Details über Fächer, Stundentafel, Wochenstunden und Lehrpersonal belegt. Dies wird auch politisch als Nachweis für die zweckgerechte Verwendung von Steuergeldern eingefordert. Dabei ist das Vertrauen in Zahlmaterial hoch. Statistische Daten gelten als valide und verlässlich (vgl. Kromrey 2002). Dies lässt auch folgende Erkenntnisse zu: „Allgemeine Tendenzen und Schwerpunkte können in absoluten Zahlen und Prozenten ausgedrückt werden. Zum Beispiel kann auf einen Blick verglichen werden, bis zu welchem Alter die gesetzliche Schulpflicht in den Bildungssystemen der ganzen Welt reicht. In einer einzigen Tabelle werden so Unterschiede sichtbar. Nicht zuletzt trägt einer der wichtigsten jährlichen Publikationen der OECD den Titel ‚Bildung auf einen Blick'" (Allemann-Ghionda 2004, 155).

Quantitativ erhobene Daten können miteinander korreliert werden, was tendenzielle Kausalitäten bestätigt. Den Zusammenhang zwischen pädagogischen, politischen, sozialen und wirtschaftlichen Komponenten kann man in dieser Form nachweisen.

Auf quantitativem Datenmaterial basierende Studien können auch eine Grundlage für bildungspolitische Entscheidungen und Reformen sein. Voraussetzungen dafür sind schlüssige Korrelationen. Dennoch mangelt es Statistiken an einer gewissen Tiefe und der Erfassung komplexer Zusammenhänge. Quantitative Vergleiche alleine sind daher im Bereich der erziehungswissenschaftlichen Forschung oft nicht ausreichend, da sich viele Bereiche einer Quantifizierung gänzlich entziehen oder nur rudimentär erfassbar sind. Nicht immer können Ähnlichkeiten oder Unterschiede von Bildungssystemen quantifiziert dargestellt werden, weshalb sich in manchen Bereichen qualitative Methoden eher eignen oder sich eine Triangulation der Methoden als beste Wahl erweist.

Statistische Erhebungen können allerdings die Verwobenheit verschiedener Faktoren nicht abbilden. Sie erhellen Tendenzen und Trends, das Verständnis von bestimmten Phänomenen und Problemlagen erfordert jedoch den Einsatz qualitativer Methoden. Erst die mit ihrer Hilfe erhobenen Daten ermöglichen vertiefte Erkenntnisse. Mittels Interviews, Beobachtungen, Hospitationen und dem Einsatz von Film- und Fotomaterial werden Informationen gewonnen, die dann ebenfalls miteinander verglichen werden können. Dafür bedarf es qualitativer Forschungsmethoden wie etwa ethnografischer Ansätze, Aktionsforschung, objektiv-hermeneutischer Methoden, teilnehmender Beobachtung usw.

Kritikpunkte an quantitativen Vergleichen sind, dass diese nur das erfassen, was messbar ist und sich in Zahlen ausdrücken lässt. Prozesse oder Entwicklungsaspekte von Bildung oder Erziehung lassen sich mit dieser Methodik nicht berücksichtigen. Soziale und kulturelle Aspekte etwa sind durch Zahlen nämlich kaum darstellbar (vgl. Watson 1991). „Diesem Einwand kann wiederum entgegnet werden, dass longitudinale Studien sehr wohl zeigen können, wie sich die Prioritäten eines Bildungssystems als Reaktionen auf den sozialen Wandel ändern. Daraus kann einiges über die Grundoptionen eines Bildungssystems abgeleitet werden“ (Allemann-Ghionda 2004, 156). Dennoch ist die Aufnahme qualitativer Methoden ins Spektrum der Vergleichenden Erziehungswissenschaft von wesentlicher Bedeutung. Entscheidend ist dabei, dass die qualitative Methodik auch eine eigenständige Position erhält und nicht nur zur Ergänzung und Nachbereitung quantitativer Analysen dient und sich in der Übernahme heuristischer Funktionen erschöpft.

Mittels qualitativer Methoden ist zwar keine statistische Repräsentativität zu erzielen (vgl. May-Hubermann 1994, 267), wohl aber ist es möglich, „die für das jeweilige nationale oder regionale Bildungssystem charakteristischen bildungspolitischen Rahmenbedingungen, Perspektiven und pädagogischen Traditionen vertieft zu erfassen. Im Laufe der Datenerhebung ist es möglich, neue Hypothesen zu generieren und die Erkenntnis des Sachverhaltes zu vertiefen“ (Allemann-Ghionda 2004, 158). Auf diese Weise können Unterschiede und Ähnlichkeiten zwischen bestimmten Bereichen in den verglichenen Bildungssystemen erschlossen werden. „Dank den qualitativen Methoden können die Kontinuitäten und Brüche zwischen politischen Verlautbarungen und deren Umsetzungen in der Praxis festgestellt werden. Mit anderen Worten werden die Dynamik der Schulentwicklung und der Bildungsreformen anhand ausgewählter Probleme aus nächster Nähe erfasst“ (ebda).

Die Nachteile der qualitativen Methoden liegen im Erfordernis eines hohen personellen und materiellen Einsatzes zu ihrer Durchführung. Die Komplexität der untersuchten Fälle und die limitierten Ressourcen beschränken dadurch die Verallgemeinerbarkeit der Ergebnisse. Grundsätzlich gilt, dass die Methode abhängig ist vom untersuchten Gegenstand und der jeweiligen Fragestellung. Idealerweise kommt es zu einer Triangulation von Methoden, um der Komplexität der Untersuchungsgegenstände gerecht zu werden. Dabei dienen die quantitativ erhobenen „harten Fakten" nicht selten als Ausgangspunkt für weitere qualitative Untersuchungen, die dann im Kontext der quantitativen Befunde ein sehr umfassendes und aufschlussreiches Bild ergeben können[28].

6.5 Stufen des Vergleichs

Mit der Erweiterung und Verbesserung des Methodeninstrumentariums ist allerdings nicht ohne weiteres auch schon die Lösung eines methodentechnischen Problems verbunden. Zu diesem Zweck wird nach wie vor auf das von Franz Hilker entwickelte Schema zur Durchführung vergleichender Studien zurückgegriffen (vgl. Hilker 1962, 107 ff.).

Nach dieser klassisch gewordenen Unterscheidung lassen sich bei der Durchführung eines systematischen Vergleichs vier logisch aufeinander aufbauende Stufen unterscheiden:

- **Die Deskription**
  Die erste Stufe ist die Deskription. Dabei werden pädagogische Phänomene als solche, d. h. noch ohne ihre Verbindung zu anderen gesellschaftlichen Bereichen beschrieben. Hier geht es z. B. nur darum, die Strukturen eines fremden Bildungssystems darzustellen.

- **Die Interpretation**
  Erst auf der nächsten Stufe, der Interpretation, werden die beobachteten Phänomene aus ihrem Kontext erklärt, d. h. auf ihre historische, politische, ökonomische und soziale Bedingtheit hin untersucht. Lässt sich die Deskription als parallele lineare Beschreibung zweier (oder mehrerer) Bildungssysteme darstellen, so kann man die Stufe der Interpretation als Spirale symbolisieren, die die enge Verquickung der pädagogischen Phänomene mit dem sozio-kulturellen Kontext zum Ausdruck bringen soll.

---

28 Eines der bekanntesten Beispiele einer internationalen quantitativen Vergleichsstudie auf pädagogischem Gebiet ist die Pisa-Studie, die ebenfalls häufig die Grundlage für weiterführende qualitative Forschungen bietet.

- **Die Juxtaposition**
  Wurden bei den bisherigen Stufen die einzelnen untersuchten Länder oder Bildungssysteme noch unverbunden nacheinander behandelt, so beginnt mit der Stufe der Juxtaposition eine neue Qualität des Vergleichens. Die verschiedenen Länder/Bildungssysteme werden einander gegenübergestellt. Diese Juxtaposition ist verbunden mit der Suche nach Kriterien des Vergleichs, die eine solche Gegenüberstellung rechtfertigen. Die Juxtaposition hat im Wesentlichen das Ziel der Aufstellung von Ähnlichkeiten und Unterschieden. Als Ergebnis der Gegenüberstellung lassen sich dann Hypothesen für eine vergleichende Analyse aufstellen.

- **Die Komparation**
  Diese Hypothesen sind dann der Ausgangspunkt für den „Simultan-Vergleich", der in gewissem Sinn die Zusammenfassung der bisherigen Stufen darstellt. War in den bisherigen Stufen die Analyse auch der Interdependenz von Bildung und Gesellschaft immer nur auf ein einzelnes Land bezogen, so umfasst die Analyse jetzt ausgehend von den expliziten Hypothesen mehrere Länder gleichzeitig. Dies wird durch die „Interdependenz-Spirale" symbolisiert, die sich nun im Hinblick auf die Überprüfung der Hypothesen um eine mehrfache Achse windet. Am Ende des systematischen Vergleichs, der Komparation, steht die Erkenntnis, die die Richtigkeit der Hypothese bestätigt oder sie wieder verwirft.

Die einzelnen Schritte der vergleichenden Methoden wurden allerdings durchaus unterschiedlich und zum Teil kontrovers beschrieben (vgl. A. Busch u. a. 1974, 17 f.). Robinsohn modifizierte das von Franz Hilker entwickelte und lange Zeit gültige Stufenschema „Deskription, Interpretation, Juxtaposition, Komparation" (vgl. Hilker 1962, 107 ff.) durch ein Modell der Klassifikation, um der heuristischen Funktion des Vergleichs stärker Rechnung tragen zu können. Danach gehören prinzipiell zur eigentlichen Methode des Vergleichs die folgenden sechs Schritte (vgl. Robinsohn 1970, 466):

1. Der Einfall. Er ergibt sich aus der Analyse einer ungeklärten Situation oder Fragestellung und aus der Materialbetrachtung und führt zu einer ersten Hypothesenbildung, d. h. der Formulierung von Zusammenhängen, „in denen eine Klärung des Problems gesucht wird"
2. Die Identifizierung relevanter Daten und ihre Erhebung
3. Die Erfassung der Variablen. Diese lässt eine Typenbildung innerhalb des möglichen Untersuchungsfeldes von Nutzen sein, „etwa nach Gesichtspunkten kultureller, ökonomischer, sozialer, politischer Entwicklung"
4. Erneute und wechselseitige Abfolge von Hypothesenmodifikation und Datenerhebung
5. Die Aktivierung von Vorkenntnissen etwa über die Bedingungen pädagogischer und sonstiger beteiligter Prozesse
6. Die Definition des Tertium comparationis.

6.6 Der Forschungskontext

Internationale Bildungsforschung ist – wie erwähnt – implizit vergleichend. Dies ergibt sich aus der Position des Forschers und der Forscherin in Bezug auf den Kontext, der untersucht wird. Dabei stellt sich unweigerlich die Frage, wie vertraut ein Forscher oder eine Forscherin mit dem neuen zu erforschenden Kontext ist. Dazu zählen der Grad der Beherrschung der Landessprache oder die Kenntnis möglichst vieler kulturspezifischer Merkmale. Da das Bildungssystem ein sehr komplexer Bereich ist und massiv vom politischen System eines Landes beeinflusst wird, hat die erziehungswissenschaftliche Vergleichsforschung bei ihren Projekten neben dem Bildungsbereich in umfassender Weise auch die sozialen, ökonomischen und politisch-kulturellen Gegebenheiten eines Staates zu berücksichtigen, da nur auf dieser Basis valide Aussagen getroffen werden können (vgl. Schubert 2005, 30).

Die Durchführung von deskriptiven oder analytischen Studien ist ebenso möglich, wie die Verfolgung des Ziels, bessere Modelle ausfindig zu machen oder „Best practices" zu erkunden. Von entscheidender Bedeutung ist dabei eine genaue Abklärung der Begrifflichkeit, da bestimmte Bezeichnungen in den einzelnen Sprachen unterschiedliche Bedeutungen haben können. Verwiesen sei dabei etwa auf den Begriff der „Didaktik", der im deutschsprachigen und englischsprachigen Kontext Unterschiedliches erfasst (vgl. dazu auch Hopmann/Riquarts 1995). Ein anderes Beispiel wäre das deutsche Wort „Bildung", das in anderen Sprachen in dieser Bedeutung gar nicht existiert. Dies bringt Probleme bei Übersetzungen, aber auch für das Verständnis gewisser Konzepte mit sich. Die Möglichkeit interkultureller Missverständnisse beim Einsatz von Erhebungsinstrumenten, beispielsweise von Fragebögen oder Interviewleitfäden, ist auch mitzubedenken.

Neben einer Vertrautheit mit den gewählten sozialwissenschaftlichen Untersuchungsmethoden sind auch überdurchschnittlich gute, aktive Kenntnisse der Sprache(n), die im Hinblick auf den Untersuchungsgegenstand und dessen kulturellem Umfeld relevant sind, erforderlich. Von entscheidender Bedeutung sind zudem die sorgfältige Vorbereitung von Experten- und Expertinnengesprächen, Besuche in Schulen oder anderen Bildungsinstitutionen, vertiefte Kenntnisse über die Gesellschaft(en), die Bildungssysteme und die jeweiligen pädagogischen Traditionen, sowie interkulturelle Kompetenz, die in besonderem Maße notwendig ist, um mit Akteuren und Akteurinnen kommunizieren zu können und Beobachtungen und Daten richtig einzuordnen und zu interpretieren.

Ist der Forschungskontext ähnlich dem Heimatkontext des Forschers bzw. der Forscherin, vereinfacht dies den Forschungsprozess. Diese Situation erleichtert die Interpretation neuer Daten, linguistische und kulturelle Ähnlichkeiten können kleine, aber wichtige Differenzen aufzeigen. Gefahren liegen unter Umständen darin, dass die Aufmerksamkeit zu sehr auf die kleinen Unterschiede gelenkt wird, was das Bild verzerrt, da Ähnlichkeiten überwiegen und von größerer Bedeutung für das Gesamtbild sind. Ein weiteres Problem liegt vor, wenn der Forscher bzw. die Forscherin die vertrauten Erklärungsansätze auf den neuen Kontext projiziert. Eine Situation kann auf den ersten oberflächlichen Blick ähnlich wie im nationalen Kontext erscheinen. Ein Beispiel dafür wäre die Existenz von Schulfächern mit denselben Namen, die in Wirklichkeit verschiedene Inhalte haben und unterschiedliche Ziele verfolgen. Ein Beispiel wäre das Fach „Politische Bildung", wo in einem Land der Schwerpunkt darauf liegen kann, dass Schüler und Schülerinnen Details über Regierungssysteme, Rechtsstrukturen und Gesetze lernen. In einem anderen Land kann das Augenmerk in diesem Fach viel mehr auf kritischen politischen Analysen liegen, mit dem Ziel, aktive, mündige Staatsbürger und Staatsbürgerinnen heranzubilden (vgl. Phillips/Schweisfurth 2007, 55).

Befasst sich ein Forscher bzw. eine Forscherin mit einem Kontext, der ihm bzw. ihr noch weniger vertraut ist und der sich sehr von der Heimatsituation unterscheidet, kann dies anfangs sogar einen Kulturschock auslösen, den es erst einmal zu verarbeiten gilt. Der Vorteil dieser Situation ist allerdings der komplette Neuigkeitswert des Forschungsgegenstandes, welcher potentiell die Sensibilität steigern kann. Andererseits können dadurch aber Daten wiederum schwerer interpretierbar werden. Das Exotische des Kontextes erfährt unter Umständen auch zu starke Betonung in den Resultaten des Forschungsvorhabens[29]. All dies kann letztlich Auswirkungen auf die Reliabilität und die Validität vergleichender Forschungsprojekte haben. Ganz wichtig ist auch, dass ethnozentrische[30] und eindimensionale Ansätze aufgegeben werden, wenn Vergleichsforschungen durchgeführt werden. Interkulturelle Kompetenz ist daher für den Forscher und die Forscherin sehr wichtig. Dazu zählen eine kritische Reflexion über die eigene Kultur, Neugierde hinsichtlich anderer Kulturen, Empathie für Menschen dieser Kulturen, sprachliche Fähigkeiten und ein analytisches Bewusstsein, das ein Verständnis jenseits oberflächlicher Beobachtungen ermöglicht (vgl. dazu auch Phillips/Schweisfurth 2007, 55).

Zusammenfassend ist zu bemerken, dass kritische Ansätze und sensible Reflexionen im Rahmen von Vergleichsforschung ebenso erforderlich sind, wie objektive Analysen. Dies trifft auch auf fundierte Kenntnisse über und Verständnis für die Vergleichsländer und ihre unterschiedlichen Kulturen zu. Unerlässlich ist zudem das Wissen um den eigenen kulturellen Hintergrund, damit Bias und Vorurteile unterbleiben (vgl. Phillips/Schweisfurth 2007).

29 Historisch betrachtet, würden die Reiseberichte in diese Kategorie fallen.

30 In der wissenschaftlichen Diskussion wird vor der Gefahr des Ethnozentrismus in der Vergleichenden Erziehungswissenschaft immer wieder gewarnt (vgl. dazu etwa Bereday 1961; Dias 1987, 201).

7. Kultur

7.1 Begriffsbestimmung

Der Begriff der „Kultur“[31] ist im herkömmlichen und sprachwissenschaftlichen Sprachgebrauch gleichermaßen weit und vieldeutig. Aus diesem Grund ist eine Definition nicht einfach. Manche plädieren „vor diesem Hintergrund und der definitorischen Unklarheit des Begriffes (‚Container Begriff‘) dafür (…), den Kulturbegriff vollständig aufzugeben. Allerdings entsprechen ‚Begriffsverbote‘ nicht dem Selbstverständnis offener und pluraler Gesellschaften. Sie dürfen zudem kaum Erfolg haben, da (a) historische, (b) wissenschaftstheoretische und (c) pragmatische Gründe für die Weiterverwendung des Kulturbegriffes sprechen. (a) Der Kulturbegriff hat Geschichte, aus deren Rekonstruktion sich Erkenntnisse für die Gegenwart gewinnen lassen. (b) Gerade die Vielfältigkeit des Kulturbegriffes kann und sollte als Herausforderung für Wissenschaften verstanden werden, den Begriff theoretisch und empirisch zu schärfen, und schließlich ist (c) Kultur ein Begriff aus dem Wortschatz unserer Sprache und im öffentlichen Diskurs resonanzfähig“ (Bolscho/Hauenschild 2009, 231 f.). Durch die Beibehaltung des Kulturbegriffs kommt man nun allerdings nicht umhin, eine definitorische Annäherung zu versuchen.

Unbestritten ist, dass unter dem Begriff „Kultur“ eine Vielzahl von Phänomenen subsumiert wird. Zu erwähnen wären in diesem Zusammenhang Bereiche der so genannten „Hochkultur“, wie Literatur, Theater oder Museen, oder aber auch jene der Alltagskultur, wie die des Wohnens oder der Unterhaltung. Gemäß Geert Hofstede (1991, 18) ist Kultur „die kollektive Programmierung des Geistes, welche die Mitglieder einer Gruppe oder Kategorie von Menschen von anderen unterscheidet“. Somit ist Kultur einerseits ein von bestimmten Personen geteiltes Wahrnehmungs-, Denk- und Handlungsmuster, das einerseits verbindet, andererseits aber auch als Mittel dient, um Unterschiede zu anderen Kulturen festzumachen. Somit sind es nicht nur die greifbaren, materiellen Bereiche, sondern vielfach auch unsichtbare Aspekte, an denen sich die Verschiedenheit bemisst.

Während Hofstede noch von statischen Attributen ausgeht, die die Angehörigen einer Kultur aufweisen, herrscht im Gegensatz dazu heute die Auffassung von relativen Kulturkomponenten vor. „Kulturelle Merkmale werden demnach erst in der Unterscheidung und Abgrenzung zu anderen Kulturen deutlich, ja werden dadurch erst existent, wodurch auch die durchaus vorhandenen individuellen Devianzen und subkulturellen zentrifugalen Bestrebungen berücksichtigt werden“ (Kumbruck/Derboven 2009, 8). Dies bedeutet, dass Menschen in vielfacher Hinsicht von Kultur geprägt werden. Das trifft nicht nur auf die nationale Kultur[32] zu, sondern auch auf die Professionskultur,

---

31 Kultur kommt vom lateinischen Verb „colere“ und heißt bebauen, bewohnen, pflegen und ehren (vgl. Bolscho/Hauenschild 2009, 232).

32 „Der Kulturbegriff, insbesondere wenn er im Deutschen gebraucht wird, bringt (zudem) historische Belastungen mit sich. (Diesbezüglich) ist die Verbindung zum Nationalstaat zu betonen, der sich über eine ‚einheitliche‘ Kultur zu definieren versuchte, oft in der Absicht, die vermeintliche, aber sel-

jene des Geschlechts, der jeweiligen Arbeitsstätte, aber etwa auch auf die Kultur der individuellen Familie.

Die Sozialisierung in den jeweiligen Kulturräumen und -institutionen gestaltet entscheidend die Art und Weise mit, wie die Welt gesehen wird. Die Mitglieder einer Kultur teilen internalisierte Verhaltenscodes und unbewusste Bedeutungszuschreibungen. Die kulturellen Sichtweisen unterliegen zudem ständigen Entwicklungen und Veränderungen durch die Interaktionen der Menschen in diesem Kulturraum. Kultur ist „nicht in ahistorischer, hypostasierter Form zu benutzen, sondern als dynamisches und prozesshaftes Konstrukt" (Adick 2008, 54; Auernheimer 1990, 32 ff.; Diehm/Radtke 1999, 59 ff.). Kultur ist niemals statisch, sondern unterliegt Veränderungen, Anpassungen und Entwicklungen (vgl. Barmeyer, 2012, 95). Nieke (2008, 37) empfiehlt daher auch eine heuristische Definition, was bedeutet, dass diese jederzeit verändert werden kann, sobald sich neue Aspekte ergeben.

Die Tatsache, dass sie im Zuge von Sozialisationsprozessen erworben wurde, macht sie zu einem Bestandteil eines unbewussten Verhaltensrepertoires. Als gleichsam implizites Wissen definiert und entscheidet sie, was als „gut", „richtig" oder „sozial erwünscht" angesehen wird. Demnach wird Kultur als interpretativer Prozess verstanden und weniger als strukturelle Konstante, die durch sozialisatorische Programmierung eingeübt wurde (Gertsen et al. 1998a, 33). Kultur wird also aus einer konstruktivistischen Sichtweise als sozial konstruiert verstanden und semiotisch, durch Zeichen und deren Bedeutungszuweisung geprägt (vgl. Kumbruck/Derboven 2009, 8). Geertz (1994) kreierte den semiotischen Kulturbegriff, der unter Bezug auf Max Weber von der Annahme ausgeht, dass der Mensch sich in einem selbst gestalteten Bedeutungsgewebe befindet, welches als Kultur zu verstehen ist. Die Mitglieder einer sozialen Gemeinschaft weisen ihren Zeichen spezifische Bedeutungen zu, die nur von ihnen selbst verstanden werden und grenzen sich so gegenüber anderen Kulturen ab. Diese speziellen Bedeutungen, die aus symbolischen Formen bestehen, werden dann von einer Generation zur nächsten tradiert und ständig weiter entwickelt, um sie den sich ebenfalls ständig veränderten Umweltbedingungen entsprechend anpassen zu können. Mit Hilfe der Kultur teilen Menschen ihre Kenntnisse vom und Einstellungen zum Leben mit, konservieren diese und entwickeln sie weiter. Somit dient Kultur als kognitive Landkarte (vgl. Geertz 1994, 7 ff.). „Because culture is central to how individuals make meaning of their experiences, the internalization of cultural beliefs over time creates an interpersonal network of shared understandings and relationships, providing members of a culture with a sense of 'social safety' (Suarez-Orozco 2004, 178).

„Kultur entsteht, wenn Menschen auf der Basis einer gemeinsamen Sprache und anderer Medien sich auf gemeinsame Werte, Regeln und Sichtweisen auf die Welt verständigen. Wissen, Einstellungen, Normen, Handlungsmaximen, die Art und Weise, wie man etwas eben macht, etc. werden in der kulturellen Gemeinschaft mitgeteilt, tradiert

ten real gegebene Homogenität des Staates zu legitimieren und nach außen abzugrenzen" (Bolscho/Hauenschild 2009, 231).

und weiterentwickelt, d. h. sind grundlegend an kommunikative Prozesse gebunden" (Kumbruck/Derboven 2009, 10).

Kultur ist der Faktor, der eine Gruppe oder Gesellschaft ausmacht und sie gleichzeitig von anderen unterscheidet. Sie ist entscheidend bei der Ausbildung der Identität einer Gesellschaft, die dann über Generationen hinweg reproduziert wird. Die Mitglieder einer Gesellschaft halten sich an die Regeln, die häufig von früheren Generationen übernommen werden. Dies erfolgt meist außerhalb des Bewusstseinsprozesses. Die eigene Kultur wird oft erst durch die Bezugnahme auf Fremdes ins Bewusstsein gerufen. Eigenes und Fremdes können dann mit ihrer Hilfe unterschieden werden.

Kulturelle Praktiken entwickeln sich nicht zufällig. Sie sind Ausdruck von „Überlebensrezepten" einer Gruppe von Menschen in einer bestimmten Region und werden durch geografische, klimatische und existentielle Bedingungen mitgeprägt. Vor diesem Hintergrund bilden sich dann religiöse und ethische Vorstellungen und Praktiken heraus, die tradiert und angesichts neuer Umweltanforderungen auch modifiziert werden.

Individuen durchlaufen Sozialisierungsprozesse, das heißt, sie werden durch ihr Hineinwachsen in eine Kultur geprägt. Als Konsequenz daraus erachten sie die ihnen vertrauten, eigenen kulturellen Praktiken für „normal". Dabei werden die Maßstäbe für das „richtige" Tun und Denken zum größten Teil unbewusst übernommen (vgl. dazu auch Kumbruck/Derboven 2009). Wahrnehmungshorizonte und -fokusse hinsichtlich von Werten, Konzepten und Glaubenssätzen unterscheiden sich in den einzelnen Kulturen. Dies führt häufig zu Verständigungsschwierigkeiten, obwohl davon auszugehen ist, dass es auch immer Überschneidungen von zentralen Bereichen gibt, die wiederum eine gewisse Basis für Verständigungsmöglichkeiten bieten.

Kultur begnügt sich also nicht nur mit der Speicherung, sondern drängt auch auf die Nutzung von Traditionen, worin wiederum die Chance zum Wandel und zur Weiterentwicklung liegt.

Treffen zwei verschiedene Kulturen zusammen, kommt es zu einer Gegenüberstellung von unterschiedlichen Selbstbildern und Interpretationsmustern. Diese entwickeln sich allerdings durch die Interaktion mit der anderen Kultur weiter.

Der Kulturbegriff enthält heute „überwiegend nationale, ethnische, sprachliche, religiöse und einfach rassistische Konnotationen; d. h. er bezieht sich auf askriptive Herkunftsmerkmale von Menschen, die – weil zugeschrieben und nicht erworben – allzu leicht ‚essentialisiert' werden können. Das ‚Wesen', eine herkunftsmäßig, d. h. ‚ethnisch' definierte Kultur erscheint im Alltag als festgeschrieben und weist angeblich eine quasi-natürliche Eigenheit auf. Ein solcher essentialistischer und ethnischer Kulturbegriff muss von der Wissenschaft ständig hinterfragt, oder anders gesagt: ‚dekonstruiert' werden" (Adick 2008, 54). „Eine der nicht zu unterschätzenden Möglichkeiten einer vergleichend betriebenen und kulturwissenschaftlich orientierten Pädagogik besteht (daher) darin, den Blick dafür zu schärfen, wie komplex und voraussetzungsvoll viele uns selbstverständlich erscheinenden Handlungs- und Denkweisen tatsächlich sind (...)" (Schubert 2005, 40).

Ein prozessbezogenes Verständnis von Kultur lautet: „Kultur ist das, was sich Individuen vor dem Hintergrund ihrer lebensweltlichen Wahrnehmungen und Erfahrungen in ihrem Denken und Handeln zu eigen (sic!) machen und was ihnen die Teilhabe an der Gestaltung der Gesellschaft, in der sie leben, ermöglicht. Kultur wird damit sowohl als Phänomen der Innenwelt, als auch der Außenwelt verstanden. Es ist nicht schwer, in diesem Verständnis von Kultur die Nähe zur Theorie der gesellschaftlichen Konstruktion der Wirklichkeit zu erkennen, wie sie von Berger und Luckmann (1970) entwickelt wurde. Dabei spielt im Hinblick auf Transkulturalität der Begriff der Alltagswelt eine zentrale Rolle; er kennzeichnet die Wirklichkeit, die von Menschen begriffen und gedeutet wird und die ihnen subjektiv sinnhaft erscheint“ (Bolscho/Hauenschild 2009, 232 f.).

Hohmann (1983, 6) meint, dass Kulturen ein System von Symbolen sind, keine beliebigen, sondern Interpretations-, Ausdrucks- und Orientierungsmuster und dass das Zusammenleben von Menschen mit verschiedenen Kulturen nicht ohne kulturelle und soziale Konflikte möglich ist. Für Greverus ist Kultur „das Potential des Menschen, in die äußere und innere Natur verändernd und gestaltend einzugreifen, um sich als Art und als Einzelorganismus zu erhalten. (...) Kultur umfasst alle Bereiche menschlichen Lebensvollzugs“ (Greverus 1982, 24 f.) und Nieke versteht unter Kultur „die Gesamtheit der kollektiven Orientierungsmuster einer Lebenswelt (einschließlich materieller Manifestationen)“ (Nieke 2008, 50). Die Berufung auf nationale Kulturen mit dem Hinweis auf Determinierung und Programmierung kann dabei auch leicht Konflikte verschärfen, da Unterschiede als unüberbrückbar erscheinen (Kumbruck/Derboven 2009, 32).

Kulturen stellen sich heutzutage nicht mehr als geschlossene, einheitliche, nationale Gebilde dar, sondern sind durch Diversität und die Vielfalt möglicher Identitäten definiert. Daher spricht sich Welsch (1995) für den Begriff der Transkulturalität aus, da nur so eine derartige binnenkulturelle Differenzierung mit derart differenten Lebensformen erfasst werden kann. Dieses Verständnis geht weg von einer nationalstaatlichen bzw. ethnischen Ausrichtung von Kultur und betont die Bedeutung von Gewohnheiten, geteilter Lebenspraxis und speziellen (Sub-)Kulturen von sozialen Gruppen (vgl. dazu auch Kumbruck/Derboven 2009, 32). Das bedeutet eine Akzeptanz von partikularer bei simultaner Ablehnung von absoluter Differenz (vgl. Hall 2004).

> „Das Verständnis von Kultur als Ergebnis von Aushandlungsprozessen und identitätsstiftenden Rahmen einer Praxis- und Deutungsgemeinschaft auf der Grundlage eines semiotischen Bedeutungssystems ist somit von besonderer Relevanz für die Herausforderung, die sich Vertretern (und Vertreterinnen) unterschiedlicher Kulturen, die (aufeinander treffen), stellt“ (Kumbruck/Derboven 2009, 11).

Als Sammlung von Deutungs- und Interpretationsmustern erwachsen aus der Kultur auch spezielle Handlungen, die soziale Wirkungen entfalten. Paul Mecheril (2008, 23) plädiert in diesem Verständnis daher dafür, Kultur als soziale Praxis zu begreifen: „Sobald Kultur als Praxis verstanden wird, rücken die sozialen Verhältnisse nicht allein als Differenzen auf der Ebene (...) von Normen und semantischen Kodierungen, sondern auch auf der Ebene von Ressourcen in den Vordergrund."

Wird Kultur als „wissenschaftliche, alltagsweltliche und professionelle Konstruktion" verstanden, kann über ihre „Wirkungen und Funktionen in gesellschaftlich und institutionell gerahmten Interaktionssituationen" reflektiert werden (Mecheril 2008, 26). Es geht dabei primär um die Frage: Unter welchen Bedingungen benutzt wer mit welchen Wirkungen ‚Kultur" (ebda).

Kultur entwickelt sich im sozialen Diskurs um Bedeutungen, wobei Inhalte und Wertvorstellungen von Traditionen, Erfahrungen und Praktiken ausgehandelt werden. Dies geschieht nicht reibungslos, sondern erfolgt im Rahmen gesellschaftlicher Spannungsverhältnisse. „Das heißt, es geht um kulturelle Deutungshoheit, um Bedeutungsmonopole und damit letztlich um Macht" (Kumbruck/Derboven 2009, 8). Kultur ist als ein Kampf um Bedeutungen, ein nie zu beendender Konflikt über Sinn und Wert von kulturellen Traditionen, Praktiken und Erfahrungen zu verstehen. Wer das kulturelle Bedeutungsmonopol hat, hat die Macht. Diese Bedeutungen werden heute primär über Medien vermittelt, womit diesen eine zentrale Funktion bei der Kulturentwicklung zukommt (vgl. dazu auch Hall 2008).

> „Wie die personale Identität eines Menschen ist auch die Kultur ein Konstrukt, auf das die Metapher der interaktiven und kommunikativen Verflüssigung passt. Der theoretische Begriff der Kultur ist im Grunde genommen ein soziales, nicht zuletzt von Machtverhältnissen bestimmtes praktisches Geschehen und dessen perspektivenabhängige, symbolisch-diskursive Repräsentation nicht auf einen räumlich-zeitlich identifizierbaren Gegenstand gemünzt" (Kumbruck/Derboven 2009, 9).

Mecheril (2008, 26; Mecheril 1998) versteht Kultur weiters als „faktische und imaginative Praxis der Erzeugung, Bewahrung und Veränderung von symbolischen Differenzen und sozialen Macht- bzw. Ungleichheitsverhältnissen. Zwar existieren kulturelle und genetische Vielfalt gemeinsam in der menschlichen Spezies, aber die Kulturen definieren, was gelernt und geglaubt werden soll und wie man sich entsprechend zu verhalten hat (Oertner/Montada, 2008, 91).

Nach Argyle (1969, 78) definiert sich eine Kultur über:

> "(i) shared language (symbolises and categorises events);
> (ii) a shared way of perceiving and thinking about the world;
> (iii) agreed forms of non-verbal communication and social interaction, which makes cooperation possible;
> (iv) rules and conventions about what shall be done in different situations;
> (v) an agreed moral and other values and a system of religious and allied belief;
> (vi) technology and material culture."

Diese Punkte bilden also das Makrosystem, in dem wir aufwachsen und welches uns unser Leben lang begleitet. Es bildet ein Orientierungs- und Referenzsystem von Werten, Normen, Praktiken und Artefakten. Eine Aufgabe der Sozialisation ist es, eben dieses Orientierungs- und Referenzsystem weiterzugeben, zu tradieren. Kultur wird kollektiv gelebt und erlebt.

Zusammenfassend ist zu bemerken, dass sich das Konstrukt „Kultur" theoretisch und empirisch gleichermaßen nur sehr schwer fassen lässt, ihm aber dennoch als Orientierungsrahmen grundlegende Relevanz zukommt. Die Herausbildung von Deutungs- und Bedeutungsschemen erfolgt in Gemeinschaft mit anderen Menschen in einem Kulturkontext, in dem bereits von der Mehrheit geteilte „Bedeutungs- und Regelsysteme für den einzelnen zur gegenseitigen Verständigung und Handlungskoordination" zur Verfügung stehen und immer wieder anlassgemäß modifiziert werden (vgl. Bender-Szymanski 2008, 202). Dies geschieht etwa durch den Kontakt über ethno-nationale Grenzen hinweg oder die Auseinandersetzung mit der zunehmenden Multikulturalität der eigenen Gesellschaft (vgl. Römhild 1998).

Problematisch ist es allerdings, Menschen ausschließlich auf ihre kulturelle und nationale Herkunft festzulegen, da diese für den einzelnen lange nicht (mehr) die Bedeutung haben muss, wie vielleicht angenommen wird. In dem Moment, in welchem beispielsweise eine kritische Distanz zur Ursprungskultur eingenommen und die eigene Identifizierung überdacht werden, ist die Festlegung auf die Zugehörigkeit zu einer bestimmten Gruppen unangebracht. Daher ist immer eine Subjektbezogenheit erforderlich, um individuelle, „biographische Selbstbeschreibungen, Bildungsgeschichten, Habitusensembles und den zivilrechtliche(n) Status" entsprechend mitzuberücksichtigen (Mecheril 2008, 30; Mecheril 2000). Es ist davon Abstand zu nehmen, soziale Kategorien nach dem Muster natürlicher Kategorien zu deuten, „die das jeweilige Gegenüber zu einem kulturabhängigen Gruppenprototyp erstarren lassen und seiner Individualität und damit auch kommunikativen Kompetenz berauben (...)" (Bender-Szymanski 2008, 203).

Definitionen von Kultur

Alltagssprachliches Kulturverständnis:
Kultur zeigt sich in Literatur, Theater, Museen, Zeitungen, aber auch in den Bildungssystemen (z. B. Universitäten). Auch viele Bereiche des Alltagslebens werden unter dem Kulturbegriff subsumiert. So spricht man unter anderem von einer Kultur der Unterhaltung, des Wohnens oder des Essens. Auch Artefakte wie Werkzeuge und Techniken gehören zu Kultur. Insbesondere die Benimmregeln (Begrüßungsrituale, Essgewohnheiten etc.) sind wichtige Ausdrucksformen von Kultur.

Deterministisches Kulturverständnis:
Kultur ist die kollektive Programmierung des Geistes, die die Mitglieder einer Gruppe als Kategorie von Menschen von anderen unterscheidet. Es handelt sich um den Erwerb konstanter Strukturen (vgl. Hofstede 1991).

Semiotisches Kulturverständnis:
Menschen bilden durch Kommunikation ihre Kultur, indem sie sich darauf meist unbewusst einigen, wie sie die Welt sowie den angemessenen Umgang damit sehen wollen. Mitglieder der Kultur grenzen sich von anderen sozialen Gemeinschaften ab, indem sie ihren Zeichen eine spezifische Bedeutung geben, die nur von den Angehörigen der eigenen Kultur verstanden wird (vgl. Geertz 1994).

Kulturverständnis der Cultural Studies:
Kultur ist als ein Kampf um Bedeutungen, ein nie zu beendender Konflikt über Sinn und Wert von kulturellen Traditionen, Praktiken und Erfahrungen zu verstehen. Wer das kulturelle Bedeutungsmonopol hat, hat die Macht. Eine zentrale Funktion bei diesem Prozess der Zirkulation, der Durchsetzung der Aushandlung von Bedeutungen kommt den Medien zu (vgl. Hall 2008).

Quelle: Kumbruck/Derboven 2009, 155.

7.2 Bedeutungsfelder von Kultur

Die Grenzen eines Kulturraumes sind nur selten deckungsgleich mit jenen von Staaten. Darüber hinaus gibt es innerhalb von Staatsgrenzen[33] auch häufig unterschiedliche kulturelle Milieus oder sogar klar voneinander abgrenzbare Kulturen. Kulturelle Differenz ist dabei keine festgelegte Größe. „Sie wird vielmehr selbst mit der Unterscheidung produziert, ist ein Korrelat der Operation Beobachtung, die Distinktionen einführt, um die jeweiligen Differenzen beschreibbar und handhabbar machen zu können" (Schubert 2005, 19). Kultur ist kein verstecktes Konzept, das nur als Idee existiert, sondern erscheint im Agieren und setzt sich aus Bedeutungsstrukturen zusammen, die sich aus dem Beobachten von Handlungen interpretieren und auch (re)konstruieren lassen. „Der Blick auf die jeweilige Kultur muss (...) noch einmal relativiert werden durch den Blick auf ökonomische, soziale und politische Bedingungen und auf mögliche globale Zusammenhänge und gemeinsame (kulturübergreifende) Problemkonstellationen, die freilich auf sehr unterschiedliche Weise kulturspezifisch artikuliert werden können. Auch Kultur kann in vergleichenden Untersuchungen mithin nur als hypothetisches Konstrukt gelten, das selbst immer wieder der Überprüfung bedarf (vgl. Schubert 2005, 20).

Das Verstehen von Eigenheiten fremder Kulturen ist immer zugleich ein Prozess des Hin- und Hergleitens zwischen der eigenen und der fremden Kultur, wodurch Eigenes und Fremdes wechselseitig einer Erhellung zugeführt wird (vgl. Erheim 1982, 11). Die Entwicklung der „Weltgesellschaft" birgt die Notwendigkeit in sich, bei der Beschäftigung mit Bildung und Erziehung auch die unterschiedlichen kulturellen Konzepte näher zu beleuchten, ohne diese im selben Zug zu „entprovinzialisieren" (Geertz 1987, 257). Es muss vermieden werden, dass Kulturen als feststehende Größen betrachtet werden. Stattdessen ist ein prozessuales, offenes Kulturverständnis anzustreben. Kulturen befinden sich in einer wechselseitigen Interdependenz, wodurch ein ständiger Austausch und gegenseitige Beeinflussungen stattfinden, was ein ständig neues Verhandeln von Bedeutungsinhalten erforderlich macht. Kulturen haben als „Orientierungssysteme (...) den Charakter des Selbstverständlichen, Unreflektierten, das unser Verhalten gemeinhin vor jeder bewussten Kontrolle prägt. Aber auch unsere scheinbar spontanen prä-reflexiven Weltbezüge, die Art und Weise, wie wir uns bewegen, kleiden, ernähren, wie wir unsere Umwelt wahrnehmen und entscheiden, was für uns von Bedeutung ist, sind immer schon kulturell strukturiert" (Schubert 2005, 31). Dewey (2007) bezeichnet eben dies als „habits", Bourdieu spricht von „Habitus" (1982), wenn solche Gewohnheiten internalisiert sind und unterbewusst ablaufen. Speziell die Alltagskultur wird meist als gegeben hingenommen und trotz ihrer Widersprüchlichkeit selten in Frage gestellt. Sie beinhaltet Unmengen an Deutungs-, Bewertungs- und Handlungsmustern, die nur im Ausnahmefall, etwa beim Auftreten unvertrauter Situationen oder im Rahmen der

33 Das Bestehen eines einheitlichen Nationalcharakters, der allen Mitgliedern eines Staates zu eigen ist, wird aufgrund mangelnder Spezifizität und der Begünstigung von Stereotypenbildungen nicht mehr angenommen (Bender-Szymanski 2008, 212). Dennoch erscheint die Wahrnehmung von Differenzen als Defiziten nach wie vor aktuell zu sein.

Konfrontation mit fremden Orientierungsschemata, thematisiert werden (vgl. Auernheimer 2002).

Die Grenzen sind fließend, vertraute Schemata werden auch häufiger in Frage gestellt und selbstverständliche Orientierungen verlieren ihre Absolutheit. Neue kulturelle Selbstverständlichkeiten entstehen, alte werden obsolet. „Dennoch darf Kultur weder im expliziten oder impliziten Vergleich, der fremde Perspektiven durch Beschreibung und Analyse überhaupt erschließt, noch in dem Versuch, das scheinbar vertraute Eigene durch die Einbeziehung fremder Perspektiven neu zu sehen und zu begreifen, kulturalistisch verabsolutiert werden. Kulturelle Traditionen, überlieferte Praktiken, Normen und Werte können allenfalls einen Teil der Erklärung abgeben" (Schubert 2005, 32).

Zwar kann es weder objektive, noch definitive Beschreibungsformen für eine Kultur geben, dennoch ist die Definition von Besonderheiten einer bestimmten Kultur zulässig. Kultur ist zudem nicht nur einmalig an die Biografie eines Individuums gebunden, sondern durch den Veräußerlichungs- und Vergesellschaftungsprozess intersubjektiv gestaltet. Sie existiert daher trotz ihres Bestehens aus Ideen nicht nur in den Köpfen und ist, obwohl unkörperlich, dennoch „keine okkulte Größe" (Geertz 1994, 16).

Die sechs Bedeutungsfelder von Kultur
(nach Nieke 2008, 41 ff.)

1. Kultur als Gegensatz zur Natur: Damit sind Prozesse, Ereignisse und Ergebnisse aller menschlichen Gestaltungen gemeint. Hierbei ist Religion ebenso inkludiert wie der direkte Eingriff in die Natur, wie zum Beispiel beim Ackerbau.
2. Kultur als Gegensatz zur Zivilisation: Unter Zivilisation sind die Gestaltungen von unwirtlichen Lebensräumen zu verstehen. Zivilisation ist also ein notwendiges Faktum, das ein Zusammenleben erst ermöglicht. Unter Kultur versteht man in diesem Zusammenhang hingegen menschliche Gestaltungen, die als zweckfrei gelten und sich aus der Schöpfung des menschlichen Geistes ergeben (z. B. Kunst, Religion, Literatur).
3. Der Mensch als Kulturwesen: Im Gegensatz zu Tieren, die keine Kulturen hervorbringen, besitzt der Mensch die Möglichkeiten und Fähigkeiten zur Symbolisierung. Dabei wird die Kodierung von Zeichen zur Konstruktion von Symbolen weiterentwickelt. Sowohl Zeichen als auch Symbole haben in den Kulturen jeweils „ausgemachte" Bedeutungen. Unter Kultur ist in diesem Kontext also die Gesamtheit aller Symbole und ihre materielle Manifestation zu verstehen.
4. Drei Bereiche der Kultur: Werkzeugkultur, Sozialkultur und Symbolkultur. Die Kulturanthropologie unterteilt sich in diese drei Felder und kann dabei auf bemerkenswerte Übereinstimmungen verweisen. Zwar sind die Akzentuierungen unterschiedlich, doch können diese Kategorien fast immer beobachtet werden:

a. Werkzeugkultur: Damit wird der Bereich der Zivilisation umschrieben, also der formende Umgang mit der Natur und damit die Gestaltung des Lebensraumes, was ein Miteinander überhaupt erst ermöglicht. Dazu zählt auch deren materielle Manifestation, nämlich das Werkzeug.
b. Sozialkultur: Diese Kategorie umfasst das gesamte Reglement des Zusammenlebens, also Riten, Bräuche, Rechte, Normen, Werte usw.
c. Symbolkultur: Darunter fallen zweckfreie Schöpfungen des menschlichen Geistes, künstlerische Äußerungsformen, aber auch Weltorientierungen und Deutungsmuster. Die jeweils verwendete Sprache hat sprachliche Bezeichnungen für Symbole aller Art und ist damit die Grundlage für die Kommunikation im Bereich der Werkzeug- und Sozialkultur.

5. Kulturen statt Kultur: Die Kulturanthropologie hat – bisher vergeblich – versucht, das Allgemeine, das den Menschen auszeichnet, in der Vielfalt der Kulturen herauszufiltern. Man kann also Kulturen nicht parallel setzen, um sie anhand eines Kriteriums zu vergleichen oder gar zu bewerten. Es ist also hinzunehmen, dass verschiedenste Kulturen nebeneinander existieren.
6. Der Mensch als Geschöpf seiner Natur: Die nachwachsende Generation wird in die bestehende Kultur hinein sozialisiert. Doch die Erwachsenen nehmen die eigenen kulturellen Umstände kaum noch war. Die Kultur ist internalisiert und die einzelnen Lernprozesse sind dem Einzelnen kaum noch bewusst. Die Handlungsmuster werden also hauptsächlich „blind" übernommen, denn es würde unglaubliche Anstrengungen und großen Aufwand bedeuten, um in jeder Hinsicht selbst eigene Erfahrungen aus erster Hand zu machen.

7.3 Klassifikation von Kulturen

7.3.1 Ethnozentrismus, Stereotype und Heterotype

Stereotypisierungen liegen vor, wenn Angehörigen anderer sozialer Gruppen Attribute und Verhaltensweisen in ungerechtfertigter Weise simplifizierend und darüber hinaus auch noch ohne Einschränkungen verallgemeinernd zugeschrieben werden (Keim 2002, 248 f.). Sobald sich diese Haltungen verfestigen, werden aus Stereotypen Vorurteile (Layes 2003, 121).

> „Stereotypisierungen sind also ungerechtfertigt generalisierende, rigide und vereinfachende Eigenschaftszuschreibungen an soziale Gruppen und deren Mitglieder mit emotional (meist negativ) wertender Tendenz" (Kumbruck/Derboven 2009, 14; Quasthoff 1987).

Der Ethnozentrismus sieht als einzig richtige Weltsicht nur die der eigenen Kultur an. Jede Überlegung wird unter diesem Blickwinkel angestellt, er gilt als einziger Maßstab. Andere Betrachtungsoptionen werden ignoriert. Die Auseinandersetzungen mit dem

Fremden ist natürlich auch immer eine Auseinandersetzung mit einem selbst. Ethnozentrismus beeinträchtigt dabei das Verständnis des Anderen, Unbekannten. Unter Chauvinismus, der eng damit verbunden ist, versteht man die Vorstellung von der alleinigen Überlegenheit der eigenen Kultur. Dies resultiert in einer Abwertung anderer Kulturen.

Wichtig ist es, ein Balance zu finden „zwischen einer absolut verstandenen Idee der Konstruktion von Kultur im Sinne der Auflösung kultureller Eigenarten in situativer Beliebigkeit und einer Festlegung von Kulturen auf fixe Einzelmerkmale. Unterschiede werden auf diese Weise nicht wegdiskutiert, sondern zeigen sich in typischen Ausprägungen, gebrochen an einer Vielfalt subkultureller gegenläufiger Tendenzen und situativer Anpassungsdynamiken" (Kumbruck/Derboven 2009,14). Daher ist es von großer Bedeutung, zu akzeptieren, dass Unterscheidungen notwendig sind, gleichzeitig aber auch die Grenzen dieser anzuerkennen. Stereotype und ethnozentrische Barrieren sind kulturell bedingt. Ihre Überwindung gelingt nur in einem aktiven Prozess der Bewusstmachung, Reflexion und dem Vertrautmachen mit anderen Kulturen.

Stereotype und Heterotype

Auf einer wunderschönen einsamen Insel in der Mitte von Nirgendwo strandeten folgende Menschen:

zwei Italiener und eine Italienerin,
zwei Franzosen und eine Französin,
zwei deutsche Männer und eine deutsche Frau,
zwei Griechen und eine Griechin,
zwei Engländer und eine Engländerin,
zwei Bulgaren und eine Bulgarin,
zwei Japaner und eine Japanerin,
zwei Chinesen und eine Chinesin,
zwei Amerikaner und eine Amerikanerin,
zwei Iren und eine Irin.

Einen Monat später waren auf dieser absolut phantastischen Insel in der Mitte von Nirgendwo folgende Dinge passiert:

Ein Italiener hatte den anderen Italiener wegen der Italienerin getötet.
Die beiden Franzosen und die Französin lebten glücklich in einer „Ménage-à-trois".
Die beiden deutschen Männer hatten einen strikt eingehaltenen Wochenplan für alternierende Besuche bei der deutschen Frau.

Die beiden Griechen schliefen miteinander und die Griechin putzte und kochte für sie.
Die beiden Engländer warteten auf irgendjemand, der sie der Engländerin vorstellen würde.
Die beiden Bulgaren warfen einen Blick auf den endlosen Ozean und einen anderen Blick auf die Bulgarin und begannen dann zu schwimmen.
Die beiden Japaner hatten nach Tokio gefaxt und warteten nun auf Anweisungen.
Die beiden Chinesen gründeten ein Restaurant und eine Reinigung und schwängerten die Frau, um Angestellte für das Geschäft zu bekommen.
Die beiden Amerikaner gedachten der Tugend des Selbstmordes, da die Amerikanerin in Gedanken versunken war über ihren Körper, das wahre Wesen des Feminismus, wie sie alles tun kann, was die Männer auch können, wie Sand und Palmenbäume ihr ein fettes Aussehen verleihen, wie ihr letzter Freund sie besser behandelte als die beiden anwesenden Männer und wie sie die Beziehung zu ihrer Mutter verbessern könnte.
Die beiden Iren teilten die Insel in Norden und Süden auf und bauten eine Destillerie. Sie wissen nicht mehr, ob sie Sex hatten, weil alles nach den ersten Litern Kokosnuss-Whiskey in einer Art Nebel verschwand. Aber sie waren sowieso zufrieden, weil die Engländer überhaupt kein Vergnügen hatten.

Quelle: Kumbruck/Derboven 2009, 121 f.

7.4 Kulturtypenmodelle

Es gibt eine große Anzahl an Kriterien, mit denen versucht wird, verschiedene Kulturtypen zu unterscheiden. Geert Hofstede[34] (2010) versuchte aufzuzeigen, dass sowohl nationale, als auch regionale Kulturgruppen Einfluss auf das Verhalten von Organisationen, Mitarbeitern und Mitarbeiterinnen in Unternehmen und Führungsstile haben. Dazu beschrieb er die folgenden fünf Kulturdimensionen: Machtdistanz, Kollektivismus vs. Individualismus, Maskulinität vs. Femininität und Unsicherheitsvermeidung und später auch noch lang- bzw. kurzfristiger Planungshorizont einer Gesellschaft. Er fügte dem Ganzen letztendlich noch eine sechste Dimension, nämlich jene der „Indulgence versus Restraint“ hinzu, die die Wahrnehmung von Glück im Zusammenhang mit dem Übernahme von Kontrolle über das eigene Leben sieht sowie die Bedeutung von Freizeit hervorhebt.

In Kulturen mit hoher Machtdistanz ist diese sehr ungleich verteilt. Der „Power Distance Index gibt an, in welchem Ausmaß schwächere Mitglieder der Gesellschaft die

34 Hofstede führte mit IBM-Mitarbeitern in vierzig Ländern Interviews durch und extrahierte dann auf Grundlage einer Faktorenanalyse die Dimensionen arbeitsbezogener Wertvorstellungen für seine Theorie.

ungleiche Verteilung von Macht akzeptieren. In Kulturen mit geringer Machtdistanz sind eher partizipative Entscheidungs- und Kommunikationsstrukturen vorherrschend.

Gesellschaften mit einem hohen Grad an individualistischer Ausrichtung schützen in vielerlei Hinsicht die Rechte des Individuums. Selbstbestimmung, Persönlichkeitsentwicklung und Eigenverantwortung haben einen wichtigen Stellenwert. Kollektivistischer ausgerichtete Kulturen sind durch enge Netzwerke und Gruppenbindungen gekennzeichnet. Der Verpflichtungsgrad zur gegenseitigen Hilfestellung ist hoch, individuelle Interessen sind den kollektiven Ansprüchen unterzuordnen. Weicht man davon ab, ist mit Sanktionen zu rechnen (vgl. dazu auch Oertner/Montada 2008, 106 f.).

Maskuline Kulturen betonen Werte wie Konkurrenzbereitschaft, Gewinn, Durchsetzungsvermögen, Leistung und Selbstbewusstsein, während feminine Gesellschaften beziehungs-und kooperationsorientiertes Verhalten favorisieren. Kulturen mit einem hohen Index an Unsicherheitsvermeidung sind gekennzeichnet durch ein beträchtliches Ausmaß an Gesetzen, Richtlinien und Sicherheitsmaßnahmen. Situationen, die unvorbereitet eintreten oder eine gewisse Widersprüchlichkeit in sich bergen, erzeugen Gefühle der Unsicherheit. Kulturen mit einem niedrigen Grad an Unsicherheitsvermeidung, zeichnen sich durch wenige Regeln, dafür aber viel Ambiguitätstoleranz und Improvisationstalent aus (vgl. dazu auch Kumbruck/Derboven 2009,15). Zu starke Regulierungstendenzen des Staates werden mit Misstrauen betrachtet und als zu beschränkend abgelehnt. Ein weiterer Index wurde von Hofstede erst später eingeführt und beschreibt den zeitlichen Planungshorizont in einer Sozietät. Er unterscheidet zwischen einer lang- und der kurzfristigen Ausrichtung, wobei erstere durch Werte wie Sparsamkeit oder Beharrlichkeit bestimmt ist, letztere Flexibilität, aber auch Egoismus kennzeichnen.

Hofstedes Modell erfuhr im wissenschaftlichen Diskurs auch vielfach Kritik, vor allem, da die Stichproben als nicht repräsentativ erachtet wurden (vgl. z. B. McSweeney 2002). Demnach seien lediglich Unterschiede in den Unternehmenskulturen verschiedener Länder erforscht worden, was eine Extrapolierung auf Spezifika nationaler Kulturen als nicht zulässig erscheinen lässt. Das Modell behandle eine Nation wie ein homogenes Gebilde von Individuen, die alle dieselbe Wertestruktur teilen. Dies sei in den meisten Fällen nicht korrekt und Hofstedes Ansatz ignoriere diese Unterschiede im Bereich von Einstellungen, Auffassungen und Werten innerhalb einer Nation. Kritisiert wurde weiters das Fehlen einer theoretischen Begründung für die Auswahl der Untersuchungsitems und die mangelnde Unterscheidung zwischen Werten und Verhaltensmustern (vgl. dazu etwa House et al. 1997, 572 ff.).

Edward und Mildred Hall (1966; 1976; 1983; 1985; 1990) befassten sich primär mit interkultureller Kommunikation und entwickelten ebenfalls eine Theorie, in der sie folgende Dimensionen beschreiben: Zeit (monochrones und polychrones Zeitverständnis), Raum, Dichte der Informationsnetze (high and low context). Sie unterscheiden weiters zwischen Kulturen mit schnellen und mit langsamen Lebensrhythmen.

Abhängig von der jeweiligen Kultur lassen Menschen in unterschiedlicher Weise räumliche Nähe zu und sind auf verschiedene Art bemüht, „Eindringlinge“ abzuwehren. Bei diesen Distanzzonen wird zwischen intimen, persönlichen und öffentlichen unterschieden. Sie verändern sich abhängig vom Grad der Vertrautheit zwischen den Personen, sind aber ganz allgemein etwa bei Nordeuropäern und -europäerinnen weiter gefasst, als bei Südeuropäern und -europäerinnen. Die Über- oder Unterschreitung der jeweiligen Distanz wird als unangenehm erlebt.

Konzepte zur Informationsgewinnung und -verarbeitung befassen sich mit dem Grad des Kontextbezugs bei der Kommunikation. Handelt es sich um High-context-Kulturen, wie etwa um jene in Japan, China oder Lateinamerika, ist es nicht so gängig, Dinge direkt beim Namen zu nennen. Details werden als bekannt vorausgesetzt und ihre dezidierte Erwähnung teilweise sogar als negativ aufgefasst. Dies ist deshalb möglich, da sich Informationen informell sehr schnell verbreiten und innerhalb von Gruppen kaum auf Hemmnisse stoßen. Mimik, Gestik, Anspielungen, Kontextbedingungen usw. sind zudem weitere wichtige Informationsträger.

Low-context-Kulturen, wie etwa die USA oder westeuropäische Länder, haben viel eher die Tendenz, alles zu verbalisieren und präzise Angaben zu machen. Weitaus weniger wird als bekannt vorausgesetzt, wesentlich mehr direkt angesprochen. Die Dichte der Informationsnetze ist viel geringer, Menschen konzentrieren sich auf „wichtige" Informationen und schotten sich gegen andere, unwesentlichere ab.

Weiters unterscheiden Hall/Hall (1983) zwischen monochronem und polychronem Zeitverständnis als Kennzeichen von verschiedenen Kulturen. Ersteres findet sich in Gesellschaften, die eher dazu tendieren, einzelne Arbeitsschritte sukzessive zu erledigen. Zeitpläne und deren genaue Befolgung werden als sehr wichtig erachtet, der prompten Erledigung von Aufgaben kommt wesentliche Bedeutung zu. Das Pflegen persönlicher Beziehungen hat demgegenüber untergeordnete Relevanz. Anders verhält sich dies in polychronen Kulturen, in denen es üblich ist, mehrere Handlungen nebeneinander abzuwickeln. Zeitpläne werden als flexibles Instrument angesehen, dafür haben persönliche Beziehungen einen hohen Bedeutungsgrad, selbst auf Kosten der erfolgreichen Erledigung einer Aufgabe. Als letzte Dimension, die Hall/Hall (1990) identifizierten, geht es um unterschiedliche Geschwindigkeiten bei der Verarbeitbarkeit von Informationen in den einzelnen Kulturen.

Lewis (1998; 2000) wählt einen etwas anderen Ansatz, der ausgehend von den Theorien Hofstedes (1983) und Hall/Halls (1985) zwischen linear-aktiven, multiaktiven und reaktiven Kulturen differenziert. Er entwickelte die von Hall/Hall postulierten Kulturdimensionen für Zeit, Raum und Kommunikationsverhalten weiter und nimmt bei seiner Kategorienbildung auch Anleihen bei Hofstede und Triandis et al (1988). Die Zugehörigkeit zu einer bestimmten Kultur hat nach seinen Erkenntnissen Auswirkungen auf wesentliche gesellschaftliche Dimensionen wie Zeitverhalten und Kommunikation, die sich wiederum auf das Arbeitsverhalten auswirken.

Zur linear-aktiven Gruppe zählen die Kulturen in Gebieten wie den USA, Kanada, Großbritannien und Skandinavien, zur multiaktiven Südeuropa, die arabischen Länder, Afrika, Indien und Lateinamerika und zur reaktiven die anderen asiatischen Länder und Finnland. Lewis anerkennt abhängig von der einzelnen Kultur stärkere und schwächere

Ausprägungen. Tendenzen und auch Überschneidungen lassen sich seiner Meinung nach allerdings durchaus beobachten (z. B. Finnland mit reaktiven und linear-aktiven Merkmalsausprägungen). Auch das Vorhandensein von Teilkulturen in den einzelnen Sozietäten gesteht er ein, die durchaus auch andere Merkmalstendenzen aufweisen können, als die Mehrheitsgruppe in einer Gesellschaft.

Auch Subkulturen unterscheiden sich. Frauen verfügen unabhängig von ihrer kulturellen Zugehörigkeit im Allgemeinen über mehr multiaktive Eigenschaften als Männer. Auch die jeweils ausgeübten Berufe beeinflussen gewisse Ausprägungen, ohne dass die nationale Herkunftskultur dies völlig überlagern könnte.

Linear-aktive Kulturen sind gekennzeichnet durch Mitglieder, für die Planen und Organisieren einen hohen Stellenwert haben. Sie verfolgen gezielt Handlungsketten und erledigen Aufgaben sukzessive. Solche Kulturen sind daten- und faktenorientiert. Multiaktive Kulturen, die im Allgemeinen sehr dialogorientiert agieren, werden meist von offenen, kommunikativen Menschen bevölkert, welche viele Dinge gleichzeitig machen und ihre Prioritäten nicht an Zeitplänen ausrichten, sondern auf die relative Wichtigkeit einer Angelegenheit abstimmen. In der Kommunikation ist für sie die persönliche Beziehung von großer Bedeutung und beim Austausch von Informationen erwarten sie die Möglichkeit zum Mitreden.

Reaktive Kulturen legen Wert auf Höflichkeit und Respekt. Gesprächspartnern und -partnerinnen wird z. B. still und ruhig zugehört und man reagiert vorsichtig auf die Vorschläge der anderen Seite. Dabei gelingt es, Fakten und personengebundene Informationen aufzunehmen. Das Interesse ist auf langfristige Beziehungen hin ausgerichtet, stimmige Sach- und Beziehungsebenen sind daher gleichermaßen relevant.

Nach Lewis (1998) weist auch die Zeitorientierung unterschiedliche kulturell bedingte Dimensionen auf. Er unterscheidet zwischen der linearen, der personen-ereignisrelativierten und der zyklischen Zeit. Auch in diesem Fall entwickelt er das Modell von Hall/Hall (monochrone und polychrone Zeitdimension) weiter und ergänzt es um die zyklische Zeitausrichtung, die ihren Ursprung in der asiatisch-buddhistischen Kultur hat. Das lineare Zeitkonzept basiert auf Parametern wie Effizienz, Pünktlichkeit und Planerfüllung. Es entwickelte sich aus der protestantischen Arbeitsethik, wonach Arbeit Gottgefälligkeit bedeutet. Die personen-ereignis-relativierte Zeitvorstellung findet sich hauptsächlich in multiaktiven Kulturkreisen. Der Zeitbegriff variiert je nach Bedeutung der gegenwärtigen Handlung. Zeitpläne und Pünktlichkeit erscheinen demgemäß als unwichtig. Die religiöse Basis für ein derartiges Konzept liegt eher im Katholizismus und im Islam. Auch hier gilt es, die Zeit gottgefällig zu nutzen, wenn auch nicht primär zur Gewinnmaximierung und Erbringung von Höchstleistungen wie in der protestantischen Arbeitsethik. Die zyklische Zeitorientierung geht davon aus, dass alles im Kreis geht und daher auch wiederkehrt – Herausforderungen, Probleme, aber auch Chancen. Zugrunde liegt der Kreislauf der Natur, dieser hat kein Ende. Entscheidungen müssen daher ganz genau auf die Zukunft hin abgewogen werden, was wiederum große Zeitressourcen erfordert.

Problematisch am Kulturtypen-Modell von Lewis ist seine fehlende wissenschaftliche Absicherung. Dennoch kann man ihm die Funktion eines guten Reflexions- und Orientierungsrahmens nicht absprechen, auch wenn in vieler Hinsicht die Gefahr der Stereotypisierung gegeben ist.

Kulturkategorien

Linear-aktiv:
Kulturen, deren Mitglieder planen, organisieren, Stundenpläne machen, Handlungsketten verfolgen, eine Sache zu einer Zeit erledigen

Multiaktiv:
Kultur mit lebendigen, redselig Menschen, die viele Dinge zugleich machen, ihre Prioritäten nicht nach Zeitplänen richten, sondern nach der relativen Bedeutung oder der Wichtigkeit, die jede einzelne Verabredung mit sich bringt

Reaktiv:
Kulturen, die Höflichkeit und Respekt priorisieren, ihren Gesprächspartnern still und ruhig zuhören und vorsichtig auf die Vorschläge der anderen Seite reagieren

Quelle: Kumbruck/Derboven 2009, 162.

7.5 Kommunikation

Kulturen haben unterschiedlich Standards, wie man sich in gewissen Situationen kommunikativ korrekt verhält. Somit besteht auch eine gewisse Wechselwirkung in Hinblick auf Sprach- und Denkprozesse (vgl. Kotthoff 2002, 103; Kumbruck/Derboven 2009, 21.).

Jede Form der Kommunikation ist auch im eigenen Kulturkreis anfällig für Störungen. Fehlinterpretationen beim Empfang der Sach-, Selbstoffenbarungs-, Beziehungs- und Appellbotschaften können zu Problemen führen (vgl. dazu Schulz von Thun 2010; Watzlawick et al. 1993). Speziell in der interkulturellen Kommunikation kommt hinzu, dass das Verhalten der Kommunikationspartner und -partnerinnen nicht der Erwartungshaltung entspricht. Dies kann leicht Stereotypisierungen nach sich ziehen, vor allen Dingen, wenn das Verhalten der anderen an den eigenen kulturellen Vorgaben bemessen wird. In der interkulturellen Kommunikation wird zudem „das Einbringen von in der eigenen Kultur gebräuchlichen Kontextualisierungshinweisen und metakommunikativen Mitteln oftmals nicht verstanden“, was daher oft zu noch mehr Störungen führt (Kumbruck/Derboven 2009, 20). Da nur etwa 20 % bis 30 % der Kommunikation auf sprachlicher Ebene erfolgt und der Rest parasprachlich und nonverbal abläuft, begünstigt dies weitere Missverständnisse aufgrund von interkulturellen Fehldeutungen. Dazu können Deutungs- und Übersetzungsprobleme durch die Kommunikation in einer Fremd- und/oder Drittsprache kommen.

Interkulturelle Kontakte werden im Raum sprachlicher und nicht-sprachlicher Zeichen verwirklicht. Wörter und Gesten sind kulturell kodiert, was oft erst bei Kommunikationsstörungen bemerkt wird. Wörter eröffnen Gefühlswelten, weshalb kulturelle Kodierungen sprachlicher und nichtverbaler Zeichen oft aus dem Blickfeld geraten. Diese Komplexität macht allgemeine und besonders interkulturelle Kommunikation störungsanfällig (vgl. Holzbrecher 2004, 106).

Selbst wenn der Aspekt der verschiedenen Sprachen noch ausgelassen wird, ist zu beachten, dass hier große kulturelle Differenzen vorhanden sein können. Die Stimmlage, Redegeschwindigkeit, die Intensität von Mimik und Gestik, Nutzung im Raum oder allein die Tatsache, ob nacheinander oder parallel gesprochen wird, kann zu großen Fehlinterpretationen Verwirrungen führen[35] (vgl. Broszinsky-Schwabe 2011, 21 f.).

Obwohl Emotionen eigentlich durch neurologische und physiologische Prozesse gesteuert werden, sind auch sie hauptsächlich kulturell geprägt. Die kulturellen Normen beeinflussen nämlich sowohl den Ausdruck bestimmter Emotionen als auch die subjektiven Erfahrungen mit diesen (vgl. Lamm 2013, 81). Emotionen bekommen dadurch eine entscheidende Rolle in sozialen Interaktionen. Sie dienen einerseits als wichtiger Informationslieferant sowohl für die eigene Person als auch für dem Gegenüber und lösen andererseits wieder eine Reaktion aus. Sie gewährleisten so mögliche Informationen über ein bestimmtes Verhalten. Dies setzt aber voraus, dass einerseits Emotionen von anderen verstanden werden und andererseits die eigenen Emotionen gehandhabt werden können (vgl. Latimer 2007, 3 f.).

Es gibt universelle Grundemotionen, nämlich jene der Freude, der Trauer, des Zorns, des Ekels, der Furcht und der Überraschung, die wahrscheinlich biologisch angelegt und daher eben universell sind, aber sie sind trotzdem in unterschiedlichen Kultu-

35 Die Rahmenbedingungen der Kommunikation ergeben sich aus dem Kontext, in dem die soziale Interaktion stattfindet, und beinhaltet dabei verschiedene Elemente (vgl. Broszinsky-Schwabe 2011, 23 ff.):

- Rahmen und Umgebung der Kommunikation (Setting): Hier wird auf den Ort Bezug genommen, wo die Kommunikation stattfindet. Der Ort an sich gibt kulturspezifisch schon erwünschtes, verbotenes, empfohlenes usw. Verhalten vor (zum Beispiel das Verhalten während eines Gottesdienstes).
- Anlass der Zusammenkunft (Occasion): Jede Begegnung verlangt eine spezifische Art von Benehmen oder Verhalten, die wiederum kulturabhängig sind. Jede Kultur hat für bestimmte Gegebenheiten bestimmte Regeln, die stark variieren können (zum Beispiel das Verhalten und die Rituale bei einer Hochzeit oder einem Begräbnis).
- Zeitpunkt einer Kommunikation (Time): Sowohl Zeitverhalten als auch Zeitverständnis sind kulturabhängig ebenso die Zeitdauer für bestimmte Anlässe (zum Beispiel Begrüßungsdauer und -art).
- Anzahl der beteiligten Personen: Diese bestimmt den weiteren Ablauf der Kommunikation. Auch das Wohlbefinden in verschiedenen Gruppengrößen variiert kulturspezifisch.

ren und Gesellschaften sehr different ausgeprägt. Ebenso sind sie mit unterschiedlichen Bedeutungen und Bewertungen belegt und das Zeigen dieser Gefühle ist regelgeleitet (vgl. Funk 2012, 490).

Jede Kultur besitzt somit charakteristische und spezielle Regeln und Muster für den Ablauf einer Kommunikation, also einen Code. Ein Außenstehender kann diese Regeln a priori aber nicht kennen und dadurch auch nicht beherrschen. Für die Integration in eine Kultur oder Gruppe ist es dementsprechend unumgänglich, diese Codes zu erlernen. Denn erst mit Hilfe der Kommunikation können weitere gesellschafts- und kulturrelevante Aspekte (Zeichen, Verhaltensmuster, Wertorientierungen) angeeignet werden (vgl. Broszinsky-Schwabe 2011, 66 ff.). Außerdem ist kulturell vorgeschrieben, wer, wann, welche Emotionen, in welcher Intensität und unter welchen Umständen zeigen und wem gegenüber er sie wie und wann ausdrücken darf oder eben unterdrücken muss (vgl. Funk 2012, 490).

8. Globale Entwicklungen

8.1 Globalisierung

Allgemeine Bemerkungen

Kaum ein anderes Schlagwort beherrscht das 21. Jahrhundert so sehr wie jenes der „Globalisierung". Fernsehen, Tagespresse, aber auch der Boulevard bemühen diesen Begriff für die Erklärung vieler Fragen unserer Zeit. In fast schon inflationärer Form sucht man nach Antworten für die Unklarheiten im Zusammenhang mit der globalen Verflechtung und reduziert soziale, wirtschaftliche, aber auch kulturelle Probleme auf Auswirkungen dieser Entwicklung. Systematisch erhobene und analysierte Daten zu den Konsequenzen der Globalisierung für die Weltwirtschaft und die einzelnen Gesellschaften gibt es noch immer nicht allzu viele, da die meisten nicht methodisch einwandfrei generiert und von verlässlichem Charakter sind (vgl. Allemann-Ghionda 2004, 31).

Grundsätzlich lassen sich drei verschiedene Formen der Globalisierung unterscheiden, nämlich die wirtschaftliche Globalisierung, die politische Globalisierung, welche sich in verändernden Rollen der Nationalstaaten reflektiert, und die kulturelle Globalisierung, die sich in der laufenden Veränderung kultureller Identitäten, etwa ausgelöst durch die weltweiten Migrationsbewegungen und die moderne Kommunikationstechnologie wie Internet und Fernsehen manifestiert.

Durch die ideologische Besetzung des Begriffes wird die Globalisierung einerseits in negativer Form mit neoliberalen und turbokapitalistischen Auswüchsen gekoppelt, andererseits aber als neue Chance speziell für ärmere Länder und deren katastrophale wirtschaftliche Situation gesehen. Die Verflechtungen im internationalen Raum finden heute im Bereich der Wirtschaft, Politik, Kultur, Umwelt, Kommunikation, aber auch dem Bildungsbereich statt.

Das Phänomen der Globalisierung ist kein neues, sondern bereits mehrere Jahrhunderte alt. Obwohl es die wechselseitigen Verflechtungen und wirtschaftlichen Abhängigkeiten bereits in der Antike gab, werden die Anfänge dieser weltumspannenden Entwicklung von vielen mit der Entdeckung Amerikas im Jahr 1492 verbunden. Auch der Kolonialismus europäischer Staaten wie Portugal, Spanien und England stellten eindeutig Globalisierungsaktivitäten dar (vgl. Allemann-Ghionda 2004, 41). Selbst nach der Unabhängigkeit ehemaliger Kolonien wurden rege Handelbeziehungen mit den ehemaligen Mutterländern weitergeführt. Der Zusammenbruch der Sowjetunion und das Ende des Kalten Krieges beeinflussten eine Verstärkung der Globalisierung ebenso wie Chinas Aufstieg zur Industriegroßmacht.

Trotz all dieser Entwicklungen ist der Terminus aber erst seit dem Ende des vorigen Jahrhunderts geläufig. Der Begriff der Globalisierung wurde von John Naisbitt geprägt, der 1982 in seinem Buch „Megatrends" die Auswirkungen der Globalisierung auf die Autoindustrie beschrieb (vgl. Naisbitt 1982). Als ein Jahr später in der Harvard Business Review der von Theodore Levitt verfasste Artikel „The Globalization of Markets" erschien (vgl. 1983, 2 ff.), fand dieser Begriff auch Eingang in den wissenschaftlichen Sprachgebrauch.

Ursachen und begünstigende Faktoren der Globalisierung sind Fortschritte in der Kommunikations- und Transporttechnologie, die Liberalisierung des Welthandels und die Produktion in Billiglohnländern, was zu einer Abwanderung von Produktionsstätten aus den Industrieländern führt. Die Zunahme transnationaler Konzerne und internationaler Unternehmenskooperationen sowie die Entgrenzung der Finanzmärkte sind klare Hinweise auf wirtschaftliche Globalisierungsentwicklungen. Besonders in den Sektoren der Pharmazeutik, der Informationstechnologie, aber auch der Autoindustrie herrschen transnationale Unternehmen vor. Schwellenländer sind aufgrund ihrer verhältnismäßig niedrigen Löhne noch immer attraktive Wirtschaftsstandorte, während Entwicklungsländer wegen ihrer politischen Instabilität, mangelnden Rechtsicherheit, aber auch fehlenden Infrastruktur weniger interessant für ausländische Investoren sind. Einige Schwellenländer profitieren somit unter Umständen vom Globalisierungsprozess, während Entwicklungsländer weitgehend von dessen positiven Begleiterscheinungen ausgeschlossen werden. Vor allen Dingen Global Players, also Unternehmen, die weltweit aktiv sind, haben die Chance, die unterschiedlichen Lohnkosten, Steuerbegünstigungen und Investitionsvorteile in den einzelnen Ländern zu ihrem Vorteil zu nutzen. Durch das Abwandern vieler Firmen in Niedriglohnländer kommt es in den entwickelten Industrieländern oft zu einer erhöhten Arbeitslosigkeit (vgl. Bauer/Halimi/Rekacewicz 2012).

Auch auf den Bankensektor und das Finanzwesen hat die Globalisierung große Auswirkungen. Milliarden-Transaktionen sind innerhalb von Sekunden rund um den Erdball möglich. Banken verfolgen das Ziel, hohe Profite zu erzielen und gehen dabei nicht selten viele Risiken ein, was bereits zu weltweiten Finanzkrisen geführt hat, die auch massive Auswirkungen auf andere realwirtschaftliche Bereiche entfalteten (vgl. Blinder 2013).

Kritisiert wird, dass die weltweite soziale Ungleichheit sowohl innerhalb als auch zwischen vielen Ländern zunimmt und Menschenrechte, Rechte von Arbeitsnehmern und demokratische Standards sowie ökologische Mindestanforderungen kaum beachtet werden. Von Bedeutung erscheint nur die Profitmaximierung auf internationalen Märkten und (vgl. Scherrer/Kunze 2011).

Hochqualifizierte Personen nützen verstärkt die Möglichkeit, im Ausland zu attraktiveren Bedingungen als in der Heimat Arbeit zu finden. Dies kann vor allen Dingen in Entwicklungsländern Probleme des „Brain drains" mit sich bringen, da die Besten die ärmeren Länder verlassen, um in wohlhabenderen Staaten zu arbeiten. Beobachtet werden kann aber auch eine kurze berufliche Tätigkeit im hochentwickelten Ausland, um dann mit dem dort erworbenen Wissen hochqualifiziert ins Heimatland zurückzukehren und vor Ort an der Weiterentwicklung in bestimmten Bereichen mitzuarbeiten (vgl. Docquier/ Rapoport 2011).

Die Globalisierung bringt auch eine zunehmende Belastung der Umwelt und durch die sich im internationalen Raum ausbreitende Kriminalität nicht selten sicherheitspolitische Probleme mit sich. Kulturen vermischen und entgrenzen sich ebenfalls. Bedauert wird oft eine kulturelle Vereinheitlichung durch den Globalisierungseffekt, was die Identität einzelner Menschen, aber auch ganzer Gesellschaften bedroht. Durch die kulturelle Globalisierung kommt es zu einer verstärkten weltweiten Uniformität von Filmen, Fernsehsendungen und Musik. Englisch wird zur internationalen Verkehrssprache und in den meisten Schulsystemen der Welt zur ersten Fremdsprache.

Immer mehr stehen die Bildungssysteme in den einzelnen Staaten vor der Herausforderung, die Allgemeinbildung, aber auch die berufliche Bildung auf die Anforderungen einer globalisierten Welt hin aus zu richten. Dabei orientieren sich die Bildungssysteme bis zu einem gewissen Grad an den wirtschaftlichen Ansprüchen. So wird häufig von Humankapital gesprochen, in welches investiert werden muss (vgl. Giesecke 2005, 377 ff.) und Wissen als Produktionsfaktor gesehen. Daher gilt es, „die Bedeutung des Wissens und die Aufgabe der Bildungssysteme in der veränderten Wirtschaftswelt (Weltwirtschaft) zu erkennen und zu definieren, optimal zu gestalten und zu nutzen" (Allemann-Ghionda 2004, 46).

Was ist Globalisierung?

„Globalisierung bedeutet Entgrenzung: Nationalstaatliche und natürliche Grenzen verlieren rapide an Bedeutung; Leistungsherstellung, Konkurrenz und Vermarktung werden immer weniger durch diese Grenzen geprägt. Das Wirtschaftsleben nimmt rasch Merkmale des globalen Dorfes an: Beschaffung, Produktion, Handel und Vermarktung vollziehen sich weltweit. Geografische Distanz und politische Grenzen stellen für die Wirtschaft kaum noch ein Hemmnis dar – sie gewähren damit aber auch immer weniger Schutz. Diese Entwicklung wird durch den technischen Fortschritt, insbesondere durch die Informations- und Kommunikationstechnologien vorangetrieben: Kommunikations- und Transportkosten haben an Bedeutung verloren. Die räumliche Distanz ist (…) praktisch aufgehoben. Die Globalisierung fördert ihrerseits den technischen Fortschritt, indem neue Märkte und damit Gewinnmöglichkeiten erschlossen werden. Diese wechselseitige Verstärkung beschleunigt den Prozess der Globalisierung und macht ihn unumkehrbar."

Quelle: Hotz-Hart/Küchler 1999, 9; zit. in Allemann-Ghionda 2004, 33.

8.2 Die Internationalisierung des Lehrens und Lernens

Das Phänomen der Globalisierung hat enorme Auswirkungen auf das Feld der Vergleichenden Erziehungswissenschaft: „Intensified globalization, and its implication for the social sciences in general, has recently helped to stimulate both a revitalization of the field (of comparative education) and a widening of interest in international enquiry from the mainstream of educational and broader social science research communities" (Crossley 2003, 52). Mit den Auswirkungen der Globalisierung auf die Bildungsdiskussion befasst sich sogar eine eigene Zeitschrift mit dem Titel „Globalisation, societies and education", was die zentrale Bedeutung dieses Themas für den Bereich der Internationalen Bildungsforschung unterstreicht.

Die Kräfte der Globalisierung haben nämlich auch den Bildungsbereich erfasst und zu einer größeren Standardisierung im Bereich des Lehrens und Lernens geführt. Gleichzeitig wird dieser Bereich im Kontext der Globalisierung internationaler. Das Forschungsinteresse über nationale Grenzen hinweg hat zugenommen, aber auch die Bildungspolitik und -verwaltung der meisten Länder sind immer interessierter an internationalen Perspektiven (vgl. Phillips/Schweisfurth 2007, 42).

Bildungssysteme lernen stärker denn je voneinander. Vieles an Inhalten und Verfahren wird vollständig oder teilweise übernommen. Durch die zunehmende Mobilität innerhalb der globalisierten Welt wird es auch notwendig, wechselseitige Qualifikationen und Bildungsabschlüssen anzuerkennen. Die Bildungssysteme sehen sich vor der Herausforderung kompatibler zu werden. Obwohl sich Bildungssysteme jedoch immer ähnlicher werden, haben die Nationalstaaten die Kontrolle über jene behalten (vgl. dazu auch Allemann-Ghionda 2004).

In vielen Ländern lassen sich auch verstärkte Tendenzen zu einer Einführung von Marktmechanismen in den Bildungsbereich beobachten. Auch dies wird als Folge der Globalisierung gesehen. Die Gefahr besteht darin, dass Bildung nicht länger als staatlicher Verantwortungsbereich gesehen wird, sondern immer mehr zu einer privaten Dienstleistung wird (vgl. Lohmann 2003, 243 ff.).

Andererseits ließen sich von jeher weltweit Ähnlichkeiten zwischen Schulen beobachten. Lehrpläne hatten stets vergleichbare Inhalte. Sprachen, Mathematik, Naturwissenschaften, Sport und Kunsterziehung wurden und werden nach wie vor in praktisch allen Ländern angeboten. Auch die Schulgebäude weisen international bemerkenswerte Ähnlichkeiten auf und selbst die Lehr- und Lernmuster ähneln sich bis zu einem gewissen Grad. In den letzten Jahren hat die Globalisierung verstärkt Gelegenheiten geboten, um das „Borgen" von Bildungspolitik und -praxis und damit eine verstärkte Uniformität über alle nationalen Kontexte hinweg zu fördern (vgl. Allemann-Ghionda 2004, 50 ff.).

Eine Sonderform stellen die „Internationalen Schulen" dar. Diese gibt es de facto seit der viktorianischen Zeit (vgl. dazu Sylvester 2002, 3 f.), allerdings liegt bis heute keine klare Definition dessen vor, was man genau darunter zu verstehen hat (vgl. Hayden/Thompson 1995, 328 ff.). Gemeinsam sind ihnen allerdings eine bestimmte pädagogische Ideologie und ähnliche Zielvorstellungen. Sie versuchen alle eine Weltbürgererziehung zu vermitteln und das internationale Verständnis zu fördern.

Skelton beschreibt die internationalen Aspekte der Lehrpläne, die an diesen Schulen verwendet werden, wie folgt: „(...) it is an approach that sets out to develop understandings of our similarities, in addition to an acceptance of our differences (...) and accepts the need to define the knowledge, skills and understanding that lead to an international mindset as rigorously as it accepts the need to define the learning outcomes for individual curriculum subjects" (Skelton 2002, 53).

Die „Internationalen Schulen" verleihen Abgangszeugnisse, die an Universitäten weltweit anerkannt werden, was ein wesentliches Kriterium für viele ihrer Schüler und Schülerinnen ist, deren Eltern häufig in internationalen Organisationen oder transnationalen Unternehmen arbeiten. Der bekannteste international anerkannte Abschluss ist das „Internationale Baccalaureat" (International Baccalaureat Diploma Programme; IB), das mittlerweile bereits von mehr als 1000 Schulen weltweit angeboten wird. Aufgrund der großen Nachfrage gehen auch nationale Einrichtungen in den verschiedensten Ländern immer mehr dazu über, einen IB-Abschluss in ihr Programm aufzunehmen. Einige europäische Schulen bieten auch das Europäische Bakkalaureat an und richten sich speziell auf die Bedürfnisse von Schülern und Schülerinnen aus den EU-Mitgliedsstaaten aus. Diese Schulen haben international ausgerichtete Lehrpläne, betonen die europäische Dimension und fördern die Mehrsprachigkeit (vgl. Phillips/Schweisfurth 2007, 45 f.).

Der tertiäre Bildungssektor wurde stärker als alle anderen internationalisiert, was nicht zuletzt Ergebnis einer verstärkten Studentenmobilität war. Gleichzeitig erfolgte speziell in Europa eine gewisse Homogenisierung des tertiären Bildungssektors, nicht nur in Hinblick auf curriculare Inhalte, sondern auch mit dem Ziel, eine Vergleichbarkeit der Bildungsabschlüsse zu erzielen. Dies begünstigt einerseits die Mobilität der Studierenden, andererseits aber auch jene von hochqualifizierten Arbeitskräften. Deutlich lassen sich diese Bestrebungen am Bologna-Prozess des Jahres 1999 ablesen. Ziel war es, EU-Mitgliedsstaaten und andere Länder zu einem gemeinsamen Qualifikationsrahmen zu veranlassen, welcher auf drei Abschnitten mit den jeweiligen Abschlüssen eines Bachelor-, Master- und Doktorgrades beruht. Austauschprogramme spielen eine weitere wichtige Rolle bei der Internationalisierung des Bildungssektors[36] (siehe dazu näher Kapitel 8.5).

Eine andere Variante der Internationalisierung im Bildungswesen sind Satelliten-Campusse von bestehenden Universitäten. Diese haben ihren Hauptsitz meist in den USA und bieten ihre Studienprogramme über lokale Präsenzprogramme in vielen Teilen

---

36 Das Erasmus-Programm (European Region Action Scheme for the Mobility of University Students) etwa „seeks to enhance the quality and reinforce the European dimension of higher education by encouraging transnational cooperation between universities, boosting European mobility and improving the transparency and full academic recognition of studies and qualifications throughout the Union" (Socrates-ERASMUS: The European Community Programme in Higher Education). Weiters gibt es internationale Joint-Study-Programme, thematische Netzwerke, internationale Intensivprogramme und Sprachkurse. Teilnehmende Länder sind alle Mitgliedsstaaten der EU, sowie Island, Liechtenstein und Norwegen, und die Türkei. Weit mehr als eine Million Studierende haben bereits an ERASMUS-Programmen teilgenommen (vgl. Phillips/Schweisfurth 2007, 44).

der Welt an. Als Beispiel sei die Webster-Universität genannt, die ihren Hauptsitz im Bundesstaat Missouri in den USA hat und in vielen verschiedenen Ländern Campusse unterhält.

Eine weitere Form der grenzenlosen Bildung ist jene des Fernstudiums mit Hilfe der neuen Technologien wie des Internets, von Video-Konferenzen oder Chat-Foren. Studierende aus vielen verschiedenen Ländern sind so in der Lage, Bildungsabschlüsse von universitären Institutionen zu erwerben, die sie persönlich niemals betreten haben[37] (vgl. dazu auch Phillips/Schweisfurth 2007, 44 ff.). Mit der Entgrenzung der Bildungsangebote kann ein teilweiser Verlust der nationalen Kontrolle über die Qualität, die Inhalte und die Standards der Ausbildungsbereiche einhergehen. Andererseits bedeutet der Internationalisierungsprozess auch, dass „the scholar is becoming less and less a citizen of one nation alone and more a citizen of the academic world" (Kerr 1990, 18).

8.3 Internationale Schüler- und Schülerinnenvergleichsleistungsstudien

Regierungen auf der ganzen Welt haben immer größeres Interesse, die Bildungssysteme in anderen Ländern zu erkunden, nicht zuletzt um den Erfolg oder Misserfolg des eigenen Staates im Vergleich mit diesen zu bestimmen. „Governments are paying increasing attention to international comparison as they search for effective policies that enhance individual social and economic prospects, provide incentives for greater efficiency in schooling, and help to mobilize resources to meet rising demands" (OECD 2007, 3). Internationale Organisationen haben diesen Trend erkannt und sind einer der Hauptträger für Schulleistungsvergleiche. Relevante Ergebnisse und Informationen werden regelmäßig publiziert und führen in einigen Ländern zu wiederkehrenden regen öffentlichen Diskussionen über die Qualität des jeweiligen Bildungssystems. Oft handelt es sich um minimale Unterschiede in den Leistungsergebnissen, die allerdings von der Presse aufgebläht werden und somit fehlinformieren[38] (vgl. Postlethwaite 2004, 104).

> „There is usually a flurry of reporting when results are published. Since these studies produce rankings the results can be depicted in overall performance tables which allow the press to say which countries' children are achieving the most and the least from their education. It is left to specialists to analyse the results more closely and to debate sometimes highly technical issues relating, for example, to sampling or to statistical analysis. But for the general reader of reports in the popular press these subtleties will not be apparent, and what will remain fixed in the mind is that coun-

---

37 Bekannte Beispiele dafür sind etwa die University of Phoenix in den USA oder die Open University in Großbritannien.

38 In reporting test scores (either total scores or subscores), were sufficient items used to create the score? (…) Were the appropriate variables taken into account when examining relationships between variables?
Have the standards errors of sampling been reported for every estimate in the report? (ebda).

try X is "better" than country Y, even though in terms of aggregated scores they might only be decimal points apart" (Phillips/Schweisfurth 2007, 124).

Sicher haben auch verbesserte wissenschaftliche Methoden Leistungsvergleiche zwischen verschiedenen Schulsystemen möglich gemacht. Im Jahre 1958 begann die IEA, die "International Association for the Evaluation of Educational Achievement" Vergleichsstudien durchzuführen. Ziel war es, „to conduct large-scale comparative studies of educational achievement, with the aim of gaining a more in-depth understanding of the effects of policies and practices within an across systems of education" (IEA Mission Statement).

Eine der ersten war in diesem Kontext eine von Foshay et al. (1962) mit 13-jährigen Schülern und Schülerinnen in zwölf Ländern durchgeführte Studie, die sich über den Zeitraum von 1959 bis 1961 erstreckte. Die Ergebnisse wurden 1962 in einem Bericht vom UNECO Institute for Education publiziert. Saul Robinson kommentierte diese Studie in einem Vorwort mit den Worten: „The results (...) suggest that both empirical educational research and comparative education can gain new dimensions, the one by extending its range over various educational systems, the other by including empirical methods among its instruments" (zit. in Foshay et al. 1962, 5).

Weitere Vergleichsstudien über Schüler- und Schülerinnenleistungen in Mathematik, Naturwissenschaften, Lesekompetenz, Staatsbürgerkunde usw. folgten. Eine der wichtigsten, die bis heute regelmäßig durchgeführt wird, ist die TIMMS-Studie (Third International Mathematics and Science Survey). Zu nennen wäre auch IGLU, eine Studie, die die Lesefähigkeit von Grundschulkindern überprüft und die international als PIRLS (Progress in International Reading Literacy Study) bekannt ist (vgl. Adick 2006, 58)

Die heutzutage renommierteste Schülerleistungsvergleichsstudie trägt den Namen PISA (Program for International Student Assessment/Programme international pour le suivi des acquis des élèves). Die PISA-Testungen werden im Auftrag von den Regierungen der OECD-Mitgliedsstaaten durchgeführt und finden in regelmäßigen Abständen von drei Jahren statt. Die OECD übernimmt auf diese Weise auch politikberatende Funktion, da sie versucht, auf der Grundlage der Ergebnisse der PISA-Studie Empfehlungen an die einzelnen Regierungen auszusprechen. Damit ergibt sich auch eine gewisse Mitgestaltung der OECD bei Bildungskonzepten in nationalen Lernplänen.

Diese von der OECD administrierte PISA-Studie legt ihren Fokus auf folgenden Bereich: „Knowledge, in PISA's terms, is assessed with regard to content/structure and processes that pupils need to be able to perform, and contexts in which skills are applied. The focus here is more on application than the testing of learnt subject knowledge" (Phillips/Schweisfurth 2007, 121). Somit liegt der Schwerpunkt mehr auf der Überprüfung von Anwendungskompetenz als von fachspezifischem Wissen.

Getestet werden Schüler und Schülerinnen einer bestimmten Altersstufe (rund 15 Jahre) und nicht einer Schulstufe[39]. Dabei sind die PISA-Testfragen weder ein Quer-

39 „In order to ensure the comparability of the results across countries, PISA needs to assess comparable target populations. Differences between countries in the nature and extent of pre-primary education

schnitt nationaler Curricula, noch werden einzelne Schulfächer abgeprüft, sondern Kompetenzen („literacy") im Bereich Lesen, Mathematik und Naturwissenschaften erhoben. Auf die Berücksichtigung relevanter kultureller Kontexte wird großes Augenmerk gelegt. Entscheidend ist auch die Formulierung authentischer Probleme, wodurch Kompetenzen und die Anwendung von bereichsspezifischem Wissen zur Lösung von Aufgaben überprüft werden. Alle drei Jahre wird ein Bereich getestet, weshalb Lesekompetenz, Mathematik und Naturwissenschaften jeweils in einem Neun-Jahres-Rhythmus überprüft werden. Die Erstellung und Auswertung der Testaufgaben erfolgt durch das Australian Council for Educational Research (ACER), welches in Zusammenarbeit mit mehreren Testentwicklungsunternehmen die PISA-Aufgaben erstellt. Ursprünglich war dieser Auftrag international ausgeschrieben worden und die ACER erhielt den Zuschlag. In allen Teilnehmerstaaten wurden in der Folge nationale Projektzentren eingerichtet, die für die Durchführung der PISA Studie im nationalen Kontext verantwortlich sind. Das Nichtbefolgen der Durchführungsvorschriften kann unter Umständen zum Ausschluss eines Landes aus der Testreihe führen (vgl. Phillips/Schweisfurth 2007, 122).

Pro Staat werden bei jedem Durchgang mindestens 5000 Schüler und Schülerinnen getestet, in vielen Ländern wesentlichen mehr. Dies ermöglicht auch regionale Vergleiche. Die Schülerleistungen werden bei PISA auf einer willkürlichen Skala gemessen. Die Interpretation erfolgt erst durch den Vergleich zwischen den verschiedenen Teilnahmeländern. Regelmäßig befinden sich nordeuropäische Länder, aber auch Japan, Süd-Korea, Teile von China, Kanada und Australien in den Leistungsspitzengruppen. Österreich und Deutschland liegen im guten Mittelfeld und das Schlusslicht wird von südeuropäischen Ländern wie Italien, Portugal und Griechenland bzw. der Türkei und Mexiko gebildet.

Im Rahmen des PISA-Tests werden zudem Daten zum sozialen Hintergrund der Schüler und Schülerinnen erhoben. In vielen Ländern darunter auch Deutschland und Österreich lösen die PISA-Ergebnisse wie erwähnt jedes Mal großes Medienecho aus. Der Stand des eigenen Bildungssystems wird im Ranking im Vergleich mit anderen Ländern gemessen. In einigen Staaten wie etwa der USA kommt den Ergebnissen weitaus weniger Bedeutung zu, da man sich mehr auf die Resultate im jeweiligen nationalen Kontext konzentriert. Die OECD bemängelt in den deutschsprachigen Ländern den engen Konnex zwischen der Herkunft von Schülern bzw. Schülerinnen und deren Schulleistungsergebnissen, die im Rahmen der PISA-Studie erhoben werden. Nicht zuletzt deshalb wird für Deutschland und Österreich auch die Einführung einer Gesamtschule propagiert, um soziale Defizite möglichst früh und über einen langen Interventionszeit-

---

and care, in the age of entry to formal schooling, and in the structure of the education system do not allow school grades to be defined so that they are internationally comparable. Valid international comparisons of educational performances must, therefore, define their populations with reference to a target age. PISA covers students who are aged between 15 years 3 months and 16 years 2 months at the time of the assessment, regardless of the grade or type of institution in which they are enrolled and of whether they are in full-time or part-time education. The use of this age in PISA, across countries and over time, allows the performance of students shortly before they complete compulsory education to be compared in a consistent way" (Phillips/Schweisfurth 2007, 122).

raum hinweg besser ausgleichen zu können. Andreas Schleicher, der Koordinator der Pisa-Studie bei der OECD, äußerte sich in diesem Zusammenhang wie folgt: „Kein Land soll sein System sofort über den Haufen werfen. Aber ich bezweifle, dass Deutschland langfristig sein größtes Problem – der überragende Einfluss der Herkunft eines Schülers auf seine Leistungen – im gegliederten System lösen kann“ (Die Zeit Nr. 50/2002).

Bisweilen angeführte Problembereiche, die die Validität der PISA-Ergebnisse von deutschsprachigen Schülern und Schülerinnen relativieren, sind unter anderem deren mangelnde Vertrautheit mit dem beim Test vorherrschenden Multiple-Choice-Format (vgl. Wuttke 2007). Aber auch Übersetzungsfehler werden bemängelt und auf die Länge der Aufgabentexte hingewiesen, die im Deutschen um mehr als 10 % umfangreicher sind, als etwa im Englischen, was das Durchlesen verlängert und erschwert (vgl. dazu auch Phillips/Schweisfurth 2007, 122 f.). Die vorwiegende Herkunft der Aufgaben aus dem anglo-amerikanischen Bereich begünstigt weiters Schüler und Schülerinnen aus diesem Raum. Zudem wird die Stichprobenbeziehung als kaum kontrollierbar und daher bedenklich bewertet (vgl. Wuttke 2007).

Das, was PISA überprüft, nämlich die Anwendbarkeit von Fähigkeiten in bestimmten Kontexten, muss auch nicht unbedingt Ziel der Lehrpläne eines Landes sein, die durchaus auch auf reine Wissensaneignung ausgerichtet sein können. Die Anwendung von Kenntnissen und Wissen in dieser Altersstufe muss nach Meinung einiger Autoren und Autorinnen auch noch nicht prioritär sein (vgl. dazu Phillips/Schweinsfurt 2007, 25).

Die guten Ergebnisse von Schülern und Schülerinnen aus gewissen Ländern sind durchaus auch auf „kulturelle“ Gründe zurückzuführen. „Aber dabei handelt es sich nicht um ein von der sozialen Praxis abgelöstes Bündel von Wertorientierungen, das eben (als typisch für eine bestimmte Kultur angesehen wird) und deshalb nicht übertragbar ist; die kulturellen Gründe verweisen vielmehr auch auf spezifische pädagogische Arrangements, die als Protokoll von Interaktionsprozessen, von pädagogischem Handeln oder auch Nichthandeln, zu einem guten Teil mehr oder (meist) weniger bewusst inszeniert werden. Gerade die Untersuchung solcher Arrangements ermöglicht es, essentialistische Kulturkonzepte aufzubrechen und die jeweiligen kulturellen Muster als Ergebnis bestimmter sozialer und institutioneller Inszenierungen durchschaubar zu machen“ (Schubert 2005, 8).

Erwähnenswert ist auch, dass in vielen Entwicklungsländern keine der Vergleichsstudien durchgeführt wird, weshalb eine globale Aussage kaum möglich ist (vgl. Nauman 2004). Erforscht ist weiters nicht, „welche Auswirkungen das durchgehend schlechte Abschneiden von Ländern des sogenannten Südens, das heißt in weniger entwickelten Weltregionen, auf die dortigen Bildungsentwicklungen hat“ (vgl. Adick 2006, 59). Allerdings kann man nicht immer eine eindeutige Beziehung zwischen Entwicklungsstand eines Staates und dessen Schülertestleistungsergebnissen herstellen. Als Beispiel seien etwa die Spitzenleistungen koreanischer oder ungarischer Schüler und Schülerinnen im Fach Mathematik erwähnt (vgl. Phillips/Schweisfurth 2007, 125 f). Dies darf allerdings auch nicht darüber hinwegtäuschen, dass es immer noch genügend

Länder gibt, in denen Schülern und Schülerinnen grundlegende Bedingungen für ein erfolgreiches Lernen und Unterrichten nach wie vor fehlen.

Trotz der vielen Schwächen kann man internationalen Vergleichsstudien dennoch ihren Informationswert nicht absprechen. Probleme in den einzelnen Bildungssystemen werden zweifellos aufgezeigt und regen zu öffentlichen politischen Diskussionen an. Zu guter Letzt erfüllen diese Studien auch noch folgenden Zweck: „They are the culmination of what the early comparativists were hoping might one day be possible – the systematic collection of comparable data which would form the basis for progress in education" (Phillips/Schweisfurth 2007, 125).

8.4 Bildungssysteme in Nordeuropa und das Geheimnis ihres Erfolges

Bildungsdebatten sind aktueller denn je. Die Fähigkeiten und Leistungen eines Bildungssystems werden – wie bereits erwähnt – regelmäßig anhand unterschiedlicher internationaler Studien getestet. So werden die Ergebnisse der PISA-Studie alle drei Jahre sowohl mit Spannung als auch Sorge erwartet. Zu den Verlierern dieser Studie zählen nach wie vor Deutschland und auch Österreich, die sich im Ranking weiter hinten einreihen, weswegen der Ruf nach bildungspolitischen Veränderungen immer lauter wird. Erfahrungsgemäß schneiden im europäischen Raum vor allem die skandinavischen Länder sehr gut ab und befinden sich üblicherweise auf den vordersten Plätzen. Aufgrund dessen wächst das Interesse daran, wie deren Bildungssysteme aufgebaut und strukturiert sind und was konkret Finnland, aber zum Teil auch Schweden im internationalen Schüler- und Schülerinnenleistungsvergleich so erfolgreich macht.

Keine Schulaufsicht, keine Noten bis in die achte Schulstufe, eine integrierte Gesamtschule bis zum 16. Lebensjahr, keine Leistungsgruppendifferenzierung, das Eingehen auf das individuelle Lerntempo von Schülern und Schülerinnen und gezielte Förderungen von Kindern mit Migrationshintergrund und Beeinträchtigungen innerhalb des regulären schulischen Kontextes sind Bedingungen unter denen Schüler und Schülerinnen in Skandinavien und Finnland lernen dürfen. Finnland wird in der der Wahrnehmung deutschsprachiger Länder allgemeinhin als „Testsieger" bei Schülerleistungsvergleichsstudien angesehen. Einige Faktoren begünstigten das hervorragende Abschneiden dieses Landes, wie etwa eine im ganzen Staat verbreitete Lesetradition, die im engen Zusammenhang mit der Reformation steht. Filme in Fernsehen und Kino werden nicht synchronisiert, sondern in Originalsprache mit finnischen Untertitel ausgestrahlt, was schon bei kleinen Kindern die Motivation erhöht, möglichst schnell lesen zu lernen, aber sich auch fundierte Fremdsprachenkenntnisse anzueignen. Finnland ist ein Land, in welchem das Gemeinschaftsgefühl hohe Bedeutung hat. Jeder einzelne ist wichtig, soziale Unterschiede in der Bevölkerung werden viel weniger wahrgenommen als in anderen Industrieländern (vgl. Kahl 2005). Schulen erfreuen sich einer hervorragenden räumlichen Ausstattung mit Bibliotheken und Kantinen, aber auch eines hochqualifizierten Personals. Psychologen und Psychologinnen, Sozialpädagogen und

-pädagoginnen, Krankenschwestern und Sozialarbeiter und Sozialarbeiterinnen sind direkt an den Schulstandorten beschäftigt und entlasten die Lehrer und Lehrerinnen. Diese können sich daher wesentlich besser auf ihre Unterrichtstätigkeit konzentrieren. Wenn es erforderlich ist, begleitet eine zweite Lehrkraft die Klasse. Alle Lehrer und Lehrerinnen rekrutieren sich nicht nur aus den besten zehn Prozent eines Abiturjahrganges, sondern werden auch in einem mehrtägigen Verfahren auf ihre Eignung für ein Lehramtsstudium überprüft. Sie genießen in der finnischen Gesellschaft ein hohes Ansehen. Die Klassengröße an finnischen Schulen bleibt im Allgemeinen unter zwanzig Schüler und Schülerinnen (vgl. Meri 2010, 229 ff.).

Die Schulen verfügen über eine weitgehende Autonomie. Statt detaillierter ministeriell vorgegebener Lehrpläne gibt es Lernziele, die es zu erreichen gilt und landesweite Tests, um den Erfolg des Systems zu überprüfen. Finnische Schüler und Schülerinnen sind daher mit standardisierten Testformaten sehr gut vertraut, was ihnen bei der Bewältigung der Pisa-Aufgaben entsprechend entgegenkommt (Skiera 2009 a, 118 f.). Erst seit den 90er Jahren steigt die Zuwanderrate ein wenig an (vgl. Statistics Finland 2013). Obwohl sie nach wie vor weit unter jener in anderen europäischen Ländern liegt, ist auch Finnland auf dem Weg, sich zu einer multikulturellen Gesellschaft zu entwickeln, in der viele unterschiedliche Ethnien mit verschiedenen Glaubenszugehörigkeiten leben. Diese Migrationsentwicklungen, aber auch die zunehmende Abwanderung aus den ruralen Gebieten stellen auch in Finnland neue Anforderungen an das Bildungswesen (vgl. Skiera/Matthies 2009, 14).

Das finnische Bildungssystem durchlief in den letzten dreißig Jahren eine intensive Entwicklung. Mit Hilfe neuer wissenschaftlicher Erkenntnisse wurde ein neues Schulsystem geschaffen, das im Kern aus einer neunjährigen Grund- bzw. Gesamtschule für alle Schüler und Schülerinnen besteht. Alle Lehrer und Lehrerinnen, auch jene im Vorschulbereich, werden an der Universität ausgebildet. Eine nicht verpflichtende Vorschule wird von fast allen Kindern ab dem sechsten Lebensjahr besucht. Die Schulpflicht beginnt mit sieben Jahren. Neun Jahre lang wird gemeinsam die Gesamtschule besucht, die sich aus einer sechsjährigen Grundschule und einer dreijährigen integrativen Sekundarstufe zusammensetzt. Neunzig Prozent der Schüler und Schülerinnen wechseln anschließend aufs Gymnasium. Kindern mit Migrationshintergrund wird ein intensiver Unterricht in der finnischen Bildungssprache zuteil, sie haben aber auch das Recht auf Unterricht in ihrer Muttersprache. Manchmal erfolgt auch die Alphabetisierung in der Muttersprache, wobei das Hauptproblem der Mangel an qualifizierten muttersprachlichen Lehrern und Lehrerinnen ist. Dies soll einerseits die Identität der Schüler und Schülerinnen stärken und gleichzeitig eine Basis schaffen, um das Erlernen weiterer Sprachen zu erleichtern (vgl. Kahl 2005).

In Schweden und Finnland steht das individuelle Lernen jedes Schülers und jeder Schülerin im Mittelpunkt. Man geht davon aus, dass jeder Mensch sein persönliches Lerntempo und seinen persönlichen Lernstil hat, weshalb für jedes Kind individuelle Lernpläne erstellt werden. Lehrer und Lehrerinnen betreuen die Kinder und Jugendlichen bei diesem individuell ausgerichteten Lernprozess. Damit ist der Lernende zwar für sein Lernen selbst verantwortlich, die Lehrer und Lehrerinnen müssen aber eine gute Lernorganisation sicherstellen und die Schulträger eine attraktive Lernumgebung. Auch Eltern wird Verantwortung zugedacht, die Schule übernimmt aber ganz bewusst die ihr von der Gesellschaft zugewiesene Zuständigkeit und schiebt diese nicht auf die Eltern ab. Die Schulen Nordeuropas sind als Ganztagsschulen konzipiert. Unterrichtstunden wechseln mit Freistunden und Zeit zum individuellen Lernen ab. Der Klassenunterricht selbst wird zwar mit den bekannten Sozialformen und Methoden abgehalten, aber das Wiederholen von Klassen gibt es aber ebenso wenig, wie das Abschieben in Sonderschulen. Bei besonderem Förderbedarf werden kleine Lerngruppen gebildet oder Zusatzlehrer und -lehrerinnen für Team-Teaching-Aktivitäten eingebunden. Bei Verhaltensproblemen von Schülern und Schülerinnen versuchen Sonderschullehrer und -lehrerinnen, Sozialpädagogen und Sozialpädagoginnen und Psychologen und Psychologinnen so wie Sozialarbeiter und Sozialarbeiterinnen gemeinsam mit den Lehrern bzw. Lehrerinnen und Eltern den Kindern zu helfen (vgl. Matthies 2009, 157 ff.).

Alle nordeuropäischen Länder versuchen mittels Individualisierung und Förderung Kindern einen auf sie zugeschnittenen Lernweg aufzuzeigen. Die Schüler und Schülerinnen werden zur Eigenverantwortung erzogen und niemals ausgeschlossen. So verwundert auch wenig, dass es im Norden ganz im Gegensatz zu den deutschsprachigen Ländern kaum Zusammenhänge zwischen dem sozioökonomischen Status eines Schülers bzw. einer Schülerin und deren Bildungskarriere kommt. Schule orientiert sich an den Stärken des Kindes und übernimmt den Auftrag, die Schwächen unter der fördernden Anleitung von Lehrern und Lehrerinnen zu beseitigen (vgl. Dose 2007, 26). Noten gibt es erst in den höheren Klassen, weshalb diese viel später als in deutschsprachigen Ländern der Selektion dienen. Diese entscheiden in Skandinavien und Finnland erst über einen Aufstieg in die gymnasiale Oberstufe oder den Besuch einer Berufsbildenden Höheren Schule.

Mit nur vier gemeinsamen Grundschuljahren ist der Zeitraum in deutschsprachigen Ländern extrem kurz, um Benachteiligungen durch die soziale Herkunft oder diverse Lebensumstände auszugleichen. Vielmehr erfolgt in sehr jungen Jahren eine Zuweisung zu unterschiedlichen Schulformen, die sich im Anspruch oft völlig unterscheiden. In Österreich und Deutschland erfolgt speziell im städtischen Bereich durch die verschiedenen Schulformen auch eine Trennung der sozialen Milieus. Hauptschulen und Neue Mittelschulen werden in den Städten primär von Kindern aus bildungsfernen Elternhäusern und Familien mit Migrationshintergrund besucht. Ihre Chancen auf einen Bildungsabschluss oder gar eine Berufsausbildung sind daher wesentlich schlechter als bei privilegierteren Schülerinnen. In den nordeuropäischen Staaten hingegen ist Chancengleichheit gelebte Realität und nicht nur ein Schlagwort (vgl. Merimaa 2009, 141 f.).

Nach Absolvierung der Sekundarstufe 2 besteht auch in Nordeuropa die Möglichkeit, sich an einer Universität oder Fachhochschule einzuschreiben. Diese Chance nutzt eine große Anzahl der dortigen Bevölkerung, denn die Akademiker- und Akademikerinnenquote liegt etwa in Finnland mit 38 % um sieben Prozentpunkte über dem OECD-Durchschnitt von 31% (vgl. OECD 2012, 36).

In nordeuropäischen Ländern wird aber auch gezielt in den Bildungsstart eines Kindes investiert, wobei das Augenmerk besonders auf lernschwachen und sozial benachteiligten Schülern und Schülerinnen liegt. Ein Zurückstellen von Kindern und Jugendlichen mit Migrationshintergrund, die aufgrund sprachlicher Probleme dem Unterricht nicht folgen können, gibt es nicht (vgl. Lasonen 2009, 250).

Das Bildungssystem in Finnland wird geprägt vom Humboldt'schen Bildungsgedanken: „Jeder, auch der Ärmste, soll eine gute und vollständige Menschenbildung erhalten" (Meri 2010, 229). Daher verfolgen die finnischen Gesamtschulen das Ziel, die Kinder zu kritischen und selbstbewussten Menschen sowie verantwortungsbewussten Mitgliedern der Gesellschaft zu erziehen[40] (Dose 2007, 26). Bildung ist der finnischen Gesellschaft auch viel wert. Insgesamt investiert das Land 6,8 % des Bruttoinlandproduktes in den Bildungsbereich, der OECD-Durchschnitt liegt hier bei 5,8 % (vgl. European Commission 2012; Matthies 2009, 159).

8.5 Kolonialpädagogik und Bildungsforschung mit der Dritten Welt

Die Kolonialpädagogik wird neben der Missionspädagogik (vgl. dazu weiterführend Waterkamp 2006, ff.) als Vorläufer der „Dritte-Welt-Pädagogik" gesehen, die heute einen wichtigen Schwerpunktbereich innerhalb der Vergleichenden Erziehungswissenschaft darstellt. „Sie hat sich als ein gesondertes Handlungsfeld herausgebildet, das bisher weder in der Geschichte der Erziehungswissenschaft noch in der der Vergleichenden Erziehungswissenschaft eine Rolle spielt, denn, sie gilt noch immer als ein Spezialgebiet der Geschichts-, Missions- und Kulturwissenschaften, obwohl die Bezüge zur Vergleichenden Erziehungswissenschaft und speziell zur Dritte-Welt-Pädagogik sowie zur Erziehungswissenschaft insgesamt nicht zu übersehen" sind (Krüger-Potratz 2005, 107). Im Rahmen der Kolonialpädagogik wurden Bildungsinstitutionen, Lehrinhalte und Ausbildungsformen von Lehrpersonal vom vermeintlich höherstehenden Mutterland auf die kolonisierten, weniger entwickelten Gebiete im Ausland übertragen. Adick (1997, 955) fasst die im Zuge der kolonialpädagogischen Aktivitäten herausgebildeten Argumentationsmuster, Vorstellungen und Einstellungen prägnant zusammen:

> „Als Legitimationsbasis für Kolonialpädagogisches Handeln dienten paternalistische bis offen rassistische Vorstellungen eines ‚höheren' oder ‚besseren' Kultur- und Entwicklungsstandes der Kolonialherren gegenüber den Kolonialuntertanen (...).

40 Bisweilen werden allerdings auch kritische Stimmen laut, die darauf hinweisen, dass Alkoholismus unter finnische Schülerinnen weit verbreitet ist und die Selbstmordrate bei Jugendlichen internationale Höchstwerte erreicht. Dem Schulsystem allein gelingt es also trotz hervorragender Bedingungen leider auch nicht, dieses zumindest weit gehend zu verhindern. Etwa 15 Prozent der finnischen Jugendlichen schaffen außerdem keinen Schulabschluss, ein Wert, der in deutschsprachigen Ländern nicht viel anders ist (vgl. Välijärvi 2009, 177).

- Wohlwollend evolutionäre Ideen, die Europäer seien den Kolonisierten um Jahrhunderte oder Jahrtausende voraus, und Bildung könne diesen evolutionären Rückstand abmildern;
- Sozialromantische Vorstellungen vom ‚edlen Wilden';
- religiöse Motivationen nach dem Motto: ‚Wir sind alle Kinder Gottes';
- Pädagogisch begründete Legitimationsversuche, die sich aus der Vorstellung speisten, die Kolonisierten befänden sich gleichsam noch im Stadium unreifer Kindheit;
- Sühne-Gedanken, durch Bildungs- und Kulturtransfer könne die schuldhafte Verstrickung Europas in den Sklavenhandel wieder gutgemacht werden;
- Kulturchauvinistische-ethnozentrische Vorstellungen, ohne europäische Zivilisierungsarbeit käme in den kolonisierten Gebieten keine ‚Kulturentwicklung zustande;
- Nationalistische Motive, die Bewohner der Kolonialgebiete durch Bildung in ihrem Denken und Handeln zur Mehrung der eigenen nationalen Größe entsprechend national zu beeinflussen;
- Biologistische Ideen von der als minderwertig eingestuften Andersartigkeit der ‚Eingeborenen';
- Unverblümte Herren-Knechts-Ideologien vom psychologischen Abhängigkeitskomplex der Kolonisierten und der dadurch bedingten quasi-natürlichen Berufung der Kolonialherren zur Herrschaft über diese;
- Schließlich offen rassistische Rechtfertigungsversuche, die eine Hierarchie der Rassen unterstellten und die Legitimation auch für pädagogische Beeinflussungen von der Höherwertigkeit der Europäer ableiteten" (vgl. auch Adick/Mehnert 2001).

In einem anderen nicht minder bedeutsamen Zusammenhang weist Marianne Krüger-Potratz (2005, 107 f.) diesbezüglich auf Folgendes hin:

> „Die Kolonialpädagogik – so könnte man sagen – hat sich aus dem Handlungsfeld für den Export des Eigenen in Form von Erziehungslehren, Institutionen und pädagogischem Personal zum Zwecke der Überformungsbeherrschung des Fremden im zivilisierten Ausland herausgebildet, sowie im Inneren des Nationalstaats die ethnisch-sprachlich fremden Minderheiten durch die deutsche (Volks-)Schule auf ein höheres kulturelles Niveau gehoben werden sollten. Die beiden Kolonisierungen sind sicherlich nicht gleichzusetzen. Aber mit Blick auf die Vorgeschichte der interkulturellen Bildung ist zu fragen, inwieweit einzelne zur Legitimierung kolonialpädagogischen Handelns herausgebildete Argumentationsmuster historisch und noch aktuell den Mustern gleichen, die im Umgang mit innerstaatlicher sprachlich-kultureller Heterogenität eine Rolle spiel(t)en, sei es in Bezug auf die autochthonen sprachlichen und ethnischen Minderheiten, sei es in Bezug auf die zugewanderten ‚neuen' Minderheiten, ohne dass eine simple Identität behauptet werden soll".

Die meisten Länder erlangten zwar als einstige Kolonien nach und nach ihre politische Unabhängigkeit, gerieten aber aufgrund internationaler Entwicklungshilfsprogramme in neue Abhängigkeiten. Diese neokolonialistischen Verbindungen haben auch massive Auswirkungen auf den Bildungsbereich, da dadurch ein nicht unwesentlicher Druck besteht, westliche Systeme und Traditionen in ihrer gesamten Ausformung weiterhin zu übernehmen bzw. beizubehalten. In diesem Kontext sagt Gottlieb (2000, 171) voraus:

> "The post-modern turn in comparative education, if and when it takes place, will most likely result in a (different) construction of knowledge. The destabilisation of the dominant modernist genres of discourse and the opening up of space for the actors` voices and authority will introduce indigenous knowledge and new categories into the semantic universe of comparative education, through the typical interpretive underlying metaphors of culture as text, metaphor and game".

Der theoretische Ansatz des Postkolonialismus, der vor allen Dingen in der erziehungswissenschaftlichen Vergleichsforschung der USA vertreten wird und seine Wurzeln im Neomarxismus und der Weltsystemtheorie hat, stellt sich gegen den eurozentrischen, globalen Hegemonieanspruch gewisser Kulturen, der andere zumindest implizit als minderwertig betrachtet (vgl. Tikly 1999; Allemann-Ghionda 2004). Diese Theorie, die sich auf eine weltweite Situation bezieht, welche sich aus den politischen, kulturellen und wirtschaftlichen Veränderungen im Rahmen der Kolonisierung und Entkolonisierung ergibt, konzentriert sich auf Prozesse des Widerstandes gegen die hegemonialen Kultureinflüsse. Die Differenz wird als Grundsatzelement vorausgesetzt, abgelehnt wird hingegen stellvertretend für die „Anderen" zu sprechen. Ziel ist es, vom Paternalismus Abstand zu nehmen und die Gegenseitigkeit anzustreben (vgl. Allemann-Ghionda 2004, 187 f.; Welch 1999).

Für die Beforschung weniger entwickelter Länder hat sich innerhalb der Disziplin gegenüber den Bezeichnungen „Entwicklungspädagogik oder „Dritte-Welt-Pädagogik" im deutschsprachigen Raum der Begriff „Bildungsforschung mit der Dritten Welt" durchgesetzt. So traf man zwar eine geographische Determinierung, legte aber Länder bzw. Staaten nicht als Einheiten der Forschung fest. Die Präposition „mit" will andeuten, dass nicht von Seiten der Ersten Welt über die Dritte Welt geforscht werden soll, sondern man miteinander kooperiert und gemeinsame wissenschaftliche Ziele verfolgt. Die Begriffe Pädagogik und Erziehungswissenschaft wurden auch ausgeklammert und der Terminus Bildungsforschung gewählt. Mit einer derartigen Bezeichnung näherte man sich an den englischsprachigen Umgang mit der Thematik an, der stark durch die Weltbank und die UNESCO mitbestimmt wurde. „Vor allem die wirtschaftswissenschaftliche Betrachtungsweise von Bildung konnte unter der Bezeichnung Bildungsforschung ggf. berücksichtigt werden" (Waterkamp 2006, 110)[41].

41 „Goals for development will here be clustered into two broad categories: economic and social. Clearly there is considerable overlap between these categories, and causal relationships may exist: greater economic development may facilitate the achievement of social goals, such as improved health, for

(...) development is a process of economic growth, a rapid and sustained expansion of production, productivity and income per head (sometimes qualified by insistence of a wide spread of the benefits of this growth). According to the other, espoused by UNDP's annual Human Development Report and by many distinguished economists, development is seen as a proves that enhances the effective freedom of the people involved to pursue whatever they have reason to value. This view of human development (in contrast to narrowly economic development) is a culturally conditioned view of economic and human progress. Poverty, in this view, implies not only lack of essential goods and services, but also lack of opportunities to choose a fuller, more satisfying, more valuable and valued existence. The choice can also be for a different style of development, a different path, based on different values from those of the highest income countries" (Haq 1995, 22).

Dies erfordert in den Entwicklungsländern die Erziehung zur Eigenständigkeit und Mündigkeit mit Hilfe einer Pädagogik, die die Anthropologie, Wirtschaft, Gesellschaft und Geschichte jener Länder berücksichtigt, eine Aufgabe, die noch gelöst werden muss. „Sie ist als Herausforderung an die Erziehungswissenschaft zu verstehen, eine eigenständige, verschiedene Gesellschaftsformationen übergreifende Forschung zu betreiben, um zu einer Theorie vom Menschen als „Homo universalis educandis" zu gelangen und um den interkulturell gültigen Wissenschaftscharakter der Pädagogik unter Beweis zu stellen" (Dias 1981, 40).

Harber/David (1997, 31 ff.) unterscheiden sechs verschiedene Dimension, die in der heutigen Zeit die Effizienz von Bildungssystemen in Entwicklungsländern beeinflussen:

- "The demographic context. Demographic trends such as high birth rates, high teenage pregnancy rates, and rural-urban migration contribute to problems in the provision of schooling, and enrolment and retention rates.
- The economic context. A range of economic stringencies affect developing nation's capacities to offer sufficient education of high quality. These include low income, structural adjustment (see below), and vulnerability to change in international markets.
- The resource context. Low levels of expenditure resulting from economic difficulties affect human and material resources in schools. A shortage of funds to pay teachers, for example, impacts on pupil: teacher ratios (PTR), levels of qualification, teacher shortages, and teachers taking second or third jobs. It is not uncommon in classrooms in poor communities to find whole classes sharing one or two textbooks.
- The context of violence. Developing countries are more likely to be affected by war and violent unrest. This has devastating effects on the continuity of schoo-

example. In turn, a healthier population can fuel economic growth. Additionally, how these forms of development are manifested is partly determined by the political development underpinning them in a given country (Phillips/Schweisfurth 2007, 18).

ling, on the physical and psychological well-beings of teachers and learners, and on the culture of teaching and learning in schools.
- The health context: Poverty makes citizens much more vulnerable to illness, including water-borne and other infectious diseases, and malnutrition. Even mild hunger or a poorly-balanced diet can affect children's capacity to learn. Of particular concern at this time is the prevalence of HIV/AIDS, the consequences of which have been horrendous in the most affected countries, where more than a quarter of adults are infected. [5] The presence of AIDS orphans and infected children, and the loss of a large part of the teaching population, are among the issues affecting schools.
- The cultural context. The developing world represents a massive diversity of countries, and these clearly do not share cultural beliefs, but they do tend to hold a mixture of traditional (mainly indigenous) and modern (mainly imported) values. The co-existence of these factors may affect schools in a range of ways, including attitudes to the education of girls, and the interruption of schooling for initiation rites".

Patrick V. Dias (1983) weist darauf hin, dass das frühere koloniale Bildungswesen bei gewissen Teilen der Bevölkerung in den ehemaligen kolonisierten Ländern keineswegs an Ansehen verloren hat. Die Sprache der ehemaligen Kolonialmacht wird auch häufig als Unterrichtssprache beibehalten und nicht automatisch durch die jeweilige Muttersprache ersetzt. Oft wird nämlich der Wert der offiziellen Landessprachen höher eingeschätzt, als die der eigenen Umgangssprache. Eine Lösung wäre daher eine zweisprachige Alphabetisierung[42] (vgl. Fuchs 1994, 193). Damit verbunden ist allerdings das Problem einer oft fehlenden Verschriftlichung der Muttersprache.

Bildung und Erziehung in der Dritten Welt erfordert einen neuen pädagogischen Denkansatz (vgl. Dias 1997). Nach Meinung von Dias gelingt der formalen Bildung kein Bezug zur Erziehungsrealität der betroffenen Menschen, weshalb dieser Konnex erfolge müsse. Dies wird allerdings dadurch erschwert, dass dieser von außen eingebracht wird (vgl. Dias 1981, 46). Dias verfolgt daher die Entwicklung einer alternativen Bildung und Erziehung, die dazu beizutragen soll, Wege aus der Abhängigkeit und dem Mangel aufzuzeigen. In diesem Sinne versteht er auch die Verfolgung des politischen Zieles der Befreiung (vgl. Dias 1981, 44). Als wesentliche Eckpunkte für eine Pädagogik, die von Abhängigkeit und Mangel herausführt, nennt Waterkamp (2006, 112 f.) eine Grundbildung, die eine selbstständige Lebensführung ermöglicht und den Lebensunterhalt in einer Gemeinschaft sichert. Dabei soll die Tradition nicht aufgegeben, sondern mit rationalen Denkmustern in Einklang gebracht werden.

Die Geber-Nehmer-Struktur, mit Ländern der Ersten Welt als Sponsoren und Ländern der Dritten Welt als Empfänger von Zuwendungen verfolgt ein Modell, das sich

42 Weder Grundbildung, noch Alphabetisierung erfordern grundsätzlich ein formales Schulwesen. Diese Form von Bildung kann auch informell über Massenmedien und mobile Alphabetisierungslehrende erzielt werden (vgl. Lockheed/Verspoor 1991, 165).

nach der Idee „Hilfe zur Selbsthilfe" mit der Zeit eigentlich selbst überdauern sollte. Durch die moralische Komponente im Zusammenhang mit der ehemaligen Kolonialisierung kommt es allerdings zu einer engen Verknüpfung von Geber- und Nehmer-Staaten, die droht, zu einer dauerhaften Einrichtung zu werden. „Die Geber-Akte könnte mit einiger historischer Verzögerung wiederum als kolonialistisch gefärbte Einmischung moralisch verklagt werden und damit wiederum Anlass für weitere Gutmachung werden" (Waterkamp 2006, 115). Ähnlich verhält sich die Situation im Zusammenhang mit der Geber-Nehmer-Struktur in Hinblick auf die Angst der Geber-Staaten, die darauf basiert, dass sie sich der wachsenden Immigration aus den verarmten Nehmer-Ländern nicht erwehren können, so dass sie mit Entwicklungs- und Bildungshilfen versuchen müssen, die Nehmer-Staaten aus den Armutsbedingungen herauszuführen, um so den Migrationsbewegungen Einhalt zu gebieten. „Dritte Welt und Erste/Zweite Welt werden in einem steten Ringen miteinander verkettet, es wäre eine unfreiwillige, aber unentrinnbare, furchtdiktierte Einheit, die sich ebenso wie im vorangehenden Modell gewaltsam entladen könnte" (Waterkamp 2006, 115 f.) Käme es zu einer endgültigen Verfestigung der Geber-Nehmer-Struktur würde dies auch eine Reihe von Problemen für die Pädagogik mit sich bringen. Mittels Bildungshilfe müssten das Wirtschaftswachstum und die politische Stabilität in den Entwicklungsländern garantiert und die friedenspädagogischen Aktivitäten verstärkt werden, um der erhöhten Aggressionsbereitschaft aufgrund der fortbestehenden Abhängigkeit Einhalt zu gebieten. Bildung würde wiederum als Wirtschaftsfaktor in den Entwicklungsländern betrachtet werden müssen. Dias war bestrebt eine Lösung für diese unfreiwillige, und unentrinnbar erscheinende Welteinheit zu finden. Er postuliert den „Homo universalis educandus" und sieht Erziehung und Bildung als kulturellen Vorgang im Sinne eines immer neuen und unbegrenzten Dialogs, der ohne Herrschaftsausübung stattfindet und in dem es jedem möglich sein muss, vom eigenen Authentischen her anzufangen und sich dem anderen, dem Alternativen zu öffnen, ohne dass er dabei das eigene Authentische aufgeben muss (vgl. Dias 1997; Dias 1987, 200 ff.). Die Wahrnehmung des Authentischen muss allerdings gelernt werden, was für Menschen in der Dritten Welt wesentlich schwieriger ist[43].

43 Aus diesem Grund ist auch stets zu berücksichtigen, dass "(h)uman rights and human development are both about securing basic freedoms. Human rights express the bold idea that all people have claims to social arrangements that protect them from the worst abuse and deprivations – and that secure freedom for a life of dignity (...). When human development and human rights advance together, they reinforce one another – expanding people`s capabilities and protecting their rights and fundamental freedoms (...). In short, human development is essential for realizing rights, and human rights are essential for full human development" (UNDP-Human Development Report 2000, 18).

8.6 Grundzüge der EU-Bildungspolitik

8.6.1 „Die Europäische Dimension"

In den Römischen Verträgen aus dem Jahre 1957, die die rechtliche Grundlage für die Gründung der Europäischen Gemeinschaft darstellen, fand der Bereich der allgemeinen Bildung noch kaum Eingang. Artikel 3 des EWG-Vertrages nennt zwar die Bildung als Handlungsbereich der damaligen Wirtschaftsgemeinschaft, dennoch war deren Interesse am Bildungsbereich eher gering. Das sollte sich bis in die späten 60er Jahre nicht ändern und lag teilweise in der Tatsache begründet, dass sich der Europarat ohnehin bereits aktiv mit dem Bereich der Bildung, Kultur und Wissenschaft befasste, während sich die Europäische Gemeinschaft mehr auf wirtschaftspolitische und industrielle Fragen beschränkte. Andererseits waren in diesem historischen Abschnitt Bildungssysteme noch ganz stark an die individuellen nationalen Kulturen und Identitäten gekoppelt. Aus dem Grund erschien eine diesbezügliche Einflussnahme durch den Druck einer supranationalen Institution als weitgehend unerwünscht (Findlay 1976, 81).

Die frühen 70er Jahre waren europaweit geprägt von einer sich verschlechternden wirtschaftlichen Situation, die vor allen Dingen von einer steigenden Arbeitslosigkeit und den damit zusammenhängenden Problemen gekennzeichnet war. So begann man auch die Notwendigkeit einer Zusammenarbeit besonders im Bereich der Berufsausbildung zu erkennen. Im Juli 1971 trafen sich erstmals die zuständigen Minister der damaligen Mitgliedsländer, um sich mit Bildungsfragen in der europäischen Gemeinschaft auseinander zu setzen. Der Ministerrat verabschiedete daraufhin erste Richtlinien für diesen Bereich, womit der Grundstein für eine Zusammenarbeit zwischen den Mitgliedsstaaten im Bereich der Bildung und Erziehung gelegt war (Findlay 1996, 81). Man beschloss, engere Verbindungen zwischen den Bildungssystemen der Mitgliedsstaaten zu schaffen, wechselseitig Statistiken auszutauschen und auf dem tertiären Bildungssektor mehr zusammenzuarbeiten, die gegenseitige Anerkennung von Abschlüssen und Studienabschlüssen zu gewährleisten, eine höhere Lehrermobilität voranzutreiben und gleichen Zugang zu Bildungseinrichtungen für alle EU-Bürger zu garantieren (Findlay 1996, 82). Es ging nicht darum, die Bildungssysteme zu harmonisieren, also auch nicht ein „europäisches Bildungssystem" zu verwirklichen. Autonome Gestaltungsmöglichkeiten und Vielfältigkeit innerhalb der nationalen Systeme blieben bis heute ein Grundprinzip.

Fast zwei Jahrzehnte später, genau am 24. Mai 1988 wurde von der europäischen Bildungsministerkonferenz die bereits erwähnte „Einführung der europäischen Dimension in Bildungswesen" beschlossen (Entschließung des Rates und der im Rat vereinigten Minister für das Bildungswesen zur Europäischen Dimension im Bildungswesen von 24. Mai 1988, APl. Der EG: C177/02)[44]. Dabei kam man überein, dass Kinder

44 Die europäische Dimension im Bereich der Bildung befasst sich mit Kenntnissen über Europa, seiner Kulturgeschichte, seinen Sprachen und Traditionen (Findlay 1996, 82) und ist keineswegs eine neue Idee, denn schon in den Gründungsjahren der Europäischen Gemeinschaft gab es Gespräche darü-

und Jugendliche ein Bewusstsein für europäische Identität entwickeln sollten und ihnen der Wert der europäischen Zivilisation in historischer, kultureller, wirtschaftlicher und sozialer Hinsicht vermittelt werden musste. Dabei handelt es sich vor allen Dingen um die Prinzipien von Demokratie, sozialer Gerechtigkeit und dem Respekt vor den Menschenrechten. Junge Menschen sollten dafür vorbereitet werden, an der wirtschaftlichen und sozialen Entwicklung in der europäischen Gemeinschaft teilzuhaben und an deren weiteren Einigung mitzuarbeiten. Die nachwachsenden Generationen sollten aber auch lernen, sich bewusst den Herausforderungen zu stellen, die die europäische Union mit sich bringt und die Bedeutung der Zusammenarbeit der Mitgliedsstaaten der Europäischen Gemeinschaft untereinander, mit anderen Ländern Europas und mit der gesamten Welt zu erkennen.

Bestimmte Bereiche rund um die „Europäische Dimension" sollten auch Eingang in den Lehrer- und Lehrerinnenbildungsbereich finden, um die nationalen Bildungssysteme stärker an einer gemeinsamen europäischen Bildungskonzeption zu orientieren (vgl. Bayer 1997, 264). Im Mittelpunkt standen dabei unter anderem der Vergleich von Erziehungs- und Ausbildungssystemen in der Lehrerbildung, die Entwicklung eines Basiscurriculums in der „Europäischen Dimension" für Grundschulen und weiterführende Schulen und die „Europäische Dimension" in der multikulturellen Gesellschaft. Sowohl vergleichende Aspekte als auch solche, die multikulturelle Bereiche betreffen, sind also schon seit langem offiziell als integrale Bestandteile der Lehrerbildung vorgesehen.

Dass es bislang in vielen Lehrer- und Lehrerinnenbildungseinrichtungen in Hinblick auf die Integration dieser Aspekte in die Aus- und Fortbildungscurricula bei Absichtserklärungen blieb, ist ein trauriges Faktum. Dies wirkt sich natürlich auch nicht förderlich auf die „Europäische Dimension" als zentralen Ausbildungsbereich für junge Europäer und Europäerinnen in allen EU-Mitgliedsstaaten aus. Nach Vorstellung der Union sollten eben diese europäischen Bildungs- und Erziehungsinhalte zu einer europäischen Gesinnung und Bewusstseinsbildung bei den nachwachsenden Generationen beitragen.

Im Jahr 1989 gaben auch die 23 Mitglieder der parlamentarischen Versammlung des Europarates eine Empfehlung in Hinblick auf die „europäische Dimension" im Bildungsbereich heraus (Recommendation on the European Dimension of Education). Diese Resolution war aufgrund der Teilnahme vieler europäischer Staaten, die nicht EU-Mitglieder waren, aber dennoch die „europäische Dimension" in ihrem Bildungswesen verwirklicht sehen wollten, ebenfalls von bahnbrechender Bedeutung.

In den letzten fünfzig Jahren haben die Integrationserfolge Europas ausgehend von der Montanindustrie fast alle gesellschaftlichen Bereiche erfasst (vgl. Vorsmann/Wittenbruch 1997, 30). Die Europäische Union mit ihrer gemeinsamen wirtschaftlichen und politischen Ausrichtung nimmt zweifellos auch Einfluss auf den schulischen Bereich der Mitgliedsstaaten, obwohl die diesbezügliche Zuständigkeit der europäischen Gemeinschaft dem Subsidiaritätsprinzip unterliegt. Deshalb sind die einzelnen Staaten dazu aufgerufen, in bildungspolitischer Hinsicht ihren Beitrag zum „Zusam-

ber, dass die Mitgliedstaaten ihre Schulcurricula um „Europäische Perspektiven" erweitern sollten, um „Bürger Europas" heranzubilden (Gogolin 1994, 103).

menhalt der Gemeinschaft" (Kästner 1993, 61) zu leisten. Es gilt die „Erziehung zu Europa" voranzutreiben, Europäische Gemeinsamkeiten zu schaffen und zu pflegen und die „Friedenserziehung" sowie die „Erziehung zu internationaler Verständigung" den Hauptpunkten neben dem interkulturellen Lernen zu machen (Hohmann 1989, 24). Im Zentrum stehen dabei die Entwicklung eines europäischen Bewusstseins, also die Verankerung des Gefühls für gemeinsame Interessen, Aufgaben, aber auch Werte (vgl. Schleicher 1993, 7).

Eine verstärkte „Europäisierung", aber sicher auch Internationalisierung des Bildungswesens in allen EU-Mitgliedsstaaten müssen Bestandteil zukünftiger Planungen und Entwicklungen sein. Dies ist deshalb unumgänglich, da sich viele Probleme unserer Zeit nur noch in einem internationalen Gefüge lösen lassen und die Heranwachsenden schon früh auf ein Miteinander von Menschen unterschiedlicher nationaler und kultureller Herkunft eingestimmt werden sollen. Auch die Akzeptanz einer weiteren Zunahme von multikulturellen Aspekte in den EU-Gesellschaften hat für Kinder und Jugendliche zur Selbstverständlichkeit zu werden.

Eine Schlüsselposition bei der Verwirklichung dieses Zieles nehmen Schulen ein, die im Rahmen der Erfüllung ihres Bildungsauftrages bei den heranwachsenden Kindern und Jugendlichen deren europäische Identität bewusst machen müssen. In einem vereinten Europa dreht es sich nicht nur darum, „berechtigtes Eigenes schärfer zu sehen, sondern kulturell Anderes als eine wenigstens partielle Möglichkeit so in den Blick zu bekommen, dass sie vielleicht zur eigenen werden kann" (Ruhloff 1992, 354).

Es stellt sich nun die Frage, wie Lehrer und Lehrerinnen auf diese veränderten Voraussetzungen im Rahmen ihrer pädagogischen Bemühungen reagieren. Sie bilden die neuen Bürger und Bürgerinnen in den grenzüberschreitenden mobilen Gesellschaften Europas aus. Verschiedenheit und Vielfalt werden in all diesen Ländern weiter zunehmen, und so mancher Schüler wird sich mit dem Zentrum seines Lebensinteresses in einer anderssprachigen Kultur wiederfinden. Die meisten Lehrer und Lehrerinnen werden im Rahmen ihrer Aus- und oft auch Fortbildung noch immer nicht ideal auf die Anforderungen der Europäischen Union vorbereitet. So sind sie nach wie vor häufig mangelhaft geschult im Umgang mit kulturell heterogenen Schülern und Schülerinnen oder wenig informiert über die zukünftigen Bedürfnisse der ihnen anvertrauten Kinder in Hinblick auf deren EU-Bürgerschaft (vgl. Friehs 2004).

Es ist wichtig, dass sich die heranwachsende Generation mit dem Europäertum identifiziert und bereit ist, die politischen, sozialen, kulturellen und wirtschaftlichen Errungenschaften bewusst und aktiv bejahend mitzutragen und zum Wohle aller – auch der neuen Mitgliedsstaaten vornehmlich aus dem osteuropäischen Raum – zu akzeptieren und weiterzuentwickeln. Dabei gilt, dass „(j)e höher der Grad der Informiertheit über Europa (ist), desto positiver ist die Einstellung zur europäischen Integration. Uninformiertheit führt zu Vorurteilen und diffusen Einstellungen" (Ungerer 1994, 66).

Europa soll ein Ort sein, wo „der Diskurs und die Verständigung zwischen den Ländern Europas den wechselseitigen Zugang zu den europäischen Kulturen erleichtern, den Reichtum an allgemeinzugänglichen Kulturen erhöhen und ein Wiedererstarken traditioneller Nationalismen zumindest erschweren" soll (Benner 1994, 16). Es geht nicht nur darum, die Kinder und Jugendlichen für ein Leben in Europa „wirtschaftstauglich" zu machen und sie auf eine politische Einigung einzustimmen, denn „ohne sich ()eines kulturellen Europeanismus zu besinnen" (Lenzen 1994, 39), wird dieses supranationale Geflecht von Einzelstaaten keine Aussicht auf Bestand haben.

Die Internationalisierung und globale Vernetzung sind auch im schulischen Bereich nicht mehr aufzuhalten. Diese begrüßenswerte Entwicklung muss aber von allen Beteiligten bewusst und informiert mitgetragen werden, will man nicht riskieren, dass man von den Einflüssen und Neuerungen überrollt wird, ohne sich vorher entsprechend vorbereitet und darauf eingestellt zu haben.

Wirtschaftliche Zusammenarbeit allein wird, wie erwähnt, zu wenig sein, um ein dauerhaftes friedliches Zusammenleben in Europa und auch jenseits davon zu sichern. Eine ganz entscheidende Rolle in dieser Hinsicht werden Bildung und Erziehung zu spielen haben, weshalb auch die Lehrer- und Lehrerinnenbildung „eine wichtige Zukunftsaufgabe in und für Europa" sein wird (Kodron 1995, 20). Nicht alle Lehrer und Lehrerinnen hatten und haben die Gelegenheit, Studiensemester im Ausland zu verbringen oder gar im eigenen Beruf jenseits der Staatsgrenzen zu arbeiten. Daher muss auch im Bereich der Lehreraus- und -fortbildung viel mehr an Informations- und Bewusstseinsbildungsarbeit geleistet werden.

Lehrer und Lehrerinnen benötigen europäische Erfahrungswerte, die gerade in einem Zeitalter zunehmender Fremdenfeindlichkeit und Intoleranz notwendig ist, um Verständnis für die Andersartigkeit zu fördern. Durch die Migration und Mobilität ergeben sich besondere Herausforderungen für die interkulturelle Erziehung und Bildungsarbeit auf allen Ebenen des Schulsystems bis hin zum Übergang in den Beschäftigungsbereich. Die „Europäische Dimension" soll auch eine tolerante Einstellung gegenüber dem noch Unbekannten und Fremden vermitteln, Lehrer und Lehrerinnen müssen Kindern klar machen, dass wir nur ein Teil einer globalen Zivilisation sind.

Zwar werden Schulsysteme und Lehrer- und Lehrerinnenbildung von der EU ausdrücklich als nationale Angelegenheiten deklariert, dennoch lässt sich die Tendenz zu einer verstärkten Vereinheitlichung nicht leugnen. Diese wird nicht so sehr durch rechtliche Grundlagen geschaffen, sondern durch die Tatsache, dass durch die Möglichkeiten, die der gemeinsame Markt bietet, auch Lehrer und Lehrerinnen die Chance haben, ohne größere bürokratische Hürden in einem anderen EU-Mitgliedsland ihrer beruflichen Tätigkeit nachzugehen. Außerdem verlegen nun auch immer mehr Kinder und Jugendliche aufgrund der beruflichen Mobilität ihrer Eltern den Wohnsitz ins Ausland, was zwangsläufig einen Schulwechsel mit sich bringt. Lehrer und Lehrerinnen sind daher so oft wie noch nie zuvor mit Schülern und Schülerinnen konfrontiert, die einen Teil ihrer Ausbildung in einem anderen Land absolvierten und nun möglichst erfolgreich in den eigenen Unterricht integriert werden müssen.

8.6.2 Der Vertrag von Maastricht

Am 7. Februar 1992 wurde der EWG-Vertrag von Rom im Bereich der Bildung und Berufsausbildung durch den Vertrag von Maastricht erweitert. Man kam überein, dass es nur dann eine wahre europäische Einheit geben könne, wenn außer wirtschaftlichen und politischen Verbindungen der Stellenwert einer gemeinsamen europäischen Kultur betont würde. Seit dem Vertrag von Maastricht liegt nun zum ersten Mal seit der Gründung der Europäischen Gemeinschaften auch eine verbindliche Rechtsgrundlage für den Bildungsbereich vor. Die Artikel 149 und 150 des Vertrages von Maastricht[45] befassen sich nun explizit mit der allgemeinen bzw. der beruflichen Bildung[46]. Dabei erhielt die Europäische Union allerdings auch weiterhin keine umfangreichen Kompetenzen im Bereich des Bildungswesens. Ihr ist die strikte „Beachtung der Verantwortung der Mitgliedstaaten für die Lehrinhalte und die Gestaltung des Bildungssystems sowie der Vielfalt ihrer Kulturen und Sprachen" auferlegt. Der Handlungsraum der Union ist primär auf die Unterstützung und Ergänzung dieser Agenden zugeschnitten (Artikel 149 Satz 1 des Vertrages von Maastricht). Die Europäische Gemeinschaft hat daher die Aufgabe, die Mobilität von Lehrenden und Lernenden zu fördern, die Zusammenarbeit zwischen den Bildungseinrichtungen zu begünstigen und die „Entwicklung der europäischen Dimension im Bildungswesen" voranzutreiben (Artikel 149 Satz 2 des Vertrages von Maastricht). Artikel 149 verlangt weiters, dass die Gemeinschaft zur Entwicklung einer qualitätsvollen Bildung beitragen soll, indem die Zusammenarbeit zwischen den Mitgliedsstaaten ermutigt und wenn nötig, entsprechend (finanziell) unterstützt wird.

Mit der Unterzeichnung des Vertrags von Maastricht am 7. Februar 1992 ebneten die Mitgliedsstaaten den Weg für eine Europäische Union (EU) und entschieden sich zu einer gemeinsamen Außen- und Sicherheitspolitik sowie der Kooperation in den Bereichen Justiz und Inneres. Damit wurde ein erfolgreicher neuer Schritt im Prozess zur Schaffung „einer immer engeren Union der Völker Europas" (EG 1992, Titel II, Artikel 1) geschaffen. Zudem fokussierte der Vertrag von Maastricht zum ersten Mal auf die Bedeutung einer „qualitativ hochstehenden allgemeinen und beruflichen Bildung sowie (der) Entfaltung des Kulturlebens in den Mitgliedsstaaten" (EG 1992, Titel II, Artikel 3). Die Formulierung dieses Ziels der Union wurde in einem eigenen Kapitel über die allgemeine und berufliche Bildung festgehalten.

Vor allem Artikel 149 konstituiert einen neuen bildungspolitischen orientierten Kompetenzbereich, in dem formuliert wird, dass „die Gemeinschaft (...) zur Entwicklung einer qualitativ hoch stehenden Bildung dadurch bei(tragen solle), dass sie die Zusammenarbeit zwischen den Mitgliedsstaaten fördert und die Tätigkeiten der Mitgliedsstaaten unter strikter Beachtung der Verantwortung der Mitgliedsstaaten für die Lerninhalte und die Gestaltung des Bildungssystems sowie der Vielfalt ihrer Kulturen

45 Ursprünglich handelte es sich um die Art. 149 und 150, die im Vertrag von Amsterdam, der am 1. Mai 1999 in Kraft trat, anders nummeriert wurden.

46 Erstmalig wurden daher der Europäischen Union explizite Kompetenzen im Bereich der allgemeinen Bildung zugestanden, und im Fall der beruflichen Bildung wurden die Zuständigkeiten erweitert (vgl. Gogolin 1994, 104).

und Sprachen erforderlicherweise unterstützt und ergänzt" (EG 2002, Kapitel 3, Artikel 149).

Der Kompetenzrahmen der Tätigkeiten bzw. Ziele wird, wie Artikel 149 diese weiter ausführt, auf folgende Bereiche festgelegt:

- „Entwicklung der europäischen Dimension im Bildungswesen, insbesondere durch
- Erlernen und Verbreitung der Sprachen der Mitgliedsstaaten;
- Förderung der Mobilität von Lernenden und Lehrenden, auch durch die Förderung der
- akademischen Anerkennung der Diplome und Studienzeiten;
- Förderung der Zusammenarbeit zwischen den Bildungseinrichtungen (wie auch dem)
- Ausbau des Informations- und Erfahrungsaustauschs über gemeinsame Probleme im Rahmen der Bildungssysteme der Mitgliedsstaaten (...)" (ebda).

Durch die Verankerung des neuen Artikels im Vertrag von Maastricht wurde der Bildungsbereich auf schulischer sowie universitärer Ebene zum ersten Mal in der Geschichte der Europäischen Union in einem Vertrag konkret erwähnt (Janssen 1992, 201). Die Gemeinschaft erhielt somit einen direkten Handlungsauftrag. Die Ausgestaltung dieser Vorgaben im Rahmen der nationalen Bildungssysteme und auch die konkrete Festlegung der zu vermittelnden Lernziele und -inhalte blieben jedoch als Souveränitätsrecht der jeweiligen Mitgliedsstaaten bestehen, zumal die Reformerklärung dafür auch keinerlei rechtliche Verbindlichkeiten bzw. Konsequenzen vorsah (Eckardt 2005, 21).

Diese Tatsache ließ, nach Meinung einiger Kommentatoren, den revidierten Vertrag eindeutig „in der Intensität und der Breite der Aussagen deutlich hinter bereits erreichte(n) inhaltliche(n) Positionen zurück(treten)" und erweckte den Anschein eines erzwungen „Minimalkonsens, da es allein schon aus der Logik der Vertragsrevision ein Unding gewesen wäre, einen solchen für alle Gesellschaften fundamentalen Politikbereich einmal mehr außen vor zu lassen" (Janssen 1992, 201).

8.6.3 Aktions- und Mobilitätsprogramme der Europäischen Gemeinschaft nach Maastricht (ab 1993)

Im Hochschulbereich beschränkten sich die konkreten Kompetenzen im Rahmen der Subsidiarität auf unverbindliche Arbeitspapiere und Empfehlungen der zuständigen Kommission sowie die Förderung der Mobilitäts- und Aktionsprogramme (Maeße 2010, 19). Zusätzlich zu den wirtschaftlichen Motiven der EG zur Förderung und Schaffung von europäischen Aktions- und Mobilitätsprogrammen war ab Mitte der 90er Jahre ein eigenständiges Interesse der Einzelstaaten an der Umsetzung der Ziele zu beobachten. Sie gründen sich laut Banscherus (2007) auf folgenden Aspekten:

„(1.)
einen dreifachen Effizienzgedanken, der den Wandel des Studiums zu einer wissenschaftlichen Berufsausbildung im Rahmen der Hochschulexpansion genauso umfasst wie knappere öffentliche Haushalte und eine deutliche Zunahme der Studierendenzahlen,
(2.)
die Förderung der Mobilität in einer doppelten Richtung als grenzenloser Austausch und als Beweis der internationalen Attraktivität des Studienstandortes und
(3.)
ein anderes Bild der Hochschule als Bildungs- oder Ausbildungsdienstleisterin, mit dem auch neue unternehmensorientierte Steuerungsmodelle einhergingen" (Banscherus 2007, 79).

In der Bildungspolitik Europas zeichnete sich somit ein Wandel ab. „Als Orientierungspunkt wird das ‚Europa der Bürger(/innen)' zunehmend vom Konzept der ‚Employability' ersetzt" (Maeße 2010, 48). Somit wurde die bis dato vorherrschende Entwicklungsstrategie um die Dimension eines Ausbildungscharakters von Bildung ergänzt.

European Action Scheme for the Mobility of University Students (ERASMUS)

1987 wurde per Ratsbeschluss das ERASMUS-Programm von den Mitgliedsstaaten angenommen, für die erste Phase wurde ein Haushaltsbudget von 85 Millionen ECU (European Currency Unit)[47] verabschiedet, für die zweite Phase (1990–1994) wurde selbiges auf 192 Millionen ECU aufgestockt, um die Realisierung der vier Aktionsschwerpunkte zu ermöglichen (vgl. Europäische Kommission 1994, 21):

- Die Errichtung, Aufrechterhaltung bzw. Intensivierung des europäischen Kooperationsnetzwerks zwischen den Hochschulen der jeweiligen Mitgliedsstaaten (Hochschulkooperationsprogramme – HKP), Bereitstellung von Auslandsstipendien für Studenten/innen,
- Verbesserung der Anerkennung von im europäischen Hochschulraum erworbenen Studienabschlüssen und Studienzeiten,
- Finanzielle Unterstützung von auf europäischer Ebene tätigen Dozenten- und Studentenvereinigungen sowie für (wissenschaftliche) Publikationen von gemeinschaftsweitem Interesse.

Zudem war die EG in der Schaffung sowie Erweiterung der Instrumente zur Vergleichbarkeit von Studienleistungen aktiv: Das European Credit Transfer and Accumulation System (ECTS) wurde 1989 im Rahmen des ERASMUS-Programms erstmals für eine limitierte Anzahl von Hochschulen eingeführt, um die Vergleichbarkeit von Studienab-

47 Der ECU oder auch EWE (Europäische Währungseinheit) war von 1979 bis 1998 der Vorläufer des Euro.

schlüssen bzw. -leistungen zu gewährleisten und zudem den Studierenden einen Wechsel an eine Hochschule im europäischen Ausland zu erleichtern (vgl. Eckardt 2005, 24 f.).

TEMPUS

Mit dem Jahr 1990 startete ein zusätzliches Aktionsprogramm der EG zur Förderung und umfassenden Modernisierung des Hochschulwesens in Osteuropa, Russland, Zentralasien, den Ländern des westlichen Balkans sowie Nordafrika und dem Nahen Osten. Die Schwerpunkte liegen in der Subventionierung zweier Projektarten: Zum einen fokussieren gemeinsame Projekte eine Modernisierung spezieller Bereiche des Hochschulsystem auf institutioneller Ebene (z. B. Lehrplanentwicklung, Reformen in der Hochschulführung), zum anderen soll die Realisierung dieser Strukturmaßnahmen auf nationaler Ebene zum stetigen Fortschritt des jeweiligen Hochschulsystems beitragen (vgl. Nationale Agentur für EU-Hochschulzusammenarbeit 2011).

Programm für Lebenslanges Lernen

Im Programm für Lebenslanges Lernen laufen Koordination und Planung von vier grundsätzlich separaten Programme allgemeiner und beruflicher Bildung der EU (COMENIUS, ERASMUS, Leonardo da Vinci, Grundtvig) zusammen. Über den Projektzeitraum (2007–2013) wurden folgende Meilensteine definiert: durch ERASMUS soll die Mobilität von Studenten/innen gefördert werden, Unternehmenspraktika sollen bis Ende des Projektzeitraums durch das Aktionsprogramm Leonardo da Vinci gesichert werden und auch im Bereich der Erwachsenenbildung soll durch Grundtvig die Mobilitätsquote entscheidend gesteigert werden (vgl. Europäische Kommission 2011).

Die generelle Intention des Programms für Lebenslanges Lernen liegt in der Förderung der allgemeinen und beruflichen Bildung. Zudem soll dadurch ein maßgeblicher Beitrag zur Entwicklung und Erhaltung einer wirtschaftlich und sozial starken europäischen Gemeinschaft geleistet werden.

8.6.4 Der „Bologna-Prozess"

Als die 29 europäischen Bildungsminister und -ministerinnen im Jahre 1999 die Bologna-Erklärung unterzeichneten, verfolgten sie vornehmlich die Intention, international vergleichbare Standards der Leistungsbewertung mittels ECTS bei Bachelor- und Masterstudiengängen bei gleichzeitiger Stärkung des europäischen Hochschulraumes in Bezug auf den internationalen Wettbewerb zu schaffen.

Zwar ist die Umstellung der Studienpläne an vielen europäischen Universitäten mittlerweile schon weit fortgeschritten, dennoch gibt es nach wie vor einige Herausforderungen zu bewältigen. Die Akzeptanz des Bachelor-Abschlusses am Arbeitsmarkt ist gering und ein Auslandsaufenthalt ist im dichten Studienablauf schwer unterzubringen. Dies steht dem erklärten Ziel einer Erhöhung der studentischen Mobilität entgegen. In Österreich ist seit Implementierung des Bologna-Prozesses etwa immer wieder die Rede von diesem als Ursache für die Stagnation des öffentlichen Hochschulsystems, einer

„unterfinanzierten Universität" oder einem „kommerzialisierten Dienstleistungsunternehmen" (Maeße 2009, 9).

Als positive Elemente der Bologna-Studienarchitektur werden ein relativ gebündeltes Bachelor-Studium für bildungsferne Schichten, das einen vereinfachten Einstieg in die akademische Welt bedeutet, die Möglichkeit für bereits Berufstätige zur vereinfachten Weiterbildung und Zusatzqualifikation und die damit verknüpfte Individualisierung der Arbeitsbiographien hervorgehoben. Ein weiteres wichtiges Element des Bologna-Prozesses ist auch die Forcierung der Praxisnähe im Studium (vgl. Brinek 2010, 27).

Obwohl die Europäische Union und der Europarat zahlreiche und bemühte Handlungen zur Schaffung einer gemeinsamen europäischen Hochschulpolitik initiierten, hielten sich deren tatsächlich spürbaren und positiven Auswirkungen auf die sehr divergenten nationalstaatlichen Hochschulpolitiken stark in Grenzen, zumal die europäischen Interventionen schnell als starke Einschränkung der Staatssouveränität wahrgenommen wurden (vgl. Maeße 2010, 19). Doch eben jene „partielle Inkompatibilität der europäischen Hochschulsysteme" (Eckardt 2005, 30), führte immer wieder dazu, dass eine Akkreditierung ausländischer Studienleistungen überhaupt nicht oder nur zu Teilen anerkannt wurde (ebda).

Die Studiendauer bis zum ersten Hochschulabschluss war beispielsweise mit mindestens fünf Jahren entweder relativ lang und eingliedrig (z. B. Deutschland, Österreich, Schweiz, Griechenland, Spanien, Italien) oder, wie meist in der angelsächsischen Hochschultradition vorzufinden, kürzer und daher mehrzyklisch strukturiert (Haug/Kirstein/Knudsen 1999, 34 f.).

Die Zulassung zu den Studiengängen erhielt man durch das Numerus-clausus-Prinzip mit entsprechenden Abiturnoten (z. B. in Deutschland), durch den positiven Abschluss einer schulisch erworbenen allgemeinen Zugangsberechtigung (z. B. Österreich, Belgien, Deutschland) oder über additionale nationalspezifische bzw. hochschulinterne Zugangsprüfungen (z. B. Finnland) (Haug/Kirstein/Knudsen 1999, 35 f.). Die Qualitätssicherung im europäischen Hochschulraum war zum Teil überhaupt nicht vorhanden (z. B. Großbritannien und die Niederlande) oder fand in sehr stark differierenden Ausprägungen statt (z. B. Spanien) (Haug/Kirstein/Knudsen 1999, 36 f.).

Die Leistungsbewertung an den Hochschulen wurde ebenfalls in sehr unterschiedlichen Formen durchgeführt. Entweder hatte eine Implementierung eines nationalen Credit-Systems noch gar nicht stattgefunden (z. B. Österreich, Dänemark, Griechenland) oder es war schon teilweise bzw. vollständig in den Hochschulprozess integriert (z. B. Schottland, Schweden) (Haug/Kirstein/Knudsen 1999, 38).

Die Divergenzen in der Strukturierung des Studienjahres waren zum Teil auch auf nationale, kulturelle und soziale Traditionen zurückzuführen. So war das Studienjahr teilweise in Semester, teilweise in Trimester oder in Studieneinheiten gegliedert (Eckardt 2005, 31). Studienbeitragszahlungen wurden entweder über die gesamte Studienzeit eingehoben (z. B. die Niederlande, Großbritannien) oder entfielen vollständig (z. B. Österreich, Deutschland, Griechenland, Italien) (Haug/Kirstein/Knudsen 1999, 39).

Ab Mitte der 90er Jahre hatte die Europäische Union zusätzlich verstärkt mit dem Problem steigender Arbeitslosigkeit zu kämpfen. Im Weißbuch zur allgemeinen und beruflichen Bildung (1995) postulierte die Europäische Kommission, dass „die in Zeiten stärkerer Wachstumsperioden neugeschaffenen Arbeitsplätze (...) nicht aus(reichen), um eine länger anhaltende Trendwende herbeizuführen" (Europäische Kommission 1995, 5) und deshalb „die Politik in den Bereichen Ausbildung und Lehre als wesentlicher Faktor zur Verbesserung der Beschäftigungslage und der Wettbewerbsfähigkeit (...) verstärkt werden (muss); dies gilt insbesondere für die Weiterbildung" (Europäische Kommission 1995, 2). Auf dem Weg zu einer kognitiven Wissensgesellschaft definierte die Europäische Kommission drei entscheidende Wandlungsprozesse, die die europäische Gesellschaft fundamental beeinflussen sollten und an deren Gegebenheiten sich auch die Politiken der Mitgliedsstaaten anzupassen hatten (Europäische Kommission 1995, 10 ff.):

- Die Wandlung der EU in eine Informationsgesellschaft;
- Die Globalisierung der Weltwirtschaft und
- Die Genese einer wissenschaftlich-technischen Zivilisation.

Tatsächlich waren in den damaligen Curricula der diversen Studienrichtungen kaum berufsvorbereitende Aspekte vorgesehen, „den europäischen Hochschulen war eine Vermittlung von Studierenden in den Arbeitsmarkt bisher weitgehend fremd gewesen und das Ziel einer wirtschaftlichen Ausrichtung des Studiums hatte keine Priorität besessen" (Eckardt 2005, 34).

Die Gründe für diese geringe Praxisorientierung mögen von der damals prägenden Ausbildungstradition im Sinne der neuhumanistischen Humboldt'schen Semantik bzw. der zweckfreien autonomen Bildung des Menschen im Wissenschaft und Kunst getragen gewesen sein. Bollenbeck et. al. (2007) weisen daher zu Beginn ihrer Abhandlung konkret auf den durch die Bologna-Reform verstärkten Wandel in den Bildungstraditionen hin: „Vor zweihundert Jahren drängte in Deutschland das neuhumanistische Bildungskonzept die ganz auf Nützlichkeit und Erwerbsleben ausgerichteten pädagogischen Konzepte des Philanthropismus zurück; und heute kehren solche, systemtheoretisch gesprochen entdifferenzierenden, Konzepte im Zeichen von Bologna und den ‚Anforderungen von Wirtschaft und Gesellschaft' wieder zurück" (Bollenbeck/Saadhoff 2007, 13).

Wende (2007, 111 f.) betont zudem die enorme Zunahme an Anforderungen in den individuellen Qualifikationsprofilen der wissensbasierten Industrie- und Informationsgesellschaft des späten 20. und beginnenden 21. Jahrhunderts und sieht in der Neu- bzw. Umgestaltung der universitären Strukturen auf Grundlage von Bologna einen möglichen Beitrag zur gedanklichen und kritischen Relativierung unserer Lebenswelt.

Der Bologna-Prozess kann somit als das dynamische Ergebnis einer Reihe europäischer Konferenzen, Vertragsmodulationen sowie verschiedener national- bzw. international-sozial-politischer Entscheidungen betrachtet werden, der die Etablierung eines einheitlichen europäischen Hochschulraumes bis 2010 finalisierte. Der gesamte Reformprozess basiert auf einer fakultativen Absichtserklärung von mittlerweile 47 Nationalstaaten (Stand 2012), bei welcher jegliche vertragliche Verpflichtungen im Rahmen der Europäischen Gemeinschaft entfallen (Maeße 2010, 19).

In der Bologna-Erklärung zum Europäischen Hochschulraum (1999) wird deutlich „die Schaffung des europäischen Hochschulraumes als Schlüssel zur Förderung der Mobilität und arbeitsmarktbezogenen Qualifizierung seiner Bürger(/innen) und der Entwicklung des europäischen Kontinents insgesamt“ (Europäische Bildungsminister 1999, 2) hervorgehoben.

Die zentralen Instrumente zur Umsetzung der Bologna-Reform sind neben der Implementierung der dreistufigen Studienstruktur im Hochschulbereich mit Bachelor-, Master- sowie Doktoratsabschluss, die Einführung eines Europäischen Systems zur Anrechnung von Studienleistungen (ECTS), die Entwicklung eines nationalen Qualifikationsrahmen sowie der Ausbau des externen Qualitätssicherungssystems im Hochschulbereich. Die Betonung der sozialen Komponente durch eine gezielte Verbesserung der Beteiligung von unterrepräsentierten Gruppen im Hochschulsystem nimmt erst seit dem Minister- und Ministerinnentreffen 2007 in London einen bedeutenden Stellenwert im Bologna-Prozess ein. Der Gesichtspunkt des Lebenslangen Lernens zählt seit 2009 zu einem prioritären Aspekt der Agenda des Bologna-Prozesses (Eurydice 2010, 16 ff.).

Im Zuge des Bologna-Prozesses einigten sich die europäischen Bildungsminister auf folgende Eckpunkte:

- „the adoption of a system of easily readable and comparable degrees (to promote employability and international competitiveness)
- the adoption of a system essentially based on two main cycles, undergraduate and graduate
- the establishment of a system of credits, such as in the European Credit Transfer System (ECTS system) (as a means of promoting student mobility)
- the promotion of mobility by overcoming obstacles to the effective exercise of free movement (for students access to study and training opportunities; for academics and administrators: recognition and valorization of periods spent in another European context)
- the promotion of European cooperation in quality assurance (comparable criteria and methodologies)
- the promotion of the necessary European dimensions in higher education (curricular development, inter-institutional co-operation, mobility schemes and integrated programmes of study, training and research)“ (Joint Declaration of the European Ministers of Education convened in Bologna on the 19th of June 1999).

Der Studienaufwand wird mit mindestens 180 und höchstens 240 ECTS bemessen und als erster akademischer Grad wird der Bachelor verliehen. Zudem berechtigt der erfolgreiche Abschluss des Grundstudiums die Studierenden zum Eintritt in ein weiterführendes bzw. vertiefendes Masterstudium, welches sich – abgesehen von den jeweiligen fachspezifischen Kenntnissen – vornehmlich durch die Vermittlung vertiefender spezialisierter Fähigkeiten und Fertigkeiten auszeichnet. Der zweite Zyklus umfasst im Allgemeinen 90 bis 120 ECTS. Wird auch das Masterstudium positiv beendet, so steht den Studierenden die Möglichkeit zur Aufnahme eines Doktoratstudiums offen. Durch die Promotion bzw. den Abschluss des dritten Studienzyklus wird den Studierenden die Fähigkeit zum selbstständigen wissenschaftlichen Arbeiten bescheinigt.

European Credit Transfer System (ECTS)

Die ursprüngliche Idee zur Entwicklung und Implementierung des European Credit Transfer and Accumulation) Systems an europäischen Hochschulen lag 1989 in dem Bestreben, die Anerkennung von Studienzeiten im Ausland zu vereinfachen und somit die Mobilität unter den Studierenden zu erhöhen (vgl. Europäische Gemeinschaft 2009, 7).

Das optimierte und vornehmlich studentenorientierte System wird heute „zur Akkumulierung und Übertragung von Studienleistungen, das auf der Transparenz von Lernergebnissen und Lernprozessen basiert“, verwendet und dient dazu, „die Planung, Vermittlung/Bereitstellung, Evaluation, Anerkennung/Anrechnung und Validierung von Qualifikationen bzw. Lerneinheiten sowie die Mobilität der Studierenden zu erleichtern“ (Europäische Gemeinschaft 2009, 11).

Die Höhe bzw. Berechnungsgrundlage für die Anzahl der zu vergebenden ECTS-Credits beruht immer auf dem Arbeitsaufwand[48] der Studierenden, welcher notwendig ist, die geforderten Lernziele zu erreichen. Die genaue Definition der Lernergebnisse oder jener Elemente, die die Auszubildenden nach dem erfolgreichen Abschluss des Lernprozesses zu wissen, zu verstehen und zu beherrschen haben, werden durch spezielle Deskriptoren[49] in den Referenzniveaus der jeweiligen nationalen und europäischen Qualifikationsrahmen festgelegt. Die Vergabe der Credits kann sich auf einen vollständigen Studiengang bzw. Qualifikationserwerb beziehen oder aber gesonderte Lernkomponenten wie z. B. Module, einzelne Lehrveranstaltungen, Praktika, Laborarbeiten oder Abschlussarbeiten betreffen. Für den Arbeitsaufwand bemessen an einem Jahr formalen Vollzeitlernens (akademisches Jahr) werden laut ECTS-Leitfaden (2009) (mindestens) 60 ECTS-Credits vergeben, wobei einem Credit ein Arbeitsausmaß von

48 Der Arbeitsaufwand wird im ECTS-Leitfaden (2009) als jene Zeit definiert, die die Lernenden für sämtliche Lernaktivitäten (z. B. aktive Anwesenheit in Vorlesungen, Seminaren, Vorbereitung und Durchführung von Projekten, Selbststudium, Prüfungsvorbereitung etc.) aufwenden müssen, um die erwarteten Lernergebnisse zu erreichen.

49 Die für den Bologna-Rahmen bzw. einzelnen Studienzyklen verwendenden Deskriptoren werden als Dublin-Deskriptoren bezeichnet. Sie bieten „generische Aussagen zu typischen Leistungs- und Fähigkeitserwartungen in Bezug auf Qualifikationen, die im Abschluss eines jeden Bologna-Studienzyklus verliehen werden. Sie sind nicht als Vorschrift zu verstehen; sie stellen keine Schwellen- oder Mindestanforderungen dar und sie sind nicht detailliert; ähnliche oder äquivalente Merkmale können ergänzt oder ausgetauscht werden. Die Deskriptoren sollen den Kern der gesamten Qualifikation abbilden“ (Europäische Gemeinschaft 2009, 15).

25 bis 30 Arbeitsstunden zugeteilt wird[50]. Einem Semester werden somit in der Regel 30 ECTS, einem Trimester 20 ECTS und Qualifikationen, die ein Curriculum mit dreijähriger akademischer Hochschulausbildung vorsehen, 180 ECTS zugewiesen (Europäische Gemeinschaft 2009, 11 und 17).

Um dem zuvor postulierten Grundsatz eines studentenorientierten Systems gerecht zu werden, besteht die Möglichkeit, die für einen bestimmten Studiengang vergebenen Credits auf einen anderen Studiengang zu übertragen – jedoch nur, wenn die Leistungen des Studiengangs (von welchem die Übertragung stattfinden soll) von derselben oder einer anderen Hochschule angeboten und/oder anerkannt werden. Ähnlich verhält es sich bei der Übertragung von Leistungen, die im Ausland erworben werden: Ein Transfer der Credits ist nur möglich, wenn die akademische (Heimat-)Institution die Lernergebnisse bzw. Lernabschlüsse jener ausländischen Hochschuleinrichtung anerkennt. Um die Mobilität der Studierenden weiterhin zu fördern, wird für eine vorzeitige Einigung der Partnerhochschulen in Bezug auf Anerkennung von Studienzeiten im Ausland plädiert (ebda).

Durch den Einsatz der ECTS soll in den regulären Studiengängen eine gesteigerte Transparenz der Lernprogrammatik erfolgen und eine Vereinfachung der Akkumulation von Leistungsbeurteilung erzielt werden. Auch dem erwachsenen Lernenden soll durch die Übertragung dieses Systems auf Weiterbildungsprogramme eine Möglichkeit zur Anrechnung von Qualifikationen aus anderen Lernkontexten (formal, nicht-formal, informell) ermöglicht werden. Die Hochschulen reagieren damit auf die wachsende Nachfrage zur Bereitstellung individueller Lernwege, die ganz und gar vom traditionellen Ausbildungsweg – Schulbildung, Universitäts- bzw. Hochschulbildung, Beruf – abweichen (Europäische Gemeinschaft 2009, 24).

Der nationale Qualifikationsrahmen (NQR)/Europäische Qualifikationsrahmen (EQR)

Der nationale Qualifikationsrahmen (NQR) soll jenes System darstellen, durch welches sämtliche Ausbildungsniveaus eines Staates koordiniert und analogisiert werden. Auf lange Sicht soll im Rahmen des Bologna-Prozesses eine Anbindung an den Europäischen Qualifikationsrahmen (EQR) stattfinden, um die Förderung und Realisierung von Projekten des Lebenslangen Lernens bzw. die Anerkennung von formalen und informalen Qualifikationen des nationalen und europäischen Arbeitsmarkts zu forcieren. Die genaue Struktur des NQR umfasst sämtliche staatliche Bildungs- und Qualifizierungssysteme – beginnend von der allgemeinen und der beruflichen Aus- und Weiterbildung bis hin zur Hochschulbildung und der nicht formalen und informellen Bildung.

Die Gliederung des EQRs bezieht sich auf acht Referenzniveaus, wobei „der Europäische Qualifikationsrahmen (...) keine spezifischen Qualifikationen oder Einzelkompetenzen (beschreibt), und bestimmte Qualifikationen (...) über das jeweilige nationale

50 Ein akademisches Jahr entspricht somit einem reellen Arbeitsaufwand von 1500 bis 1800 Arbeitsstunden.

Qualifikationssystem dem entsprechenden Niveau des Europäischen Qualifikationsrahmens zugeordnet werden (sollen)" (Europäische Kommission 2008, 6). Mit dem Verweis auf das Subsidiaritätsprinzip wird nochmals die Unverbindlichkeit einer einheitlichen Schaffung des NQRs und dessen Anbindung an den EQR betont (Europäische Kommission 2008, 6 ff.).

Bildungsprogramme (ab 2014)

Dem Lebenslangen Lernen als essentiellem Element der europäischen Hochschulkultur wurde bis zum Minister/innentreffen in Prag (2001) kaum Bedeutung zugemessen (vgl. EHEA Ministerial Conference 2012). Die vereinbarten Maßnahmen zur Förderung der Programme des Lebenslangen Lernens werden durch parallele Handlungen, wie z. B. „improving the recognition of prior learning, including non formal and informal learning; creating more flexible, student-centred modes of delivery; and widening access to higher education", unterstützt (ebda).

Die Laufzeit des aktuellen EU-Bildungsprogramm des Lebenslangen Lernens wird mit 31. Dezember 2013 beendet, es werden jedoch schon zahlreiche Vorbereitungen seitens der nationalen Behörden und der europäischen Union zur Gestaltung eines Nachfolgeprogramms getroffen. So führte die Europäische Kommission im Zeitraum von September bis November 2010 ein öffentliches Kolloquium zur Gestaltung möglicher Nachfolgeprogramme der beruflichen und allgemeinen Bildung durch.

Die Herausforderungen für die 47 Signatarstaaten im Bereich der European Higher Education Area (EHEA) haben sich in den letzten Jahren intensiviert und die Implementierung bzw. Umsetzung der Bologna-Reformen hat sich durch die vielfältigen nationalen Kontexte unterschiedlich schnell vollzogen. In nahezu allen Ländern werden nach wie vor Langzeitstudien offeriert, vornehmlich sind das jene Ausbildungen, die durch eine gesetzliche Mindeststudienzeit (5 bis 6 Jahre) geregelt sind, z. B. Medizin, Zahnmedizin, Pharmazie, Architektur, Veterinärmedizin oder Rechtswissenschaften. Diese Studiengänge werden nicht in die gestufte dreiteilige Studienstruktur überführt, die Studienleistungen und der Studienaufwand werden jedoch nach dem ECTS-Schema bewertet (vgl. Österreichischer Wissenschaftsrat 2009, 234).

Inwiefern sich jene Maßnahmen und Reformen als große Bereicherung erweisen werden oder ob sie schon jetzt zum Scheitern verurteilt sind, ist bis jetzt nur unter Berücksichtigung bestimmter Prämissen vorauszusagen. Fest steht jedoch, dass die Reaktionen und Einschätzungen in der zuweilen recht emotional geführten Diskussion, bezüglich der neuen Studienstruktur, bei den betroffenen Mitgliedern der Community, als auch in der Öffentlichkeit höchst ambivalent ausfallen (vgl. Brinek 2010, 13). Auf der einen Seite ist die Rede vom Tod des Humbold'schen Bildungsideals (Bollenbeck/ Saadhoff 2007, 19) und der neuen Universität als „kommerzialisierte(m) Dienstleistungsunternehmen" (Maeße 2010, 9), auf der anderen Seite wird auf den positiven Nutzen der Stärkung der Wettbewerbsfähigkeit der Bildungseinrichtungen im internationalen Kontext verwiesen und die Globalisierung der Hochschulen als Antriebsmotor für Innovation und Differenzierung (vgl. Schily 2007, 59 f.) genannt.

Die Steigerung der Mobilität stellt ein explizites Ziel bei der Harmonisierung des europäischen Hochschulraumes dar. Daraus lassen sich auch viele der anderen Maßnahmen – z. B. die Einführung der ECTS als Methode zur besseren Vergleichbarkeit von Abschlüssen und Leistungen – ableiten (vgl. Schäfer 2010, 93). In der Praxis jedoch mutieren die (noch immer) vorhandenen Probleme bei der Anerkennung von ausländischen Studienleistungen, die Angst vor Studienzeitverlust und konkrete Finanzierungsprobleme von Auslandsaufenthalten zu unüberwindbaren Hürden und Mobilitätshemmnissen (vgl. Meyer auf der Heyde 2010, 69 ff.).

Kritisch betrachtet werden muss auch die Tatsache, dass sich die Förderung der Mobilität bis jetzt nur auf die am Bologna-Prozess beteiligten Staaten konzentrierte. Im Sinne einer Stärkung der Konkurrenzfähigkeit europäischer Hochschulen muss Mobilität jedoch global gedacht werden, was nur durch eine tatsächliche Öffnung der Hochschulen bzw. dem Abbau der Mobilitätshemmnisse für internationale Studierende zu bewerkstelligen wäre (vgl. Schäfer 2010, 96).

Die Bologna-Reform ist die umfassendste und weitreichendste Studienreform der vergangenen Jahrzehnte: Die Absichten der Bologna-Deklaration gelten im Allgemeinen (1) der Stärkung und Vernetzung des europäischen Kontinents und (2) der Entwicklung des europäischen Forschungsraums; im Speziellen (3) der Förderung der Mobilität der Studierenden, (4) der zukünftigen arbeitsmarktbezogenen Qualifizierung der europäischen Arbeitnehmer- und Arbeitnehmerinnen sowie (5) der Stärkung der europäischen Wettbewerbsfähigkeit der Hochschulen im internationalen Kontext (vgl. Druwe 2010, 105).

9. Interkulturelle Pädagogik

9.1 Vergleichende Erziehungswissenschaft und Interkulturelle Pädagogik

Lange befasste sich die Vergleichende Erziehungswissenschaft nicht mit Bereichen der Interkulturellen Pädagogik. Man verstand sich weder in Deutschland, noch in Österreich als Einwanderungsland, weshalb man im Unterschied zu jenen Ländern, die im Rahmen der Dekolonisierung einstiger Gebiete schon sehr früh begonnen hatten, sich mit den Problemen der Migration im Zusammenhang mit dem Erziehungs- und Bildungsbereich auseinanderzusetzen, keinerlei diesbezüglichen Handlungsbedarf sah. Langsam begann sich auch hierzulande Interesse an diesem Phänomen zu entwickeln. Während sich die Vergleichende Erziehungswissenschaft auch weiterhin eher peripher mit der kulturellen, sprachlichen und ethnischen Heterogenität innerhalb eines Landes befasste, begann sich die Interkulturelle Pädagogik als Disziplin neben der erziehungswissenschaftlichen Vergleichsforschung zu etablieren. Obwohl es sehr viele Berührungspunkte gibt, befassen sich nun zwei Teildisziplinen mit der Internationalisierung der Bildung und Erziehung – die Vergleichende Erziehungswissenschaft mit Blick auf internationale Entwicklungen und die Interkulturelle Pädagogik mit Konzentration auf innerstaatliche Entwicklungen (vgl. Krüger-Potratz 2005). Auf Letztere sei nun auch ein kurzer Blick geworfen.

9.2 Migration und ihre Ursachen

„Eine Gruppe, die keine ist"[51]

„Fremde Deutsche", „Allochthone", „Menschen ausländischer Herkunft", „Deutsche Ausländer", „Menschen multikultureller Herkunft", „Mitglieder von Migrationsfolgegenerationen", „Schwarze Deutsche", „Ausländische Inländer", „Zweite (fünfte etc.) Ausländerinnen-Generation", „Deutsche nicht-deutschen Aussehens", „Ethnische Minderheitenangehörige", „Deutsch-Türkin (-Italienerin, -Inder)" oder „Menschen, für die ein transnationaler Migrationshintergrund auf der Ebene von Selbstverständnis und Fremdbeschreibung bedeutsam ist" – wie soll die interessierende Personengruppe bezeichnet werden?

Jede Bezeichnung ist in ihrer Art (un)angemessen, weil sie (nur) bestimmte Aspekte fokussiert und als Bezeichnung die phänomenale oder explanative Signifikanz des Gesichtspunktes suggeriert.

Mit der Bezeichnung „Andere Deutsche" wollten wir Erfahrungen und Lebenssituationen von Menschen in den Blick nehmen, die in Deutschland leben, aber keine konventionelle „deutsche Geschichte" aufweisen, weil sie zwar in Deutschland aufgewachsen sind, jedoch als Fremde angesehen werden.

---

51 „Je nach Staatsangehörigkeit und Geburtsland bzw. dem Geburtsland der Eltern gibt es verschiedene Möglichkeiten, Bevölkerungsgruppen mit ‚Migrationshintergrund' oder ‚ausländischer Herkunft' zu bestimmen:

- Ausländerinnen und Ausländer
  Als ‚Ausländer/-innen' werden alle Personen bezeichnet, die keine österreichische Staatsbürgerschaft haben. Zum Stichtag 1. Jänner 2011 traf dies auf etwas weniger als 928.000 Einwohner/-innen Österreichs zu.
- Im Ausland geborene Bevölkerung
  Die Herkunft der Person lässt sich auch anhand ihres Geburtsortes definieren. Dieses ist im Gegensatz zur Staatsangehörigkeit, die zum Beispiel durch Einbürgerung gewechselt werden kann, ein unveränderliches Merkmal. Am 1. Jänner 2011 lebten in Österreich rund 1,316 Millionen Menschen mit ausländischem Geburtsort. Dies waren 15% der Gesamtbevölkerung. 60 % der im Ausland Geborenen besaß einen ausländischen Pass, während rund 40 % bereits eingebürgert waren, also die österreichische Staatsangehörigkeit erlangt hatten.
- Bevölkerung mit Migrationshintergrund
  Internationalen Definitionen zufolge umfasst die ‚Bevölkerung mit Migrationshintergrund' alle Personen, deren Eltern im Ausland geboren sind, unabhängig von ihrer Staatsangehörigkeit. Im Durchschnitt des Jahres 2010 lebten rund 1,543 Millionen Menschen mit Migrationshintergrund in Österreich (18,6 % der Gesamtbevölkerung). Darunter gehören rund 1,139 Millionen der ‚ersten Generation' an, da sie selbst im Ausland geboren wurden und nach Österreich zugezogen sind. Die verbleibenden knapp 404.600 Personen sind in Österreich geborene Nachkommen von Eltern mit ausländischem Geburtsort und werden daher auch als ‚zweite Migranten- und Migrantinnengeneration' bezeichnet" (STATISTIK AUSTRIA 2011, 20).

Andere Deutsche sind Menschen, die ihre Lebensmitte in Deutschland haben, hier genügsam und maßlos sind, hier ihre Ausbildung absolvieren und erwerbslos sind, die in Deutschland wichtige Bezugspersonen haben, in Deutschland um ihre Vergangenheit, ihre Gegenwart und Zukunft wissen, hier essen, lieben und streiten, ängstlich und zuversichtlich sind, mithin all das machen, was Menschen an dem Ort machen, an dem sie ihre Lebensmitte haben, die aber soweit von einem fiktiven, prototypischen Bild des oder der Standard-Deutschen abweichen, dass sie als zu weit abweichend und folglich nicht legitim zugehörig wahrgenommen und behandelt werden.

Diese Abweichung, diese Konstruktion des Unterschiedes, entsteht in den diskursiv nahe gelegten Diagnosen der anderen und vermittelt über dieses Wahrnehmungs-Urteil, auch in den (Selbst-)Verständnissen derer, die abweichen. Hinzu zu fügen ist, dass die „anderen Deutschen" Teil des Diskurses sind, der sie zu „Anderen" macht.

Quelle: Mecheril 2003a, 2 f.

> „Migration ist eine allgemeine Sammelbezeichnung für den Umstand, dass Personen für einen längeren oder unbegrenzten Zeitraum einen früheren Wohnort verlassen haben und in der Gegenwart in einem anderen Land als ihrem Herkunftsland leben. Diese Verwendung des Begriffs ‚Migration' schließt deutlich die Wohnortveränderung innerhalb eines Staates aus und bezieht sich auf den internationalen Charakter von Migration" (Hamburger 2005, 12).

Diese ist ein universelles Phänomen, es ist kein nationales[52]. Im Begriff „Migration" sind die Dimensionen Raum, Zeit und Sozialität in spezifischer Weise enthalten, dadurch können Migrationen spezifiziert werden[53] (vgl. Hamburger 2009, 14 f.).

52 2012 lebten 970.541 Menschen ausländischer Staatsangehörigkeit in Österreich. Dies entsprach einem Anteil von 11,5% an der Gesamtbevölkerung (vgl. STATISTIK AUSTRIA 2012).
232 Millionen Menschen leben nach Angaben der UNO zu Zeit außerhalb ihres Heimatlandes. Die meisten Ausländer und Ausländerinnen halten sich demnach mit 45,8 Millionen in den USA auf. Danach folgen Russland mit 11 Millionen und Deutschland mit 9,8 Millionen (vgl. Die Zeit vom 12.9.2013).

53 „Für das Verständnis des individuellen Sinnzusammenhangs wie auch der sozialen Bedeutung von Migration ist zunächst der Wanderungsgrund von Bedeutung. Während man begrifflich relativ klar zwischen erzwungener und freiwilliger Wanderung unterscheiden kann, ist die Wirklichkeit der Migrationsursachen auf einem Kontinuum zwischen den Polen ‚gewaltsam erzwungene Wanderung' und ‚freiwillige Mobilität' verteilt. Der weitere Verlauf des Migrationsprozesses hängt auch davon ab, ob das Handeln des Migranten auf die Erreichung bestimmter Migrationsziele ausgerichtet ist oder ob er sich nur an den Gelegenheiten, die sich ihm bieten, orientiert" (Hamburger 2009, 15). Das Phänomen der Migration kann nur greifbar gemacht werden, wenn die Einwanderung und die Auswanderung gleichermaßen berücksichtigt werden.

Gründe, die Menschen bewegen, ihre Heimat zu verlassen und sich in einem anderen Land niederzulassen, sind vielfältig. Naturkatastrophen, Hungersnöte, Kriege oder die Zerstörung der natürlichen Lebensgrundlagen können ebenso Ursachen sein, wie wirtschaftliche Not, Arbeitslosigkeit und Armut verbunden mit totaler Hoffnungslosigkeit. Dazu kommen Menschen, die aus politischen oder religiösen Gründen aus ihrem Heimatstaat flüchten. Die Zahl der Flüchtlinge, die aus den genannten Motiven fliehen, wird in den nächsten Jahrzehnten weiter ansteigen (vgl. Hamburger 2009, 16)[54]. Außerdem wird sich die weltweite Migration auch als Folge des Globalisierungsprozesses verstärken, da ein globaler Arbeitsmarkt entsteht.

Es wird heute nicht mehr von „ausländischen" Kindern, Jugendlichen oder Familien gesprochen, sondern man bezeichnet sie als Menschen mit „Migrationshintergrund" oder mit „Migrationsgeschichte". Dadurch wird ein Bezug zu den Biographien der Be-

54 Die Gründe für eine Aus- bzw. Einwanderung in ein anderes Land variieren demnach. Prinzipiell unterscheidet man zwischen Migranten und Migrantinnen und Flüchtlingen. Die jeweiligen Definitionen und Bestimmungen der Genfer Flüchtlingskonvention schaffen hierbei internationale Richtlinien (vgl. UN Refugee Agency 2013).
Als Migranten und Migrantinnen (auch Wirtschaftsflüchtlinge oder Wirtschaftsmigranten und -migrantinnen) werden dabei jene Menschen bezeichnet, die ihr Heimatland freiwillig verlassen haben. Die Hauptintention dabei ist meist die Verbesserung der persönlichen Lebensqualität (vgl. UN Refugee Angency 2013).
Flüchtlinge dagegen sind laut Genfer Flüchtlingskonvention Personen, „die sich aus begründeter Furcht vor Verfolgung wegen ihrer Religion, Nationalität, Zugehörigkeit zu einer bestimmten ethnischen oder sozialen Gruppe oder wegen ihrer politischen Überzeugung auserhalb (sic!) ihres Landes befinden und den Schutz dieses Landes nicht in Anspruch nehmen können oder wegen dieser Befürchtungen nicht in Anspruch nehmen wollen" (Staatssekretariat für Integration 2013). Kommen diese Menschen nun in ein fremdes Land, müssen sie dort um Asyl ansuchen. Dies gewährt ihnen Schutz vor Verfolgung. Bis dieses Verfahren abgeschlossen ist, werden sie als Asylwerber- und -werberinnen bezeichnet. Ergibt das Verfahren einen positiven Bescheid, dann sind sie Asylanten bzw. sogenannte Konventionsflüchtlinge. Sie dürfen dann dauerhaft in Österreich bleiben und sind den Österreicher und Österreicherinnen prinzipiell gleichgestellt (Staatssekretariat für Integration, 2013).
Asylanten sind Personen, die als Asylsuchende oder Flüchtlinge eine neue Heimat in der Aufnahmegesellschaft suchen. Auch dabei wird differenziert. Flüchtlinge werden als schutzbedürftige Menschen angesehen und weitgehend willkommen geheißen, während die Asylanten als Belastung empfunden werden, von denen auch nicht kalkulierbare Gefahren ausgehen (vgl. Ling 1983, 36). Karg sieht in Asylanten außerdem Menschen, die sich weitaus weniger anpassungswillig erweisen, als etwa Einwanderer oder Gastarbeiter (vgl. Karg 1987). Sie weigern sich gemäß dieser Sichtweise nämlich, ihre Ursprungsidentität aufzugeben und lehnen die Versuche der Mehrheitsgesellschaft zu einer verstärkten Integration ab. Zwar werden die ökonomischen Anreize des Gastlandes ebenso gerne in Anspruch genommen, wie die Lebensmöglichkeit in Freiheit und Sicherheit. Als neue Heimat wird diese allerdings nicht akzeptiert.
Als subsidiär Schutzberechtigte werden jene Menschen bezeichnet, die nicht die Vorlagen der Genfer Flüchtlingskonvention erfüllen, aber aus Gründen wie Krieg, Unruhe oder Folter ihr Heimatland verlassen mussten. Dadurch wird ihr Asylantrag abgelehnt, sie sind also keine Asylberechtigte. Angesichts der oben genannten Gründe haben sie aber einen befristeten Schutz vor einer Abschiebung (vgl. Staatssekretariat für Inneres 2013; UN Refugee Agency 2013).
Hierbei wird zwischen Migranten und Migrantinnen der ersten und Zuwanderern und Zuwanderinnen der zweiten Generation unterschieden. Erstere sind Personen, die im Ausland auf die Welt gekommen sind. Jene der zweiten Generation sind Kinder, deren Eltern zugewandert sind, aber selbst im Inland geboren wurden (vgl. Staatssekretariat für Inneres 2013).

troffenen hergestellt, mit all ihren Erfahrungen, Lebensformen und Geschichten. Nicht die Nationalität ist mehr das entscheidende Kriterium. Auch wird immer öfter von Kindern mit „Migrationserfahrung“ gesprochen, da sich die Population dahingehend verändert hat, dass die zu beschulenden Kinder und Jugendlichen zu einem großen Teil keine eigene Migrationsgeschichte mehr haben, vielfach in Österreich oder Deutschland geboren sind und auch hier aufwachsen (vgl. Furch 2009, 13). Wie lange man von einem Migrationshintergrund sprechen kann und wem die Entscheidung obliegt, wann jemand keine Migrationsgeschichte mehr hat, ist allerdings ungeklärt. Mecheril (2000, 13) verwendet sogar den Terminus „Migrationsgezeichnete“ und hinterfragt, über welchen Zeitraum und mit welchen Folgen die Gesellschaft Menschen, die zugewandert sind, Merkmale des Andersseins zuweist. All dies führt nämlich zu einer Kategorisierung von Personen, und es ist fraglich, ob dies in einer solchen Form notwendig ist. Für die pädagogischen Bereiche und die Arbeit mit Kinder und Jugendlichen bzw. auch für die Erwachsenenbildung sind jedenfalls andere Dinge wichtig, wie etwa sprachliche Fertigkeiten, der soziale Hintergrund, Bildungsabschlüsse oder Traditionen.

9.3 Historische Entwicklungslinien der Migration

Seit dem Ende des Zweiten Weltkrieges kam es in Deutschland und Österreich zu einer massiven ethnischen und kulturellen Pluralisierung der Bevölkerung. Beide Länder zählen heute in der EU zu jenen mit der höchsten Zuwanderungsquote.

„Gastarbeiter und Gastarbeiterin“ war eine Bezeichnung für jene Arbeitskräfte, die ab Mitte der 50er Jahre bis Anfang der 70er Jahre aus den Mittelmeerländern und der Türkei angeworben wurden, da die florierende Wirtschaft Arbeitskräfte benötigte[55] (vgl. Bauer 2008, 3 ff.). In den Jahrzehnten nach Kriegsende wäre das „Wirtschaftswunder“ unmöglich gewesen, wenn nicht ständig arbeitswillige und -fähige Migranten und Migrantinnen eingeströmt wären (vgl. Holzbrecher 2004, 49). Der Name „Gastarbeiter“ impliziert, dass die Aufnahmegesellschaften einen längeren Aufenthalt oder gar endgültigen Verbleib dieser Menschen nicht wollten. Das Prinzip bestand darin, dass die Männer und Frauen, welche damals in großer Zahl nach Deutschland und Österreich strömten, nach Erfüllung ihrer Aufgabe bald wieder in ihre Herkunftsländer und zu ihren Familien zurückkehren und bei Bedarf durch neue Arbeitskräfte ersetzt werden sollten. Dieses Konzept funktionierte allerdings nicht wie geplant, denn schon in den 70er Jahren ließen sich „Gastarbeiter und Gastarbeiterinnen“ dauerhaft in Österreich und Deutschland nieder (vgl. Bauer 2008, 5 f.). Die dadurch entstandenen gesellschaftlichen Veränderungen durch diese Einwanderung wurden von der Politik der damaligen Zeit weitgehend ignoriert. Schulpflichtige Kinder aus Gastarbeiter-Familien gab es nur wenige, weshalb von der Bildungspolitik und der Schulverwaltung kein spe-

55 In den 50er Jahren machte sich auch in Österreich dank der florierenden Wirtschaft ein Arbeitskräftemangel bemerkbar. Zur Behebung wurden ab 1961 Arbeiter und Arbeiterinnen aus Südeuropa für die Bauwirtschaft angeworben. Es gab ein Abkommen, welches mit Spanien, der Türkei und dem damaligen Jugoslawien eingegangen wurde (vgl. Bauer 2008, 3 ff.).

zieller Handlungsbedarf gesehen wurde, um diese mit besonderen Maßnahmen in den Schulen zu integrieren.

Das Jahr 1974 markierte einen ersten Wendepunkt in der österreichischen und teilweise auch deutschen Einwanderungspolitik. Durch die internationale Erdölkrise, eine darauf folgende wirtschaftliche Rezession und die Tatsache, dass viele im Ausland tätige Österreicher bzw. Österreicherinnen und Deutsche in ihre Heimat zurückkehrten, kam es zu einem verstärkten Wettbewerb am Arbeitsmarkt. Ein Anwerbestopp der „Gastarbeiter und Gastarbeiterinnen" war die Folge. Dieser Stopp hatte allerdings einen völlig unerwarteten Nebeneffekt. Die Zahl der ausländischen Beschäftigten ging zwar zurück, aber dieser Anwerbestopp und die fehlende Rückkehroption veranlassten viele Gastarbeiter und Gastarbeiterinnen zu einer Verlängerung ihrer Aufenthaltsdauer und zum Nachholen ihrer Familien. Da die meisten nun endgültig blieben, erhöhte sich auch der Anteil der Kinder und Jugendlichen, womit sich erstmals das Problem der Integration einer größeren Anzahl ausländischer Kinder und Jugendlicher ins österreichische und deutsche Bildungs- und Berufsausbildungssystem auftat (vgl. Bauer 2008, 6).

Im Laufe der Zeit gab es weitere Immigrationswellen. Besonders zwischen 1989 und 1993 stieg die Zahl der Zuwanderung weiter an. So kamen etwa Tausende Aussiedler und Aussiedlerinnen deutscher Volkszugehörigkeit hauptsächlich aus der ehemaligen Sowjetunion nach Deutschland (vgl. Bundeszentrale für politische Bildung 2012). Weitere Gründe für eine verstärkte Zuwanderung waren „der Fall des Eisernen Vorhangs, die Kriege und Vertreibungen im ehemaligen Jugoslawien, in Afghanistan und Tschetschenien sowie eine erhöhte Nachfrage nach ausländischen Arbeitskräften als Folge der Hochkonjunktur der frühen 90er Jahre" (Bauer 2008, 6). Seit 1999 fand eine entscheidende Veränderung in der Zusammensetzung der Flüchtlingspopulation statt. Lange stellten nicht-europäische Migranten und Migrantinnen im Vergleich zu den europäischen eine Minderheit dar, seit der Jahrtausendwende kehrte sich dieses Verhältnis aufgrund einer Vielzahl von weltweiten politischen Konfliktzonen um[56] (vgl. Bauer 2008, 6 ff.).

9.4 Verschiedene pädagogische Ansätze zur Interkulturalität

In Österreichs und Deutschlands Klassenzimmern befanden sich aufgrund verstärkter Mobilität und Migration nach und nach nicht mehr nur Schüler und Schülerinnen österreichischer bzw. deutscher Herkunft und mit deutscher Erstsprache, sondern es war eine Vielzahl an Herkunftssprachen und kulturellen Lebensformen vorzufinden. Zu beobachten war ein zunehmender Pluralismus in einer Gesellschaft, was die Frage aufwarf, wie das Bildungswesen mit dieser Situation umgehen sollte. Relativ homogene Klassen gehörten der Vergangenheit an, da die Schüler und Schülerinnen vielfältiger waren als jemals zuvor.

56 Zwischen 1997 und 2002 gab es einen neuerlichen Anstieg der Asylanträge in Österreich. Im Juli 2004 erreichte die Anzahl ausländischer Beschäftigten zudem einen neuen Höhepunkt und 2003 ermittelte die STATISTIK AUSTRIA einen neuen „Einbürgerungsrekord" (ebda).

Die Antwort war eine neue Pädagogik, die sich auf die veränderten gesellschaftlichen Bedingungen besser einstellte. Sie entwickelte sich in einzelnen Schritten und hat sich heute als „Interkulturelle Pädagogik“ etabliert.

9.4.1 Ausländerpädagogische Ansätze

Wolfgang Nieke (1986) unterscheidet drei Phasen im Rahmen der Entwicklung zur interkulturellen Pädagogik. Die erste Phase in den 70er Jahren stand im Zeichen der Ausländerpädagogik[57], die vorerst auf Assimilierung der „ausländischen“ Kinder abzielte (vgl. Nohl 2010, 22). Ausländerpädagogische Ansätze umfassen kompensatorische und/oder assimilatorische, sowie differenz- und defizitorientierte Konzepte und sind in ihren Maßnahmen auf aus dem Ausland zugewanderte Kinder und Jugendliche ausgerichtet. Implizit wird davon ausgegangen, dass diese herkunftsbedingt sowohl sprachliche, als auch kulturelle Defizite aufweisen, die es auszugleichen gilt, damit sie erfolgreich am Unterricht teilnehmen können bzw. sich generell an Bildungsangeboten beteiligen können. Im Zentrum stehen die Schüler und Schülerinnen mit Migrationshintergrund und deren „Defizite“ im Vergleich zu den Einheimischen (vgl. Krüger-Potratz 2005, 121 f.).

Die Position der „Einheimischen“ wird aus dem Blickfeld verbannt, gleichzeitig jedoch zum Maßstab erhoben, an dem jedes Anderssein gemessen und als defizitär gesehen wird. Die ausländerpädagogischen Programme sind so konzipiert, dass die Zugewanderten lernen (sollen), den Maßstab der „Normalitätsvorstellungen“ als „gegeben“ und für sie geltend zu akzeptieren. Sie sollen sich diesen Vorgaben annähern und das Ziel der Anpassung verfolgen (vgl. Barkowski 2008, 22). Ausländerpädagogische Ansätze beruhen auf Eindrücken, Vermutungen und Zuschreibungen. Die Unterschiedlichkeit der Zielgruppe wird als gegeben und im Endeffekt als unaufhebbar beschrieben. Indikator für die „Messung von Fremdheit“ ist das „Normalitätsverständnis“ der Mehrheitsgesellschaft, die (obwohl nicht den Tatsachen entsprechend) als ethnisch, kulturell und sprachlich homogen definiert wird (vgl. Krüger-Potratz 2005, 136.).

Die „Ausländerpädagogik“ hatte zusammengefasst folgende Merkmale:

- Migranten und Migrantinnen, Flüchtlinge und ihre Familien werden als Ausländer und Ausländerinnen angesehen und niemals als Inländer und Inländerinnen.
- Ziel der Programme ist die assimilierende Integration der sogenannten Ausländer und Ausländerinnen und dazu werden Angebote organisiert (Deutschkurse, Sozialberatung, Vorbereitungsklassen).
- Qualität der „ausländerpädagogischen Maßnahme“ wird an dem erfolgreichen Mittun im vorgegebenen einsprachig und monokulturell ausgerichteten Bildungs- und Ausbildungssystem bemessen. Eine Veränderung des Systems wird nicht erwogen.

57 „Ausländerpädagogik“ war eine Einheitsvorstellung für eine Vielzahl von schulischen Praktiken, mit denen auf ein neues und als problematisch wahrgenommenes Klientel reagiert wurde (vgl. Diehm/Radtke 1993, 135).

- Kulturelle Eigenausdrücke der nicht-autochthonen Minderheiten werden zugelassen, solange sie den Assimilierungseffekt nicht nachhaltig behindern. Andersartigkeit wird als etwas wahrgenommen, wozu man besser Distanz hält.
- Der Ausländerpädagogik wird ein Modell von dominanter Mehrheitskultur und anzupassenden Minderheiten impliziert. Es gibt die Betreuungsverhältnisse, in denen die Ausländer und Ausländerinnen als Objekte der Fürsorge und Förderung vorkommen, nicht aber als Subjekte gesellschaftlicher Partizipation und individueller Emanzipation (vgl. Barkowski 2008, 32).

Überblick über die Bildungskonzepte der Ausländerpädagogik

1. „Rotation"
Das Rotationsprinzip wurde auf der Basis konzipiert, dass man davon ausging, die Gastarbeiter und Gastarbeiterinnen würden nach einigen Jahren der Arbeit im Ausland wieder in ihre Heimat zurückkehren. Daher bot man einen segregierenden Unterricht in speziellen Klassen für die Kinder der ausländischen Arbeiter und Arbeiterinnen an, um sie auf die Rückkehr in das Heimatland vorzubereiten.
2. „Integration"
Beim Integrationskonzept ging man davon aus, dass die ausländischen Arbeiter und Arbeiterinnen in Deutschland sesshaft werden würden. Daher wollte man den Kindern eine schnelle Einschulung in Regelklassen ermöglichen.
3. „Option für Integration oder Rückkehr"
Das Optionsmodell verfolgt eine Doppelstrategie, die zum einen die Möglichkeit zur Rückkehr, zum anderen aber auch die der Integration anbietet. Ziel ist es, dabei zu unterstützen, dass die Kinder mit Migrationshintergrund ihre kulturelle Identität bewahren bzw. stärken können, allerdings auch in die Schule eingegliedert werden. Dafür bietet die Schulpolitik „zeitlich begrenzte Vorbereitungsklassen, muttersprachlichen Unterricht auch nach der Überweisung in deutsche Regelklassen sowie dauernde Unterrichtung über die Geschichte, über die Kultur und die gegenwärtige Entwicklung des Herkunftslandes" an.

Quelle: Prengel 1995, 66 f.

Dem Wirtschaftsboom der Nachkriegsjahre folgte – wie erwähnt – eine wirtschaftliche Rezession, von der besonders die schlecht ausgebildeten ausländischen Arbeitnehmer und Arbeitnehmerinnen betroffen waren. Erstmals wurde auch deutlich, dass Kinder mit Migrationshintergrund nicht nur eine Reihe von gesellschaftlichen Nachteilen in Kauf zu nehmen, sondern zudem häufig mit massiven schulischen Problemen zu kämpfen hatten. Die Methoden der Ausländerpädagogik erwiesen sich als weitgehend erfolglos. Zwei Drittel der Schüler und Schülerinnen mit Migrationshintergrund erwarben keinen schulischen Abschluss. Dies führte zu ihrer verstärkten gesellschaftlichen Marginalisierung und häufiger Arbeitslosigkeit. Die Vorbereitungsklassen mit verstärktem Deutschunterricht, die ursprünglich temporären Charakter haben sollten, entwickelten sich bald als „Dauereinrichtungen", was zu einer nicht beabsichtigten Trennung von deutschsprachigen Schülern und Schülerinnen führte (vgl. Diehm/Radtke 1993, 135 ff.). Häufig wurden Kinder und Jugendliche als „Problem" für das Regelschulwesen gesehen (ebda), was durch ein Abschieben der Betroffenen in Haupt- und Sonderschulen „gelöst" wurde. Meist waren es allerdings sprachliche Defizite, die den Schülern und Schülerinnen mit Migrationshintergrund ein Mitkommen im Unterricht erschwerte. Nur selten lag eine Intelligenzschwäche vor. Außerschulische Jugend- und Sozialarbeit begann sich nun direkt auch auf diese Zielgruppe hin auszurichten und deren Bildungsbiographie samt beruflichem Werdegang wurde zu einem bildungspolitischen Thema (vgl. Nieke 1986, 8 f.).

Da Deutschland, aber auch Österreich von Beschäftigungsländern für ausländische Arbeitnehmer und Arbeitnehmerinnen de facto zu Einwanderungsländern geworden waren, erhielt auch die Migrationsforschung einen wichtigen Stellenwert. Langsam begann sich das Konzept einer interkulturellen Bildung und Erziehung zu entwickeln und man fing an, sich an Ländern mit langer Zuwanderungstradition, wie etwa Kanada, Australien, aber auch den USA zu orientieren (ebda). Kulturelle Begegnung und wechselseitige Bereicherung in der immer multikultureller werdenden Bevölkerung wurden ebenso Themen, wie die Aufarbeitung und Bewältigung von daraus entstehenden Konflikten.

9.4.2 Schwerpunkt: Fremd- und Zweitsprache

Zudem gerieten die „Ausländer-Sonderpädagogik und die Assimilationspädagogik" mehr und mehr ins Zentrum der Kritik. Daher begann Anfang der 80er Jahre auch die zweite Phase der pädagogischen Beschäftigung mit Interkulturalität (vgl. Auernheimer 1996, 8). Schüler und Schülerinnen mit Migrationshintergrund wurden ja vor allen Dingen aufgrund ihrer mangelnden Deutschkenntnisse als defizitär wahrgenommen. Nach und nach begann die Entwicklung einer gezielten Fremd- und Zweitsprachen-Didaktik. Zugleich war man bemüht, sowohl die Integration der Betroffenen zu sichern, als sie auch bei der Beibehaltung ihrer kulturellen Identität zu unterstützen. Gezielter Förderunterricht war darauf ausgerichtet, den Lernerfolg der jungen Migranten und Migrantinnen zu begünstigten. Oft blieb dieser trotz aller Unterstützungsmaßnahmen aus, woraufhin man die „herkunftskulturell geprägte psycho-soziale Ausstattung der Kinder und ihrer Familien" (Diem/Radtke 1999, 12) dafür verantwortlich machte. Erstmals wurde auch Unterricht in der Muttersprache angeboten, allerdings auch weiterhin mit dem erklärten Ziel, eine Rückkehr der Schüler und Schülerinnen in die Herkunftsländer ihrer Eltern problemloser ermöglichen zu können (ebda).

Da es aber kaum Rückwanderung in die Herkunftsländer gab, konnte langsam ein Hineingleiten in die dritte Phase beobachtet werden, die sich der „interkulturellen Erziehung für eine multikulturelle Gesellschaft verschrieb" (vgl. Nieke 1986, 13).

9.4.3 Interkulturelle Ansätze

„Hohmann hat in einem ersten Systematisierungsversuch interkultureller Ansätze eine konfliktpädagogische und eine begegnungspädagogische Linie unterschieden" (Krüger-Potratz 2005, 136; zit. nach Hohmann 1983, 4 ff.). Konzepte und Programme der Begegnungspädagogik sind jene, die die Differenz zwischen den Kulturen als gegeben hinnehmen (oder sogar betonen) und dies vorausgesetzt, den interkulturellen Austausch und den Respekt vor der Kultur der „Anderen" fördern wollen, wobei sie in der Regel von der Vorstellung ausgehen, dass die Aufnahmegesellschaft durch die „zugewanderten Kulturen" bereichert wird. Die differenzbetonende ist in erster Linie eine Variante der ausländerpädagogischen und defizitorientierten Ansätze. Die „Kultur des Anderen/der Anderen" wird als fremd und defizitär beschrieben. Im Unterschied zu den rein ausländerpädagogischen Ansätzen wird sie aber als gleichzeitige „Bereicherung" für die „einheimische Kultur" angesehen (ebda).

Bei den unter „interkulturell" angeführten Ansätzen wird versucht, sich gegen „ausländerpädagogische" Konzepte abzugrenzen und davon ausgegangen, dass sich der Ansatz nicht an eine spezifische Zielgruppe (Migranten und Migrantinnen), sondern an alle in einer „multikulturellen" Gesellschaft wendet. Bei genauerer Prüfung des Anspruches kann man feststellen, dass dies nur für einen kleinen Teil der verschiedenen Ansätze gilt. Der Großteil ist weiterhin zielgruppenbezogen. Implizit folgt aber dennoch ein Zielgruppenwechsel: Die Ansätze zielen nämlich auch auf eine Veränderung der „Mehrheitsangehörigen" ab. Diese sollen sich Kenntnisse über die „anderen Kulturen" aneignen, Toleranz lernen, den Ethnozentrismus überwinden und/oder ihren Rassismus[58] erkennen und bekämpfen (vgl. Krüger-Potratz 2005, 136 ff.).

58 „Weltweit wird Rassismus identifiziert als Herrschaft legitimierende Ideologie, die – zumeist in versteckter Form – zu einer institutionellen Diskriminierung von Minderheiten geführt hat" (Holzbrecher 2004, 100). „Rasse" ist ein Begriff, der im deutschsprachigen Raum kaum mehr verwendet wird, da er wissenschaftlich nicht haltbar ist und als missbrauchter Terminus während der Zeit des Nationalsozialismus eine umfassende Tabuisierung erfuhr (vgl. Miles 1991, 193). Im anglophonen Raum wird nach wie vor von „race" gesprochen und damit in erster Linie Ethnie gemeint. Auch wissenschaftlich ist der Begriff „Rasse" nicht haltbar, da sich die Rassentypologien, die im 19. Jahrhundert entwickelt worden waren, als falsch erwiesen. Rassismus geht davon aus, dass sich menschliche Gruppen genetisch voneinander unterscheiden und sozial nicht denselben Wert haben. Es gibt jedoch überhaupt keine wissenschaftlichen Belege dafür, dass es höhere oder minderwertigere gesellschaftliche Populationen gibt. Auch Intelligenz, Emotionen, Motivationen und ähnliches hängen nicht von „rassisch" geprägten Unterschieden ab (vgl. Krüger-Potratz 2005, 266.
Dem trägt auch das österreichische Bundesverfassungsgesetz in Artikel 7 Rechnung, in dem festgehalten ist:

Bundesverfassungsgesetz
Artikel 7. (1) Alle Bundesbürger sind vor dem Gesetz gleich. Vorrechte der Geburt, des Geschlechtes, des Standes, der Klasse und des Bekenntnisses sind ausgeschlossen. Niemand darf wegen seiner Behinderung benachteiligt werden. Die Republik (Bund, Länder und Gemeinden) bekennt sich dazu, die Gleichbehandlung von behinderten und nichtbehinderten Menschen in allen Bereichen des täglichen Lebens zu gewährleisten.

In der wissenschaftlichen Literatur werden drei Formen Interkulturellen Lernens unterschieden, die alle von Bedeutung sind und in ihrer Gesamtheit umgesetzt werden sollen (vgl. Leeman 1994, 46 f.).

- Aus dem Blickwinkel der Mehrheitsbevölkerung richtet sich Interkulturelles Lernen an Schüler und Schülerinnen aus Migrationsverhältnissen und bietet diverse Fördermaßnahmen an, um in letzter Instanz die Ungleichheiten der Voraussetzungen ausgleichen zu können.
- Eine transkulturelle Gesellschaft wird als Ideal betrachtet, das Erlernen interkultureller Kompetenzen steht zentral. Es wird davon ausgegangen, dass Kennenlernen und Informationen über andere kulturelle Lebensformen zu gegenseitigem Respekt führen.
- Antirassistische Erziehung zeigt Missstände in der Gesellschaft auf. Diskriminierung, Rassismus und Vorurteile sollen hinterfragt und dekonstruiert werden.

Interkulturelles Lernen muss als Prozess verstanden werden muss. Es darf niemals als starrer und fixer Auftrag gesehen werden, sondern bedarf einer gewissen Flexibilität und Anpassung an immer neue Voraussetzungen, da sich auch die gesellschaftlichen und schulischen Bedingungen ständig verändern. Nur dann ist Interkulturelles Lernen sinnvoll und zukunftsorientiert.

Die Konzepte interkultureller Pädagogik werden mittels einer Tabelle folgendermaßen dargestellt:

Ähnlich ist dies in Art. 3 Satz 3 des Grundgesetzes für die Bundesrepublik Deutschland (vom 27.10.1994 BGBL 3146) formuliert.

Gemäß Leiprecht (2001, 28) ist rassistisches Verhalten eine „menschliche Reaktion auf fremde Lebensweisen (Kulturen)" die besonders dann auftritt „wenn durch die Anwesenheit von Eingewanderten der Fortbestand der Lebensweise der alteingesessenen in Gefahr" zu geraten scheint. In diesem Verständnis von Rassismus wird aber auch Kultur missbräuchlich verwendet, worauf schon Theodor Adorno (zit. in Baliba 1989, 373) hinwies, als er meinte, dass das vornehme Wort Kultur den verpönten Ausdruck ‚Rasse' ersetzt, allerdings „bloßes Deckbild für den brutalen Herrschaftsanspruch" bleibt. Kultureller Rassismus liegt vor, wenn die Unvereinbarkeit von Mehrheits- und Minderheitskulturen betont wird (vgl. Hall 1989), wobei in diesen Fällen Kultur reduziert wird auf „genetische und naturhafte Größen" (Leiprecht 2001, 29; vgl. auch Höhne 2003).

Problemsicht	Pädagogisches Konzept		Adressaten
Sprachliche und sozialisationsbedingte ‚Defizite' der Einwandererkinder	Ausländerpädagogik		‚Ausländische' bzw. ‚ausgesiedelte Kinder' (Minderheitenkinder)
‚Kulturelle Differenz' z. B. unterschiedliche Deutungsmuster, Wertvorstellungen, Rollendefinitionen, Sprachen	Interkulturelle Erziehung	Begegnungsorientierter respektive konfliktorientierter Ansatz	Alle Kinder der multikulturellen Gesellschaft
Fremdenfeindlichkeit, rassistisch motivierte Gewalt, Ausgrenzung von Minderheiten	Antirassistische Pädagogik[59]		‚Deutsche Kinder' (Kinder der Mehrheitsbevölkerung)

Quelle: Niedrig 1996, 14

Das allgemeine Ziel der interkulturellen Erziehung ist nicht mehr die Anpassung der Kinder mit Migrationshintergrund an die Mehrheitskultur wie in der Ausländerpädagogik, sondern die Vermittlung eines bewussten Miteinanders der Kulturen in einer multikulturellen Gesellschaft. Der zentrale Aspekt ist die „wechselseitige Anpassung und Beeinflussung deutscher und ausländischer, sprachlicher und kultureller Elemente" (Boos-Nünning 1976, 110). Interkulturelle Erziehung wird als die notwendige Antwort auf eine Migrationsgesellschaft und mit den daraus resultierenden Herausforderungen gesehen.

Roth fasst die Grundlagen der interkultureller Erziehung und Pädagogik wie folgt zusammen:

- Dieser speziell ausgebildete Bereich der Pädagogik bietet eine Antwort auf die Realität der multikulturellen Gesellschaft.
- Interkulturelle Pädagogik wird als offenes Handlungskonzept verstanden, das gesellschaftliche Veränderungen wahrnimmt und selbst innovative Prozesse einleiten soll.
- Ein Beitrag zur Friedenserziehung und Konfliktlösung wird geleistet.
- Interkulturelle Erziehung basiert auf einer kindzentrierten Pädagogik und ist somit subjektorientiert. Es herrscht eine Ansetzung an den spezifischen Lebensbedingungen, Erfahrungen und Bedürfnissen. Die Pädagogik hat die Aufgabe, die individuellen Voraussetzungen in die Planung miteinzubeziehen.

59 „Interkulturell" und „antirassistisch" sind (vgl. Holzbrecher 2004, 101; Lüddecke/Kloeters/Quehl 2001, 43) sich zwei überschneidende Perspektiven, die sich auf eine Handlungspraxis ausrichten. Es geht dabei um Respekt vor und Wertschätzung der Vielfalt und Streitschlichtung sowie Mediation und Repräsentation von Inter- und Multikulturalität in der Schule.

- Somit bleibt interkulturelle Erziehung erfahrungsoffen und muss sich an den Orten orientieren, an denen Menschen ihre Erfahrungen machen: in ihrer Lebenswelt.
- Vorherrschende allgemeinpädagogische Prinzipien sind: Lebensnähe, Selbsttätigkeit, Spontaneität, Berücksichtigung individueller, sprachlicher und kultureller Unterschiede.
- Alle Mitglieder einer Gesellschaft werden in die interkulturelle Erziehung miteinbezogen. Ziel ist kein beziehungsloses Nebeneinander im Sinne eines kulturellen Pluralismus, sondern Integration unter Wahrnehmung der Freiräume zur Gestaltung des jeweiligen „kulturellen Habitus" mit Begegnung und Dialog. Interkulturelle Pädagogik versteht sich als Integration und richtet sich nicht auf Assimilierung und Segregation aus. Sie richtet sich an der Integration aus, ohne Subjekte auf Objekte zu reduzieren.
- Interkulturelle Pädagogik wird als Anwältin der Mehrsprachigkeit in einer Gesellschaft verstanden.
- Interkulturelle Pädagogik ist keine Institution oder ein Schulfach, sondern wird als „ein Prinzip" begriffen, das auf verschiedenen Ebenen wirksam werden soll: Curriculum-Konstruktion, Schulorganisation, Unterrichtsgestaltung wie auch in der persönlichen Begegnung mit Schülern und Schülerinnen.
- Interkulturelle Erziehung geht von einem erweiterten Kulturbegriff aus.
- Kultureller Pluralismus wird positiv gesehen.
- Es wird von einer Begegnung mit anderen Kulturen ausgegangen, sowie von Beseitigung von Barrieren, die einer solchen Begegnung im Wege stehen und von einer Herbeiführung von kulturellem Austausch und kultureller Bereicherung.
- Interkulturelle Pädagogik ist interdisziplinär.
- Interkulturelle Pädagogik soll zu einer Verständigung einer Weltgesellschaft beitragen und ist somit eine europäische und internationale Perspektive in einer immer mehr zusammenrückenden und sich austauschenden Welt (zit. nach Holzbrecher 2004, 88 f.).

9.5 Interkulturelle Kompetenz

Interkulturelle Kompetenz ist eine Form von sozialer Kompetenz, die über jene Kompetenzen hinausreicht, die für monokulturelle Interaktionen erforderlich sind. Somit versteht sich interkulturelle Kompetenz einerseits als Sozialkompetenz in einem interkulturellen Kontext, andererseits aber auch als die Fähigkeit zur Interaktion in einem kulturfremden Umfeld (vgl. dazu auch Kumbruck/Derboven 2009, 6). „Als sozial kompetent (im interkulturellen Kontext) kann eine Person bezeichnet werden, die in der Zusammenarbeit mit Individuen aus einer fremden Kultur deren spezifische Konzepte der Wahrnehmung, des Denkens, des Führens und des Handelns erfasst und mit diesen umzugehen versteht" (Thommen 2002, 424).

Eine Person soll also nicht nur die sozialen Regeln und Normen des eigenen Kulturkreises kennen, sondern im Stande sein, das eigene Sozialverhalten aus Sicht der fremden Kultur zu betrachten und auch Bereitschaft zeigen, dieses im Anlassfall zu korrigieren. Um das erfolgreich bewerkstelligen zu können, ist allerdings das Bewusstsein über die Existenz kultureigener Verhaltensmuster erforderlich. Nur so kann man kulturbedingte Unterschiede erkennen und bewusst damit umgehen, sowie die erforderliche Flexibilität im Hinblick auf die eigenen Einstellungen, Sichtweisen und Maßstäbe aufbringen (vgl. dazu auch Kumbruck/Derboven 2009, 6). Interkulturelle Kompetenz erfordert demnach Ambiguitätstoleranz, Verhaltensflexibilität, Zielorientierung, Kontaktfreudigkeit, Einfühlungsvermögen, Polyzentrismus und metakommunikative Kompetenz (vgl. dazu Kühlmann 1995).

Bei der Vermittlung von interkultureller Kompetenz geht es keineswegs nur um das bloße Aufzeigen bestimmter kulturimmanenter Gebote und Verbote. „Stattdessen geht es um eine Sensibilisierung für die eigene kulturelle Prägung und die Befähigung, die eigenen Einstellungen zu hinterfragen. Weiterhin müssen Strategien der Auseinandersetzung mit der Eigen- und Fremdkultur entwickelt werden. (Es gilt) die Selbstreflexion der Interaktionsmuster sowie die interkulturelle Handlungsfähigkeit zu fördern" (Kumbruck/Derboven 2009, 7 f.).

Stufen der interkulturellen Kompetenz

Dominanzstreben
Man bleibt in seinen heimischen Normen und Regeln verhaftet und versucht diese anderen überzustülpen.

Divergenzstreben
Die Werteorientierung der anderen Kultur wird als wichtig erkannt, aber die divergierenden Wertesysteme können nicht miteinander in Einklang gebracht werden, und man lernt lediglich, sich in bestimmten Situationen „richtig" zu benehmen, ohne die immanente Logik der Kultur zu verstehen.

Assimilationsstreben
Das fremde Wertesystem wird internalisiert und das eigene über Bord geworfen. Somit steht es für die Interaktion mit Vertretern und Vertreterinnen der eigenen Kultur auch nicht mehr zur Verfügung.

Synthesestreben
Die wesentlichen Elemente der beiden Kulturen werden in ein neues Orientierungssystem eingebracht, so dass Maßstäbe zum Agieren in der eigenen wie in der ehemals fremden Kultur zur Verfügung stehen.

Quelle: Kumbruck/Derboven 2009, 7

9.6 Interkulturelle Bildung und Erziehung im Unterricht

Interkulturelle Bildung und Erziehung richtet sich an alle: an Kinder, Jugendliche und Erwachsene, an Lernende wie Lehrende. Sie ist kein spezielles Konzept für Bildungssituationen mit Personen mit Migrationshintergrund. Interkulturelle Bildung und Erziehung ist nicht nur in Schulen bzw. in Bildungseinrichtungen mit einer größeren Anzahl von Migrantinnen und Migranten relevant. Interkulturelle Erziehung und Bildung will vielmehr eine grundlegende Orientierung für das Leben in einer multikulturellen Gesellschaft vermitteln, und richtet sich mit ihren Angeboten daher genauso an einheimische Schüler und Schülerinnen.

Die Kultusministerkonferenz in Deutschland forderte schon 1996 vom Schulwesen die „Wahrnehmung und Akzeptanz von Differenz". Interkulturelle Kompetenz wurde als im schulischen Kontext zu vermittelnde „Schlüsselqualifikation für alle Kinder und Jugendlichen" erachtet und als Grundvoraussetzung für ein „konstruktives Miteinander" in der Gesellschaft verstanden (Bender-Szymanski 2008, 201).

Im Schuljahr 1991 wurde das Unterrichtsprinzip „Interkulturelles Lernen" erstmals in den österreichischen Lehrplänen verankert. Dieses Unterrichtsprinzip soll sich durch alle Gegenstände durchziehen und allen Lehrer und Lehrerinnen als Leitfaden dienen, anstatt sich auf einen bestimmten Gegenstand einzugrenzen. „(...) Interkulturelles Lernen beschränkt sich nicht bloß darauf, andere Kulturen kennen zu lernen. Vielmehr geht es um das gemeinsame Lernen und Begreifen, Erleben und Mitgestalten kultureller Werte. Aber es geht auch darum, Interesse und Neugier an kulturellen Unterschieden zu wecken, nicht nur kulturelle Einheit, sondern auch Vielfalt als wertvoll erfahrbar zu machen“ (vgl. Interkulturelles Lernen 2009, 1). Zum allgemeinen Bildungsziel heißt es unter anderem: „Interkulturelles Lernen soll in diesem Zusammenhang einen Beitrag zum besseren gegenseitigen Verständnis bzw. zur besseren gegenseitigen Wertschätzung, zum Erkennen von Gemeinsamkeiten und zum Abbau von Vorurteilen leisten. Querverbindungen zum didaktischen Grundsatz des sozialen Lernens und zum Unterrichtsprinzip „Politische Bildung“ einschließlich „Friedenserziehung“ sind sicherzustellen“ (ebda).

Ein eigener Unterrichtsgegenstand „Interkulturelles Lernen“ wäre vermutlich kontraproduktiv, da dadurch alle anderen Gegenstände aus der Verpflichtung genommen werden, kulturelle Vielfalt in der Klasse zu thematisieren (vgl. Fleck 2010, 145). Es reicht nämlich nicht, Interkulturelle Erziehung und Bildung „zum Gegenstand einzelner Fächer, Projekte oder Kurse zu machen, sondern sie stellt eine Schlüsselqualifikation für jede/n Einzelne/n und eine Querschnittsaufgabe in allen erziehungswissenschaftlichen Teildisziplinen und pädagogischen Tätigkeitsfeldern dar“ (Krüger-Potratz 2005, 30 f.).

Dazu müssen keine Änderungen der Lehrpläne stattfinden, sondern den Lehrern und Lehrerinnen wird die Verantwortung übertragen, bei allen Unterrichtsinhalten, die sie vermitteln, darauf zu achten, dass interkulturelle Aspekte stets berücksichtig werden (vgl. Nieke 2008, 98 ff.). Interkulturelle Bildung und Erziehung soll dabei, wenn immer möglich, als fächerübergreifendes Unterrichtsprinzip Eingang in die Schulen finden.

Die interkulturelle Erziehung muss als ein „durchgängiges Prinzip“ verstanden werden und sich als „pädagogische Grundhaltung“ durchsetzen. Es ist daher nicht ausreichend, an Schulen bei bestimmten Anlässen multikulturelle Feste zu veranstalten oder Projektwochen zu interkulturellen Themen durchzuführen. Auch Elternarbeit, individuelle Sprachförderung, Unterstützung bei der Identitätsentwicklung der Kinder und Jugendlichen, ein kompetenter Umgang mit Fremdheit und vieles mehr sind Bereiche, die den interkulturellen schulischen Alltag bestimmen (vgl. dazu auch Dietrich 2001, 60 f.).

Grundlegende Themen und Motive für interkulturelles Lernen sind:

- Verstehen des Fremden und Umgang mit Fremdheit
- Anerkennung des Anderen und dessen Identität
- „Alle anders – alle gleich“: Nichtwertender Umgang mit Differenz
- Grenzüberschreitende Verständigung in globaler Verantwortung (vgl. Holzbrecher 2004, 98).

Interkulturelle Bildung und Erziehung erfordert ein „Neudenken“ der Inhalte, der Deutungs-, Argumentations- und Handlungsmuster sowie der Einstellungen und Verhaltensweisen. „Dies bedeutet also vorrangig nicht neue bzw. zusätzliche Inhalte und Methoden, sondern die kritische Überprüfung der bisherigen Inhalte und Methoden, sowie die Überprüfung und Veränderung von Einstellungen, Denk- und Wahrnehmungsmustern, von Selbstverständlichkeiten, Gewohnheiten und professionellen Routinen"[60] (Krüger-Potratz 2005, 34).

Ziele einer interkultureller Bildung und Erziehung sind dabei folgende:

- „Erkennen des eigenen, unvermeidlichen Ethnozentrismus
- Umgehen mit der Befremdung
- Grundlegen von Toleranz
- Akzeptieren von Ethnizität; Rücksichtnehmen auf die Sprachen der Minoritäten
- Thematisieren von Rassismus
- Das Gemeinsame betonen, gegen die Gefahr des Ethnizismus
- Ermuntern zur Solidarität; Berücksichtigen der asymmetrischen Situation zwischen Mehrheit und Minoritäten
- Einüben in Formen vernünftiger Konfliktbewältigung – Umgehen mit Kulturkonflikt und Kulturrelativismus
- Aufmerksamwerden auf Möglichkeiten gegenseitiger kultureller Bereicherung
- Thematisieren der Wir-Identität: Aufheben der Wir-Grenze in globaler Verantwortung oder Affirmation universaler Humanität?" (Nieke 2008, 75).

Zusammengefasst könnte man als zentralen Punkt des Interkulturellen Lernens folgendes Lehr-Lern-Ziel sehen: „Den Anderen/Fremden in seiner Eigen-Wertigkeit und Eigen-Deutung anzuerkennen, sich selbst in Beziehung zu ihm zu sehen und vom Anderen her zu denken (….)" (Holzbrecher 2004, 107).

60 Interkulturelles Lernen wird auch durch die Öffnung von Schule begünstigt. Folgende Aktivitäten bieten sich dafür an:
- Kooperation mit internationalen Organisationen
- Mitarbeit bei der Entwicklung eines internationalen Netzwerkes gegen Rassismus
- Schüler- und Lehreraustausch
- Runder Tisch mit Vertretern z.B. aus Politik, Schule, Kirche und Wirtschaft
- Interkulturelle ‚Community Education'
- Interkulturelles Schulprogramm
- Interkulturelles/antirassistisches Curriculum
- Anti-Diskriminierungs-Schulgesetze
- Interventionsprogramm gegen Rassismus
- Schulinterne Lehrer- und Lehrerinnenfortbildung/Supervision
- Ausbau des Beratungs- und Förderangebotes
- Verstärkte Kooperation z. B. mit Eltern, Ausbildungsstätten, Polizei oder Jugendamt
- Schulsozialarbeit, Schulpsychologische Beratungsstelle
- Anhebung des Anteils von Migranten und Migrantinnen in Mitbestimmungsgremien
- Interkulturelle/antirassistische Sensibilisierung durch Anti-Gewalt-Training
- Anti-Rassismus-Training
- Interkulturelles Training/Sensibilisierungs-Training (vgl. Holzbrecher 2004, 126 f.)

Nach wie vor findet man immer wieder eine Trennung zwischen interkultureller und europäischer Bildung. Während erstere sich als „Reparaturpädagogik für Migrationsschäden" versteht bzw. als „Toleranztraining für die Einheimischen", wird der europäischen Bildung zugestanden, durch die Vermittlung von zusätzlichen Kenntnissen speziell von Sprachen die Heranwachsenden vorzubereiten, um auf dem europäischen und internationalen Arbeitsmarkt bestehen zu können (ebda). Diese Form der Trennung birgt natürlich viele diskriminierende Elemente in sich. Besonders gut kann man dies an den Bezeichnungen vieler Schulen, die sich selbst als „Europaschule" betrachten oder als „Internationale Schule" bezeichnen, beobachten, da sie wesentlich attraktiver erscheinen, als eine interkulturelle Schule, die eher mit einem hohen Anteil an „ausländischen" Schülern und Schülerinnen assoziiert wird und daher von bildungsnahen Eltern weniger nachgefragt wird (vgl. Gomolla/Rathke 2000; Gomolla 2005).

Interkulturelle Bildung ist eine Schlüsselqualifikation. Dabei ist es entscheidend, dass Inhalte und Methoden, Einstellungen, Denkmuster und Gewohnheiten kritisch überprüft und den aktuellen gesellschaftlichen Verhältnissen angepasst werden (vgl. dazu auch Krüger-Potratz 2005). Lehrer und Lehrerinnen mit Migrationshintergrund sollen stärker in das Lehrerkollegium miteingebunden werden und nicht nur als Übersetzer und Übersetzerinnen oder für die Beseitigung von Problemen mit ausländischen Schülern und Schülerinnen kontaktiert werden. Sie könnten als Integrationsfiguren für Kinder und Jugendliche mit Migrationshintergrund fungieren. Die Deutschzentrierung vieler Lerninhalte ist auch zu überdenken. Dann würde es weniger häufig vorkommen, dass sich Kinder als minderwertig neben der Mehrheitskultur fühlen und beginnen ihre eigene kulturelle Herkunft zu verleugnen.

Interkulturelle Bildung muss ein integraler Bestandteil einer zukunftsfähigen Schule sein. Diese hat sich von ihrer monokulturellen Ausrichtung zu entfernen und dafür Sorge zu tragen, dass der Anschluss zwischen Familien mit traditioneller Sozialisation und einer modernen Schule gelingt. Den Schülern und Schülerinnen muss dabei geholfen werden, einerseits eine Balance zu finden zwischen gelegentlicher Diskriminierung und bi-kultureller Identität und andererseits zwischen Modernitätsorientierung und familiärer Bindung.

9.7 Kinder und Jugendliche mit Migrationshintergrund im Bildungssystem

Für Schüler und Schülerinnen mit Migrationshintergrund wird Bildung zu einer zentralen Voraussetzung für ein erfolgreiches Leben in der Aufnahmegesellschaft. Aber auch für die Mehrheitsgesellschaft ist es sehr wichtig, dass dieser Gruppe attraktive Lebenschancen geboten werden, um die soziale Kohäsion der Gesellschaft sicher zu stellen. Schüler und Schülerinnen mit Migrationshintergrund sind in deutschsprachigen Ländern nach wie vor schulisch wesentlich erfolgloser als ihre einheimischen Kollegen und Kolleginnen. Sie besuchen viel häufiger Haupt- bzw. Neue Mittelschulen. Viele von ihnen schaffen keinen Schulabschluss und werden noch immer häufig auf

Sonderschulen für Lernbehinderte abgeschoben, obwohl sie nicht häufiger Intelligenzdefizite aufweisen als österreichische oder deutsche Kinder und Jugendliche (vgl. dazu etwa auch Müller/Stanat 2006, 227). Vielmehr ist es oft die mangelhafte Beherrschung der Bildungssprache Deutsch. Der Anteil von Kindern mit Migrationshintergrund in der gymnasialen Oberstufe ist ebenfalls nach wie vor sehr niedrig. Allemann-Ghionda (2004) warnt davor, dass amtliche Statistiken oft keine Angaben machen, die für den schulischen Kontext von Bedeutung wären. Diese beziehen sich nämlich auf die Nationalitätszugehörigkeit und somit auf den Pass. Damit sind Kinder laut Schulstatistik keine „Ausländerkinder" mehr, werden aber meist intern als „Kinder nichtdeutscher Herkunft" geführt. Seit dem neuen Staatsbürgerschaftsrecht erhalten seit 2000 alle in Deutschland geborenen Kinder automatisch die deutsche Staatsbürgerschaft, in Österreich ist dies nicht der Fall. In diesem Land wird diese noch immer nach jener der Eltern oder bei unehelichen Geburten nach der Nationalität der Mutter verliehen. Damit ist auch nicht klar abgrenzbar, was es bedeutet, wenn man von Kindern nicht-deutscher oder nicht-österreichischer Herkunft spricht und auch ein deutscher oder österreichischer Pass die schulischen und kulturellen Probleme nicht verändert. Eine Zuordnung auf Grundlage des Passes als alles entscheidendem Merkmal ist nämlich bildungssoziologisch und auch pädagogisch aus mehreren Gründen immer unsinniger:

- Es gibt immer mehr Eingebürgerte, die statistisch als Deutsche/Österreicher firmieren. Die schulischen und kulturellen Probleme sind damit jedoch wenig verändert.
- Zweitens gibt es etwa in Deutschland Inhaber und Inhaberinnen deutscher Pässe, etwa Aussiedler und Aussiedlerinnen aus Gebieten der ehemaligen Sowjetunion, die kulturell als Migranten und Migrantinnen gelten können.
- Drittens gibt es zunehmend Zugewanderte, die nicht als Arbeiter und Arbeiterinnen, sondern akademisch oder kaufmännisch tätig sind und eine europäisch-akademische Bildungsperspektive für ihre Kinder wünschen.
- Viertens sind Flüchtlinge aus Kriegsgebieten oder aus politischen Gründen oftmals aus mittleren oder höheren sozialen Milieus mit einer hohen Bildungsaspiration für ihre Kinder.
- Hinzu kommt, dass es immer mehr Ehen Deutscher mit nichtdeutschen Partnern und Partnerinnen gibt, deren Kinder weder sinnvoll als „Migrantenkinder", noch als „Ausländerkinder", aber unter bildungssoziologischen Aspekten auch nicht nur als „deutsche Kinder" zu bezeichnen wären (vgl. Krüger-Potratz 2005).

Der Großteil aller Kinder mit Migrationshintergrund entstammt im deutschsprachigen Bereich jedoch nach wie vor aus bildungsfernen sozialen Milieus, eine nicht unbeträchtliche Anzahl auch aus Familien, in denen die Eltern arbeitslos sind (vgl. dazu auch Hornberg et al. 2009). Da es nirgendwo auf der Welt einen so engen Konnex zwischen sozialer Herkunft und Bildungskarriere wie in deutschsprachigen Ländern gibt, wirkt sich dieser bei Kindern mit Migrationshintergrund hierzulande doppelt so schwer aus. In Österreich und Deutschland kommen diese eben überwiegend aus bildungsfernen

Familien, von denen viele auch arbeitslos sind. Kinder aus sozio-ökonomisch benachteiligten Familien sind in Deutschland und Österreich ohnehin wesentlich gefährdeter am Schulsystem zu scheitern, als Kinder aus begünstigteren sozialen Milieus (vgl. Kahl 2005).

Während sich Immigranten aus den 60er Jahren im Laufe der Generationen teilweise durchaus in der Mittelschicht etabliert haben, man denke etwa an Italiener, Spanier oder Griechen, ist etwa Menschen aus der Türkei die Integration auch über mehrere Generationen hinweg weitaus schlechter gelungen. Sie leben speziell in deutschen Großstädten in Subkulturen mit ihren eigenen Normen und Gesetzmäßigkeiten und fühlen sich vielfach weder der deutschen, noch der türkischen Kultur wirklich zugehörig. Studien zur schulischen Situation von Kindern mit Migrationshintergrund konzentrieren sich hauptsächlich auf türkische Jugendliche, die auch den größten Anteil an deutschen Schulen ausmachen.

Solche Untersuchungen, die sich mit dem Scheitern von Kindern mit Migrationshintergrund im schulischen Kontext befassen, konnten einige Bereiche herausarbeiten, die das Versagen dieser Gruppe begünstigen. Auch in deutschsprachigen Ländern droht die Gefahr, dass Kinder und Jugendliche mit Migrationsintergrund wie in den großen Ballungszentren Frankreichs, wo etwa junge Menschen nordafrikanischer Abstammung, die ohne ausreichende Ausbildung zu einem selbstreproduzierenden Subproletariat wurden, das kaum Zukunftsperspektiven hat und entsprechend aggressiv auf die Mehrheitsbevölkerung reagiert, zu einem großen gesellschaftlichen Problem werden.

Deutsche und österreichische Schüler und Schülerinnen mit Migrationshintergrund erreichen ein deutlich niedrigeres Schulbildungsniveau und verfügen kaum über soziale Aufstiegschancen, besonders türkische Kinder und Jugendliche sind diesbezüglich gefährdet (vgl. Migration und Integration Zahlen. Daten. Indikatoren 2010, 46). Die Leistungen liegen fast auf allen Eben der schulischen Bildung hinter jenen der deutschsprachigen Kollegen und Kolleginnen zurück. Dies setzt sich auch bei der zweiten Generation der Zuwanderer und Zuwanderinnen fort (vgl. Wöllert 2009, 26). Im Bereich der höheren und universitären Bildung sinkt der Anteil von Menschen aus Migrationsgruppen noch weiter ab. Wiederum sind es die Zuwanderer und Zuwanderinnen aus der Türkei die mit einem hohen Prozentsatz von über 70 % nur die Pflichtschule abschließen (ebda). Auch Schüler und Schülerinnen, die bereits ihre gesamte Bildungssozialisation in Österreich oder Deutschland durchlaufen haben, sind kaum weniger gefährdet, im schulischen Kotext zu scheitern (vgl. Breit 2009, 31). Bildungsniveau und sozialer Status werden in den deutschsprachigen Ländern innerhalb der Generationen vererbt. Nur wenigen gelingt der soziale Aufstieg. Dies trifft vor allen Dingen auf islamische Mädchen zu, die sehr häufig im traditionellen Rollenverständnis erzogen werden (vgl. Schweizer 2010, 6 f.). Damit ist auch die Arbeitslosenquote unter Menschen mit Migrationshintergrund deutlich höher, als jene der deutschsprachigen Mehrheitsbevölkerung (Migration und Integration 2010, 56).

Selbstständigkeit, Kooperation im Lernprozess und ähnliches sind moderne Qualifikationen, die ebenso wie Partnerschaftlichkeit im Sozialkontakt auch zwischen

Mädchen und Jungen, bei vielen Kindern mit Migrationshintergrund nicht vorhanden sind. Diese müssen erst langsam innerhalb des schulischen Kontextes erworben werden und setzen verständnisvolle und gutinformierte Lehrer und Lehrerinnen voraus. Ob eine damit verbundene mögliche Entfremdung der Kinder von den Werten des Elternhauses riskiert werden darf, steht immer wieder in Diskussion. „Die Hinnahme oder gar Beförderung solcher Prozesse ist (...) legitim, wenn der an den Grundwerten des Grundgesetzes und den Menschenrechtsnormen der UNO orientierte Begriff von Bildung konkretisiert wird durch eine europäische, an der individuellen Bastelbiografie orientierte Mehrperspektivität, dabei auf eine Überhöhung ethnischer Kulturbegriffe verzichtet wird und zugleich an dem soziale Lernvoraussetzungen ausgleichenden Verständnis von Chancengleichheit festgehalten wird" (Seitz 2006, 97).

Speziell Mädchen, teilweise aber auch männliche Jugendliche versuchen die Normvorstellungen der Eltern zu hintergehen. Sie tun dies aber meist heimlich und nicht selten mit schlechtem Gewissen sowie in sehr subtiler Form. Offene Konflikte werden gescheut allerdings kann auch diese Situation zu einem Problem für schulischen Erfolg werden (vgl. Popp 1994; Popp 1997). „'Familismus' im Sinne einer sich selbst abschließenden, an vormodernen befehlsorientierten Erziehungsnormen und mono-sprachlichen Kontexten orientierten Sozialisation befördert den Weg zu schulischem Scheitern" (vgl. Uysal 2002, 468).

Türkische Schüler und Schülerinnen und jene aus dem ehemaligen Jugoslawien bilden die größte Gruppe unter den Kindern und Jugendlichen mit Migrationshintergrund im österreichischen und deutschen Schulsystem. Aus diesem Grund sind es vor allen Dingen sie, die verstärkt in das Blickfeld der Diskussion geraten, wenn es um den mangelnden Schulerfolg von Personen mit Migrationshintergrund geht. Eine entscheidende Hürde für eine erfolgreiche Bildungskarriere ist, wie schon angesprochen, zweifelslos die fehlende Sprachkompetenz. Vor allen Dingen türkische Kinder sind auch noch in der dritten und vierten Generation im Vorschulalter kaum der deutschen Sprache mächtig. Schulische Fördermaßnahmen, die verstärkt auf die Sprachverbesserung der deutschen Bildungssprache ausgerichtet sind, waren bislang nicht wirklich erfolgreich, um die Schulsituation von Schülern und Schülerinnen mit nicht-deutscher Muttersprache nachhaltig zu verbessern. Gründe dafür sind sicher auch im häuslichen Umfeld zu finden. Dort werden die Herkunftssprachen der Eltern gesprochen, meist nur Fernsehsendungen aus deren Herkunftsland gesehen und vor allen Dingen ausschließlich türkische, bosnische, serbische oder kroatische Tageszeitungen gelesen. Auch der Freundeskreis besteht primär aus Kindern und Jugendlichen aus einem ähnlichen Herkunftsmilieu. Selbst die Musik, die Jugendliche hören, entstammt nicht selten dem Raum, aus dem die Familien zugewandert sind. Der Gebrauch der Muttersprache im häuslichen Umfeld, sowie der Medienkonsum in der eigenen Sprache sind jedoch anders, als oft angenommen, nicht der einzige Grund für die mangelnden Deutschkenntnisse der Schüler und Schülerinnen. Dies ist vielmehr eine Konsequenz der gesamten Lebenssituation (vgl. Uysal 2002, 460 f.).

Dennoch weisen Studien vor allen Dingen über türkische Kinder und Jugendlichen darauf hin, dass es einer kleinen Gruppe von ihnen trotz niedriger Schul- und Berufsausbildung der Eltern dennoch gelingt, ansehnliche Schulerfolge zu erzielen. Man sieht die Gründe in den unterschiedlichen Sozialisationseffekten und günstigeren sozialen, kulturellen und ökonomischen Bedingungen. Erfolgreiche Schüler und Schülerinnen mit Migrationshintergrund stammen oft aus kleineren Familien mit weniger Geschwistern und wohnen in nicht allzu beengten Verhältnissen. Sie müssen seltener im Haushalt mitarbeiten und werden weniger traditionell und autoritär erzogen, als vergleichbare Kinder und Jugendliche. Auch religiöse Werte spielen im Erziehungsbereich eine weitaus geringere Rolle. Die Kinder und Jugendlichen, vor allen Dingen auch die Mädchen, erhalten mehr Freiräume und Entwicklungsmöglichkeiten. Eltern sind der Aufnahmekultur gegenüber offenerer und toleranter. Interessant ist, dass die Schulkarriere von Geschwisterkindern meist ähnlich verläuft. Erfolgreiche Schüler und Schülerinnen haben auch einen eigenen Lernplatz und intensive soziale Kontakte mit deutschen und österreichischen Jugendlichen. Diese Kinder haben (...) „die Chance, Lebensstrategien und eine Handlungskompetenz zu entwickeln, soziale und individuelle Probleme, die aus ihrer Minderheitensituation erwachsen, zu bewältigen und sich in der deutschen und österreichischen Gesellschaft zurechtzufinden. Auf mögliche Diskriminierung reagieren sie mit weniger Resignation und Rückzug in die eigene ethnische Gruppe. Auch sind sie widerstandsfähiger gegen Verletzungen, die aus ihrer Minderheitensituation resultieren" (Uysal 2002, 469). Ihnen gelingt es daher weitaus besser, zwischen dem Werte- und Normensystem ihrer Herkunftsfamilie und dem der Aufnahmekultur hin und her zu wechseln und sich einen Platz zwischen diesen beiden gesellschaftlichen Systemen zu suchen. Sie lernen mit Widersprüchen zu leben und in ihrer bi-kulturellen Lebenssituation Orientierung zu finden. All dies hat positiven Einfluss auf ihre Schullaufbahn. Damit nehmen sie die gesellschaftliche Diskriminierung auch nicht so stark wahr und fühlen sich als „Ausländer und Ausländerinnen" weniger ausgegrenzt. Durch die Interaktion mit deutschsprachigen Gleichaltrigen verbessern sich auch die Sprachkenntnisse. Eine wichtige Maßnahme ist, schon im Vorschulbereich die deutsche Sprachkompetenz zu fördern, dabei aber auch die besondere Lebenssituation von Kindern mit Migrationshintergrund zu berücksichtigen. Entscheidend dabei ist es, auch die Eltern miteinzubeziehen und ihnen zu signalisieren, dass sie in ihrem Anderssein in dieser multikulturellen Gesellschaft willkommen sind. Bei der Beurteilung von Kindern mit Migrationshintergrund muss ein Perspektivenwechsel stattfinden. Dabei ist von der vorherrschenden Defizitorientierung abzugehen und stattdessen wertzuschätzen, was Kinder unter ihren bisherigen Lern- und Lebensbedingungen bereits erreicht und welche Kompetenzen sie schon erworben haben (vgl. Keim/Tracy 2006, 226).

Auch Eltern mit Migrationshintergrund haben im Allgemeinen eine positive Einstellung zur Schule und wünschen sich eine gute Ausbildung für ihre Kinder. Dies ist zumeist sogar unabhängig vom Geschlecht der Fall, problematisch ist vielmehr, dass ihnen oft das Wissen um die richtigen Unterstützungsmöglichkeiten fehlt, weshalb es Aufgabe der Gesellschaft wäre, diese Zielgruppen entsprechend zu informieren und zu begleiten. Schon die Förderungen von Kindern im Kleinkindalter sind von Bedeutung weshalb zwei verpflichtende Kindergartenjahre durchaus wichtig wären und Eltern mit Migrationshintergrund bei der Erziehung ihrer Kinder zu beraten sind. Edukatives Spielzeug, das Vorlesen geeigneter Kinderbücher und das regelmäßige Gespräch sind wertvolle Maßnahmen, die die Entwicklung von Kindern begünstigen. Entsprechende Aufklärungsarbeit wäre zu leisten, wobei es notwendig ist, mit Institutionen, die von Migranten und Migrantinnen gegründet und organisiert werden, zusammenzuarbeiten.

Viele bildungsferne Familien mit Migrationshintergrund sind Befehlsfamilien, die sich durch Gehorsam und Unterordnung der Frauen und Kinder häufig gekoppelt mit einer engen Islambindung darstellen. In Befehlsfamilien wird Selbstständigkeit auch im Hinblick auf die Lerntätigkeit nicht unterstützt (vgl. du Bois-Reymond et al. 1994), was wiederum den schulischen Erwartungen der Aufnahmegesellschaft entgegenläuft. „Die Kinder verbringen mit ihren Eltern auch außerhalb der Schulferien Zeit im Herkunftsland ihrer Eltern. Man begegnet innerhalb der Subkultur offeneren und toleranteren Landsleuten mit Unverständnis. Speziell die Freizeit weiblicher Kinder und Jugendlicher wird vom Elternhaus streng kontrolliert. Die Kinder und Jugendlichen erwerben nicht die Fähigkeit, eigene ‚Lebensstrategien' zu entwickeln die der aktuellen Lebenssituation sinnvoll angepasst sind, sondern sie werden zu passiven, ängstlichen, schicksalsgeführten Mitgliedern der Gesellschaft" (Uysal 1998, 165).

Lehrer und Lehrerinnen haben häufig die Tendenz durch subtiles Abwerten und Geringschätzen von Einstellungen, Erscheinungsformen und Verhalten der Kinder mit Migrationshintergrund zu deren Unsicherheiten beizutragen. Ein sensiblerer Umgang mit den unterschiedlichen kulturellen Ausprägungen wäre erforderlich. Meist gelingt es in den deutschen und österreichischen Schulen nicht, an die familiäre Primärsozialisierung der Kinder anzuschließen. Verantwortlich dafür sind Unwissenheit und Unverständnis. Zudem gibt es kaum Lehrer und Lehrerinnen mit Migrationshintergrund und die Lehrpläne sind sehr ethnozentrisch ausgerichtet. Mehr Lehrer und Lehrerinnen mit Migrationshintergrund sollten im Schulsystem tätig werden, da dies ein wichtiger Faktor für Identifikationsmöglichkeiten für Kinder und Jugendliche aus derselben Herkunftskultur wäre. Diese könnten Vorbildwirkung entfalten, was wiederum der Zielgruppe Orientierung und Sicherheit geben würde.

Leistungshomogenen Klassen gab es in diesem Sinne in den deutschsprachigen Ländern nie. Nun ist der Anspruch an Lehrer und Lehrerinnen gestiegen, differenzierteren und auch fächerübergreifenden Unterricht anzubieten und auf die vielfältigen Lebens- und Lernbedingungen verstärkt einzugehen (vgl. Heyer et al. 1990; 1997). Die Deutschzentrierung von Schulinhalten ist zu überdenken und das Curriculum vielfältiger und mehrperspektivischer zu gestalten. Die biographischen Hintergründe der Schüler und Schülerinnen mit Migrationshintergrund müssen mehr berücksichtigt werden und in der Inhaltsausrichtung der schulischen Fächer Eingang finden. Gleichzeitig sind Stereotypisierungen, auch wenn diese in positiver Form erfolgen, zu unterlassen. Die Darstellung der Zuwanderer und Zuwanderinnen als Opfer aus Kriegsgebieten oder der Dritten Welt ist selten zielführend für einen integrativen Unterricht. Lehrer und Lehrerinnen haben Respekt gegenüber den familiären, sozialen, kulturellen und religiösen Werten der Herkunftsfamilien ihrer Schüler und Schülerinnen zu zeigen und davon Abstand zu nehmen, diese abzuwerten. Dies verhindert Diskriminierung und begünstigt eine kritische und aufgeklärte Auseinandersetzung mit den Einstellungen und Normen der Herkunfts- und Aufnahmekultur. Auch die doppelte Heimatbindung ist zu akzeptieren und von einer Kritik an den traditionellen Geschlechterrollen, die vor allen Dingen islamische Mädchen betrifft, Abstand zu nehmen (vgl. Popp 1994, 119 f.) Die Pluralität aller denkbaren Lebensentwürfe ist somit zu respektieren.

Für Menschen mit Migrationshintergrund oder langjährige Expatriates erscheint es oft schwierig, die eigene kulturelle oder personelle Identität zu definieren, da sich ihre Zugehörigkeit als zunehmend diffus gestaltet. „Folglich schwanken sie häufig zwischen Identifizierungs- und Abgrenzungsprozessen sowohl der Kultur gegenüber, in der sie bzw. ihre Vorfahren ihre Wurzeln haben, als auch der Kultur gegenüber, mit der sie nun denselben Raum teilen" (Kumbruck/Derboven 2009, 31). Nur dann werden Kinder mit Migrationshintergrund erfolgreiche Biographien durchlaufen, wenn sie die Chance haben, eine selbstgestaltete „Bastelbiographie" (Beck 1986) oder „Patchwork-Identität"[61] (Hamburger 2009, 68) entwickeln zu können, in der sie sich nicht mehr entscheiden müssen zwischen einer deutschen postmodernen und einer ethnisch-traditionellen Identität, sondern eine neue selbstbewusste Persönlichkeit entfalten dürfen, die sowohl in der Herkunfts- als auch in der Aufnahmekultur verwurzelt ist[62]. Damit dies gelingt, benöti-

61 „Darüber hinaus hat die Identitätsdebatte einen spezifischen eigenen Kern. Dieser Kern umfasst einmal die Kritik an einem statischen Begriff von Identität gegenüber einem, der die Prozesshaftigkeit von Identitätsentwicklung betont. Zum zweiten [sic!] beinhaltet er die Kritik an einer Vorstellung von kultureller Identität, die nur das Entweder – Oder von Herkunftskultur und Mehrheitskultur im Blick hat oder das Individuum zumeist zwischen diesen beiden Alternativen vermutet, wo nicht unter Schock stehend – Kulturschock –, so doch wenigstens umherirrend" (Barkowski 2008, 34).
„Die Problematik der diffusen Verwendung macht den Identitätsbegriff nicht ganz überflüssig. Fasst man ihn weiterhin als einen sozialpsychologischen Begriff auf, so lassen sich mit ihm Gegensätze erfassen, die in besonderer Weise die Lebenssituation von Migrantenjugendlichen kennzeichnen. Identität entsteht (1.) nicht nur aus der Bearbeitung der inneren, sondern ebenso der äußeren Natur. Sie entwickelt sich in der Auseinandersetzung mit der außerhalb des Selbst existierenden Realität und mit der Innenwelt zugleich. Identität heißt (2.) Übereinstimmung und Differenz, Identität und Nicht-Identität zugleich; denn nur indem sich das Ich als Gegensatz zum Nicht-Ich erfährt, kann es sich als Ich begreifen, das sich durch ein Nein konstituiert. Identität bildet sich (3.) als ein Subjektives und Objektives zugleich, als etwas, was sich aus sich heraussetzt, nur sich selbst verfügbar bleibt und doch gleichzeitig sich über die Bedingungen der materiellen Realität nicht hinwegsetzen kann. Identität heißt hier: Bewusstsein seiner selbst [sic!] zu sein und die Objektivität der Lebenslage nicht verdrängen zu müssen. Identität umschließt (4.) Vergangenes und Gegenwärtiges, die eigene Lebensgeschichte wie die Realität der Gegenwart, die durch nichts Zukünftiges ersetzt werden kann. Der Anspruch auf den Genuss des Augenblicks muss sich durchsetzen gegen bloß nostalgische Reminiszenz und würde zugleich sinnlos ohne kritische Erinnerung und Offenhalten von Zukunft" (Hamburger 2009, 71 f.).

62 **Sozialisation**
Unter Sozialisation versteht man die Konfrontation und Auseinandersetzung mit der sozialen und materiellen Umwelt (äußere Realität), den natürlichen Anlagen ebenso wie mit der physischen und psychischen Konstitution (innere Realität). Diese Auseinandersetzung soll den Menschen zu einer gesellschaftlich handlungsfähigen Person machen, die sich auf dem Kontinuum zwischen gesellschaftlich vorgegebenen Rollenmustern, Verhaltensregeln und -anforderungen und autonomer

Lebensgestaltung entwickelt und zurechtfindet (vgl. Oerter/Montada 2008, 117). Nicht nur die nahestehenden Bezugspersonen sozialisieren. Sozialisation erfolgt auch durch verschiedene Arten von Lernen. Die nötigen Informationen dafür bekommen die Menschen aus den verschiedensten ökologischen Settings bzw. Systemen (vgl. Oertner/Montada 2008, 33).

Sozialisierungssysteme

Mikrosysteme
Dies ist das System, in dem das sich zu entwickelnde Individuum unmittelbar lebt und das an konkrete Settings gebunden ist. Unter dieses System fällt die Familie mit all ihren Dyaden und Beziehungen, aber auch Schulen oder Kindertagesstätten. Dabei sind auch die materiellen und physikalischen Bedingungen (z. B. Wohnverhältnisse, Handlungsmöglichkeiten, finanzielle Situation) von großer Bedeutung und haben einen starken Einfluss.
Mesosystem
Dieses System ist durch die Wechselwirkungen und Zusammenspiele der einzelnen Mikrosysteme bzw. Settings definiert. Hierbei ist also von Bedeutung, wie sich die einzelnen Systeme wechselseitig beeinflussen oder zusammenwirken (z. B. das Verhältnis zwischen Lehrer und Eltern bzw. Schule und Familie).
Exosystem
Dies ist ein Setting, in dem das Individuum zwar nicht direkt handelt, aber doch indirekt davon beeinflusst wird. So kann zum Beispiel die Wahl des Freundeskreises der Mutter (auf den das Kleinkind natürlich keinen Einfluss hat) sich auf die ersten Sozialkontakte des Kindes mit Gleichaltrigen auswirken.
Makrosystem
Damit wird die Gesamt- oder Subkultur, das Überzeugungssystem, die Ideologien oder Weltanschauungen umschrieben. Dieses Makrosystem beeinflusst damit alle Systeme niedrigerer Ordnung und damit auch das sich zu entwickelnde Individuum.

Quelle: Oertner/Montada 2008, 88 ff.

Werte und Normen
Jedes soziale System hat seine eigene Kultur, und diese Kulturen sind von Normen und Werten geprägt und gekennzeichnet, gleichgültig ob diese ausformuliert sind (in Form von einer Charta, Gesetzen oder Religionen) oder nicht, sie prägen und formen die gegenseitigen Erwartungen der Mitglieder (vgl. Oertner/Montada 2008, 572). Ist eine Gesellschaft relativ kohärent in ihren Einstellungen, also Werten, dann wird dieses soziale System relativ stabil und konfliktfrei bestehen können. Dies ermöglicht auch eine stetige Weiterentwicklung einer Gesellschaft, da sozusagen alle „an einem Strang ziehen". Sind innerhalb einer Gesellschaft jedoch unterschiedliche soziale Systeme mit unterschiedlichen Kulturen und damit Werten vorzufinden, steigt dabei auch die Wahrscheinlichkeit von Konfliktpunkten und Missverständnissen (ebda). Mit dieser Problematik sind heute sehr viele Gesellschaften aufgrund der Migrationsbewegungen konfrontiert. Legale und soziale Normen geben allgemein die impliziten und expliziten Regeln innerhalb einer Gruppe, Gemeinschaft oder Gesellschaft vor und beschreiben und vermitteln damit akzeptierte Verhaltensweisen, Werte und Überzeugungen (vgl. Aronson et al. 2008, 259).
„Werte sind Zielvorstellungen des individuellen oder gemeinschaftlichen Lebens, die Haltungen, Aktionen und Pläne auslösen" (Broszinsky-Schwabe 2011, 117). Wertvorstellungen sind weitgehend kulturspezifisch und formen die Identität von Individuen und Gruppen. Verschiedene Kulturen unterscheiden sich unter anderem darin, welche Werte von größerer oder kleinerer Bedeutung sind, was also als wertvoll gilt. Man kann zwischen materiellen (Geld, Besitz, materielle Güter), sozialen (sozialen Beziehungen, Harmonie), ethischen (grundlegende Eigenschaften und Verhaltensweisen in der Gemeinschaft) und religiösen (Gebote/Verbote in der Religion, Kultur) Werten unterscheiden (ebda). Werte können durch ihre Einschränkungen verhaltensgesteuerte Entscheidungen in einer Gruppe oder Gesellschaft erleichtern. Es sind „historisch entstandene, kulturrelative, wünschens-

gen sie allerdings zweifelslos eine allgemeine umfassende Bildung und Ausbildung und die gesellschaftliche Akzeptanz von Andersartigkeit und Vielfalt.

9.8 Migration und Mehrsprachigkeit

> „Im Hinblick auf die Bildungsbenachteiligung von Kindern und Jugendlichen aus Migrantenfamilien kommt der Sprache als Schlüsselkompetenz für die Bildungskarriere eine zentrale Bedeutung zu. Die fortlaufende Vermittlung der deutschen Sprache und der Umgang mit Mehrsprachigkeit müssen daher unter dem Gesichtspunkt der Chancengleichheit und der Überwindung institutioneller Benachteiligung zentrales Anliegen einer interkulturellen/antirassistischen Pädagogik sein" (Quehl 2003, 267).

werte Leitvorstellungen" (Barmeyer 2012, 171 ff.) und beziehen sich auf Objekte und Zustände. Sie werden im Rahmen der Sozialisation und Erziehung vermittelt, erlernt und dadurch an die nächste Generation weitergegeben. Dies geschieht allerdings meist unbewusst und bietet dadurch aber einen Präferenzrahmen für das Denken, Fühlen und Verhalten. Trotzdem sind Werte eher emotional als rational, eher subjektiv als objektiv anzusehen. Sie sind im Einzelnen als Einstellungen oder Gefühle zu verstehen, über die kaum diskutiert werden kann, wie zum Beispiel was als schön oder hässlich, gut oder schlecht empfunden wird. Trotzdem gibt es hierbei auch gesellschaftliche Grundeinstellungen, was in einer Gesellschaft bzw. Kultur als schön oder hässlich, gut oder schlecht gilt. Werte schreiben also Bedeutungen und Wertigkeiten zu. Dies bezieht sich sowohl auf Objekte als auch auf Verhaltensweisen. Diese Zuschreibungen werden dann in sozialen Interaktionen sichtbar und erleichtern diese auch, da sie gewünschte und „richtige" Formen des Zusammenlebens ausdrücken.

Sozialisation im interkulturellen Kontext
Unter Ethnozentrismus versteht man eine „Haltung, die unreflektiert Normen und Auffassungen der eigenen Gruppe oder Gesellschaft auf andere Gruppen oder Gesellschaften überträgt" (Barmeyer 2012, 55). Gemeint ist „die unvermeidliche Eingebundenheit des eigenen Denkens und Wertens in die selbstverständlichen Denkgrundlagen der eigenen Lebenswelt oder Ethnie" (Nieke 2008, 76). Viele Praktiken, Personen und Haltungen anderer Kulturen lassen sich nur innerhalb dieser Kulturen verstehen. Nur wenn man die dortigen Normen, Werthaltungen und Regelannahmen berücksichtigt, können die Aktionen und das Gedankengut richtig interpretiert werden. Oft ist es jedoch der Fall, dass dafür das Verständnis oder schlicht und einfach das Wissen fehlt, da man alles anhand der eigenen kulturellen Standards beurteilt. Dadurch wird das unbekannte Verhalten oft als defizitär oder unangemessen betrachtet (vgl. Herwartz-Emden/Strasser 2013, 362 f.). Wenn Menschen verschiedener Ethnien mit verschiedenen Deutungshorizonten im Alltag zusammenleben, können Verständnisprobleme dann entstehen, wenn jemand aus der einen Kultur ihre/seine Deutungen selbstverständlich für jede/n bekannt unterstellt, jemand aus der anderen Kultur diese aber nicht kennt oder andere hat. Demnach ist die Aufgabe von interkultureller Bildung und Erziehung, solchen Verständnisproblemen auf die Spur zu kommen, sie in ihrer lebensweltlichen kulturellen Bedingtheit deutlich zu machen, um so Missverständnissen vorzubeugen oder sie aufzuklären, und ein Bewusstsein zu schaffen, dass jede/r ohne eine solche Sensibilität in ihrem/seinem Kulturzentrismus gefangen bleibt. Die gemeinsamen Werte, Symbole und Regeln entwickeln sich durch aktive Interaktion zwischen den Beteiligten. Die gemeinsame Sichtweise von Dingen ermöglicht eine soziale Interaktion, ohne über jeden Begriff oder jede Handlung erneut nachdenken zu müssen, was denn nun damit gemeint sei. Durch die aktive soziale Interaktion lernt man also auch die Einstellungen und Überzeugungen kennen, die in einer Gesellschaft als gegeben hingenommen werden können. Diese sind aber nicht statisch. Jede Art von Beziehung kann die Handlungs- und Denkweisen, Normen und Wertvorstellungen beeinflussen oder sogar verändern (vgl. ebda; Lehnert/Scanferla 2007, 71).

> „Die im letzten Jahrzehnt durchgeführten international vergleichenden Schulleistungsuntersuchungen wie PISA und PIRLS[63]/IGLU haben offensichtlich gemacht, welcher Abstand zwischen Schülerinnen und Schülern mit und ohne Migrationshintergrund hinsichtlich ihrer Leistungen in für den Schulerfolg zentralen Kernbereichen wie Lesekompetenz und mathematischer Kompetenz besteht. Wenn Mädchen und Jungen mit Migrationshintergrund hinter den Leistungen ihrer einheimischen Mitschüler und Mitschülerinnen zurückbleiben, wird dies, wie schon angeführt, häufig mit unzureichenden Kenntnissen der Landes- bzw. Schulsprache erklärt" (Döll/Dirim 2011, 153).

> „Sprache ist ein Trägermedium von Informationen, aber auch von Identität, Persönlichkeit, Geschichte und Kultur. Die Fähigkeiten mit abstrakten Problemstellungen umzugehen oder emotionale Konflikte auszutragen, werden von dem Ausmaß an Sprache, das uns zur Verfügung steht, beeinflusst. Das gilt unabhängig von der Muttersprache" (Umgang mit Mehrsprachigkeit 2011, 2).

Kinder erleben alltäglich den Umgang mit Mehrsprachigkeit, und unterschiedliche Sprachen sind im schulischen Kontext, aber auch im privaten Umfeld Selbstverständlichkeit. Dies ist ein wichtiger Aspekt, „der für alle Kinder unmittelbar als Ausdruck verschiedener Herkunft und kultureller Vielfalt wahrnehmbar ist" (Quehl 2003, 267). Alle Kinder einer Klasse erleben Zwei- und Mehrsprachigkeit oder Probleme mit Deutsch als ein wichtiges Merkmal von Gemeinsamkeiten und Unterschieden.

Eine Veränderung und Anpassung des Schulsystems ist aufgrund der zunehmenden sprachlichen, kulturellen und sozialen Pluralisierung von entscheidender Bedeutung, wobei sich die Schule dieser Herausforderung bisher noch immer viel zu wenig gestellt hat (vgl. Furch 2009, 22). „Sprachliche Vielfalt sollte als positiver Aspekt wahrgenommen werden und in vielen Unterrichtssituationen eine Rolle spielen" (Quehl 2003, 270).

„Mehrsprachigkeit beschreibt den Umstand, dass jemand mehr als eine Sprache benutzt, um Alltagssituationen kommunikativ zu bewältigen" (Umgang mit Mehrsprachigkeit 2011, 2). Ziel einer interkulturell/antirassistischen Arbeit sollte es sein, zwei- und mehrsprachige Kinder in ihrem Selbstvertrauen zu stärken, die Vermittlung multikultureller gesellschaftlicher Realität und einer Hierarchisierung von Sprachen entgegenzuwirken (vgl. Quehl 2003, 267). Vergessen werden darf auch nicht, dass mehr als die Hälfte der Weltbevölkerung mehrsprachig ist. In etwa 150 Staaten werden nämlich ca. 5000 verschiedene Sprachen gesprochen (vgl. Fehlings de Acurio/Vega 2002, 1 ff.)

Für die Sprache, die im Rahmen der Primärsozialisation erworben wird, existieren unterschiedliche Termini: „Muttersprache", „Erstsprache", „Primärsprache", „Familiensprache", „Herkunftssprache" oder auch „L1" (vgl. Fleck 2008, 3). „Während Muttersprache eine Konnotation an eine – biologisch oder sozial gedachte – Vererbung der Sprache von der Mutter auf das Kind nahelegt, wird mit dem Terminus Familiensprache der Akzent auf die kommunikative Funktion und Situation gelegt: diese Sprache wird

63 Progress in International Reading Literacy Study.

in der Familie gesprochen" (Nieke 2008, 115). Häufig werden diese Begriffe synonym verwendet.

Der Sprachenerwerb ist ein Prozess, der über einen längeren Zeitraum – im Prinzip sogar lebenslang – andauert (vgl. Blumberga 2008, 135)[64]. Ein Kind verfügt beim Schuleintritt über eine „Grundausstattung" in seiner Erstsprache, dennoch ist seine sprachliche Entwicklung noch lange nicht abgeschlossen. Wesentliche Bereiche wie das Lesen und Schreiben der Sprache und auch der Aufbau eines Fachvokabulars, das differenzierte Argumentieren und das Verstehen und Interpretieren von Texten lernt das Kind in der Schule. Schulanfänger und Schulanfängerinnen mit anderen Erstsprachen als Deutsch erlernen das Lesen und Schreiben in der Zweitsprache. Damit knüpft der Alphabetisierungsprozess nicht – wie bei einsprachigen Schülern und Schülerinnen – an die sprachlichen Fähigkeiten des Kindes an, die es über einen Zeitraum von sechs Jahren erworben hat, sondern die Entwicklung der Erstsprache wird meist abrupt unterbrochen (vgl. Fleck 2008, 1).

„Unter den besonderen Voraussetzungen der Migrationssituation kommt es (zudem) häufig zu einer Stigmatisierung der Erstsprache, wodurch der natürliche Spracherwerbsprozess empfindlich gestört werden kann" (Leitner/Pinter 2010, 20). Alles, was das Kind bisher in seiner Herkunftssprache erlernt hat, verliert an Gültigkeit. Dieser Einschnitt

64 Die Ergebnisse einer psycho-linguistischen Studie zum Thema „Spracherwerb", die durch eine soziolinguistische Begleituntersuchung ergänzt wurde, um die außersprachlichen Faktoren, welche den Spracherwerb (nicht) beeinflussen, zu eruieren, werden in der Folge überblicksmäßig dargestellt:
Wichtige Ergebnisse aus der Psycholinguistik zum Thema „Spracherwerb":

- „Sprachentwicklung ist ein langjähriger Prozess, der auch am Ende des 4. Schuljahres – insbesondere bei zweisprachigen Schülern und Schülerinnen – noch nicht abgeschlossen ist. So konnten auch im 3. und 4. Jahr zahlreiche sprachliche Turbulenzen festgestellt werden, die darauf schließen lassen, dass der Spracherwerbsprozess (noch) voll im Gange ist. ‚Fehler' sind dabei eine notwendige Begleiterscheinung und geben wertvolle Hinweise auf den aktuellen Sprachstand (in beiden Sprachen).
- Da die Sprachfähigkeit des Menschen unteilbar ist, bestehen bei zweisprachigen Menschen enge Wechselwirkungen zwischen der Erst- und Zweitsprache. Daher sind Interferenzen zwischen den beteiligten Sprachen typisch für manche Phasen des Spracherwerbs. Für den Unterricht folgt daraus, dass die einseitige Förderung einer Sprache (der Unterrichtssprache) auf Kosten der anderen Sprache (der Muttersprache) nicht wirklich zielführend ist.
- Die sprachliche Entwicklung zweisprachiger Kinder verläuft anders als jene einsprachiger Kinder. Eine im 3. Laufjahr (der Studie) durchgeführte Begleituntersuchung in Bosnien und der Türkei hat deutliche Unterschiede zwischen den Schüler und Schülerinnen in den Herkunftsländern und jenen in Wien gezeigt" (Peltzer-Karpf 2011, 1).

Wichtige Ergebnisse aus der Soziolinguistik zum Thema „Spracherwerb":
Außersprachliche Faktoren haben einen entscheidenden Einfluss auf den Erwerb der Zweitsprache und diese sind:

- „Das Selbstvertrauen eines Kindes sowie (schulische) Erfolgserlebnisse unterstützen den Spracherwerb, Angst und mangelndes Selbstbewusstsein behindern ihn.
- Eine gute Kompetenz in und damit einhergehend eine positive Einstellung zur Muttersprache sind wesentlich wichtigere Voraussetzungen für den Deutscherwerb (!) als die Motivation, die Zweitsprache Deutsch zu erlernen.
- Der gesellschaftliche Status der Sprache (z. B. geringes Prestige von Migrantensprachen) spielt ebenfalls eine nicht zu unterschätzende Rolle" (ebda).

in seiner sprachlichen Biographie kann zu einer unregelmäßig verlaufenden Sprachentwicklung führen, die wiederum die Lesefertigkeit und Kommunikationsfähigkeit – in beiden Sprachen, der Mutter- und der Bildungssprache – negativ beeinflusst.

Häufig tritt die bisweilen paradox anmutende Situation ein, dass Schüler und Schülerinnen, die nach dem zehnten Lebensjahr in den deutschsprachigen Raum zugezogen sind, schnellere Fortschritte im Erwerb der deutschen Sprache machen, als jene Kinder mit Migrationshintergrund, die in Österreich oder Deutschland eingeschult wurden. Erstere können nämlich beim Erwerb der Zweitsprache auf ein solides Fundament in ihrer Erstsprache zurückgreifen, da ein Teil ihrer schulischen Sozialisation bereits in dieser Sprache stattgefunden hat, während dies bei einem hierzulande eingeschulten Kind mit Migrationshintergrund meist nicht der Fall ist (vgl. Fleck 2008, 1). Aus diesem Grund plädiert die Sprachwissenschaft für eine Alphabetisierung in der Erstsprache oder zumindest eine zweisprachige Alphabetisierung. Es ist auch von Vorteil, erst dann mit dem Alphabetisierungsprozess in der deutschen Sprache zu beginnen, wenn die Schüler und Schülerinnen über eine einigermaßen fundierte kommunikative Kompetenz in dieser Zweitsprache verfügen. Die meisten Kinder machen dann innerhalb von kurzer Zeit größere Fortschritte (vgl. Fleck 2008, 1 f.).

Ein Mensch erwirbt die Zweitsprache mittels Fähigkeit und Fertigkeiten, die er beim Erwerb der Muttersprache entwickelt hat (vgl. Fthenakis 1981, 33 ff.). Häufig wird jedoch aufgrund der Bildungsferne der Eltern die Muttersprache nur auf einem sehr schlechten Niveau beherrscht. Oft findet die Kommunikation bei Familien mit Migrationshintergrund in einer fehlerhaften Umgangssprache statt, wobei deutsche Elemente mit jenen der familiären Herkunftssprache vermischt werden. „Ein in der Literatur häufig vorzufindender, in der Spracherwerbsforschung jedoch nicht unumstrittener Begriff, ist der des Semilingualismus, bzw. der doppelten Halbsprachigkeit“ (Leitner/Pinter 2010, 34). Diese Halbsprachigkeit ist oft das Endergebnis schulischer Ausbildung vieler zwei- und/oder mehrsprachiger Kinder, d. h. sie sind weder in der Lage sich in ihrer Erstsprache noch in der Zweitsprache Deutsch sprachlich korrekt in schriftlicher und/oder mündlicher Form zu verständigen[65] (vgl. de Cillia 2007, 251). Sie verwenden ein Sprachkonglomerat, welches von den jeweiligen Hochsprachen weit entfernt ist.

65 Es geht also darum, die Sprachkompetenz mehrsprachiger Kinder zu schützen und in die schulische Ausbildung integrativ aufzunehmen. Das Prinzip der Einbeziehung der Muttersprachen begründet sich auch aus kognitionspsychologischen Erkenntnissen und ihrer Bedeutung für Prozesse der Begriffsbildung und -entwicklung. Begriffsentwicklung entsteht im Weg der stufenweisen und aufeinander aufbauenden Ergänzung, Korrektur, Neugewichtung und Neuordnung von begrifflichen Teilkonzepten und Vorverständnissen. Diese ersten Begrifflichkeiten sind bei mehrsprachigen Kindern vorderhand nur in muttersprachlicher Kodierung zugänglich und kommunizierbar und erwachsen zum größten Teil aus der Verarbeitung von Erfahrungen, die ihrerseits durch die Lebenswelten der Kinder in ihren spezifisch migrationsbedingten Anforderungen geprägt wurden. Aufgrund dessen bedeutet der Abbruch muttersprachlicher Kommunikationswege bei Schulbeginn einen enormen Eingriff in die Entwicklungsmöglichkeiten von Kindern nicht-deutscher Muttersprache und kann zu deren überproportionalen „Schulversagen“ führen. Die „doppelseitige Halbsprachigkeit“ aus der Bilinguismusforschung zeigt ein vorhersehbares Resultat der Tatsache, dass die kontinuierliche Entwicklung des ersten Sprachsystems vor dessen (relativen) Vollendung und Konsolidierung abgebrochen wird. Beim Aufbau der zweiten Sprache verfügt man somit nicht über ein erstes Sprachsystem.

Mit dieser doppelten Halbsprachigkeit haben dann Schüler und Schülerinnen sowohl Probleme in der Bildungs-, als auch in der Muttersprache.

Interessant ist, dass der familiäre Hintergrund (z. B. Bildungsgrad der Eltern, Aufenthaltsdauer, Bleibeabsicht oder Rückkehrwünsche der Familien) einen verhältnismäßig geringen Einfluss auf die sprachliche Entwicklung der Kinder ausübt. Der Anteil von Schülern und Schülerinnen in der Klasse und der Zeitpunkt des Erstkontakts mit der Unterrichtssprache Deutsch als Einflussfaktoren werden teilweise ebenfalls überschätzt (vgl. ebda).

Lehrer und Lehrerinnen sollen ihre Schüler und Schülerinnen selbst entscheiden lassen, welche Sprache „ihre/seine" Sprache ist oder auch „ihre/seine" beiden Sprachen sind. Bilinguale Kinder wollen meist ihre Sprachen nicht in „eine erste" und „eine zweite" trennen und auch Kinder, welche sich im Spracherwerbsprozess der deutschen Sprache als Zweitsprache befinden, werden diese Situation unterschiedlich wahrnehmen und beschreiben (vgl. Quehl 2003, 269).

„Eine solide Basis in der Erstsprache unterstützt nicht nur den Erwerb der Zweitsprache Deutsch, sondern ist auch für das Erlernen jeder weiteren Fremdsprache sowie für den gesamten schulischen Erfolg und die kognitive Entwicklung des Kindes von großem Vorteil" (Fleck 2008, 2). Aus diesem Grund sollte die Schule die potenzielle Zweisprachigkeit eines jeden Kindes im Rahmen ihrer Möglichkeiten fördern. Eine zentrale Rolle spielen bei der schulischen Unterstützung von Kindern auch in diesem Bereich die muttersprachlichen Lehrer und Lehrerinnen. Daher empfiehlt es sich, diese in das reguläre Unterrichtsgeschehen einzubeziehen, wo immer es organisatorisch möglich ist. Die Anwesenheit von Lehrkräften, mit welchen ein Kind in seiner Erstsprache kommunizieren kann, wirkt sich nicht nur in sprachlicher, sondern auch in emotionaler Hinsicht positiv aus. Die Sprachen der Kinder werden aufgewertet, indem sie gewissermaßen „offiziell" vorhanden sind. Das fördert die Kinder beim Aufbau eines positiven Selbstbildes und erleichtert auch die Identifikation mit der Institution Schule, was wiederum zu einer Steigerung der Lernmotivation führen kann[66] (ebda).

Lehrer und Lehrerinnen sollen auch zulassen, dass die Schüler und Schülerinnen nicht nur in der Pause, sondern auch in der Gruppen- oder Partnerarbeit ihre Erstsprache verwenden dürfen, wenn immer sie das wollen oder ihnen die Kommunikation so leichter fällt. Das Verbot, die Muttersprache auch im schulischen Kontext zu verwenden, beeinträchtigt nämlich das Erlernen der Zweitsprache Deutsch (vgl. Holzbrecher 2004, 67)[67]. Wird es als störend empfunden, wenn Schüler und Schülerinnen ihre Mutterspra-

---

Dabei erfolgt die Entwicklung ausschließlich in der zweiten Sprache, was Kinder anderer Muttersprachen sehr überfordert (vgl. Barkowski 2008, 40 f.).

66 Laut PISA-Ergebnissen liegen Kinder, deren Muttersprache nicht die Landessprache ist, etwa ein bis zwei Jahre im Stoff zurück. Um dies zu verbessern muss mehr Grundlagenforschung betrieben werden, um die genauen Probleme erfassen zu können und die Betroffene gezielter und individueller fördern zu können (vgl. Clapeyron/Seisek-Yilmaz 2010, 70 f.).

67 Völlig kontraproduktiv ist etwa folgende Haltung eines Schuldirektors, die er im Rahmen eines Leserbriefes zum Ausdruck brachte: „Die knapp hundert Schüler mit nichtdeutscher Muttersprache entwickeln ein sprachliches Eigenleben. Untereinander plauderten sie nur in ihrer Muttersprache.

che im Unterricht verwenden, ist es auch ein Zeichen dafür, dass nicht wertgeschätzt wird, was sie bereits an Kompetenzen mitbringen. Wenn die Benutzung der eigenen Sprachen nicht als positiv gesehen, sondern sogar mit Sanktionen behaftet wird, wehren sich Schüler und Schülerinnen oft entsprechend und verwenden ihre Herkunftssprache in Protestform (vgl. Gogolin/Fürstenau 2001). Manche beginnen auch bezüglich ihrer Sprache Minderwertigkeitskomplexe zu entwickeln und sich von der Muttersprache zu distanzieren. Es ist durchaus empfehlenswert, die Schulbibliothek mit einigen fremdsprachigen Werken der Kinder- und Jugendliteratur auszustatten (vgl. Fleck 2008, 2).

Auch aus einer gesamtgesellschaftlichen Sicht ist eine Förderung der potenziell vorhandenen Zweisprachigkeit vieler Schüler und Schülerinnen als positiver Faktor zu bewerten. Zunehmende internationale Verflechtungen in Wirtschaft, Politik und Kultur erfordern Menschen, die sich in zwei, drei oder mehr Sprachen ohne Probleme verständigen können. Gerade deswegen wird dem schulischen Fremdsprachenunterricht ein großer Stellenwert beigemessen. In diesem Kontext kommt es allerdings gerade deshalb einer Verschwendung von Ressourcen gleich, dass man die erstsprachlichen Kompetenzen vieler Schüler und Schülerinnen brachliegen lässt (vgl. Fleck 2008, 3 f.).

In den meisten europäischen Staaten gibt es bereits gesetzliche Regelungen hinsichtlich der Angebote zum Erlernen der Erstsprache der Migrantenkinder. Ziele dieses Erstsprachenunterrichts sind die Entfaltung der Bikulturalität und die Entwicklung sowie Festigung der Mehrsprachigkeit. Die Persönlichkeitsentwicklung und Identitätsbildung der betreffenden Schüler und Schülerinnen sollen durch den muttersprachlichen Unterricht ebenfalls unterstützt und gefördert werden. Einschlägige Sprachkurse, welche in Österreich[68] und auch in vielen anderen europäischen Ländern jedoch immer außerhalb des normalen Schulunterrichtes stattfinden, werden aber häufig als eine zusätzliche Belastung wahrgenommen, die zu den normalen schulischen Aufgaben hinzukommt. Deshalb wird dieser Unterricht oft auch nicht in Anspruch genommen (vgl. de Coster 2009, 19). Verschiedene andere unterrichtsbegleitende Modelle bieten Kindern mit Migrationshintergrund in Österreich ebenfalls Unterstützung im Bereich des Spracherwerbs und der Integration. Vorgesehen sind etwa sprachliche Förderkurse

---

Kapselten sich dadurch von den deutschen Mitschülern ab. Und reagierten mit fremdsprachigen und dadurch unverständlichen Kommentaren auf Verweise und Vorbehalte der Lehrer, die dann wie Deppen den gickernden und gackernden Schülern gegenüberstanden. Das Fass zum Überlaufen brachte für (den) Rektor (...) eine Kollegin, die ihm die Klassenarbeit eines Schülers der Sechsten vorlegte. Auf zwei DIN-A-4-Seiten stimmte kein Wort. ‚Ein so hohes Maß an sprachlicher Inkompetenz können wir in der Realschule nicht mehr aufarbeiten', dachte sich der Schulleiter und schritt zur Tat. In einem Info-Brief an die Eltern formulierte er etwas unglücklich, wie er später einräumen musste, folgenden Absatz: ‚An unserer Schule wird deutsch gesprochen. Wir bitten die Eltern unserer ausländischen Mitschüler wie auch die anderen, deren Muttersprache eine andere als Deutsch ist, im Interesse der Kinder darauf hinzuwirken, dass die Umgangssprache Deutsch ist. In der Schule möchten wir jedenfalls weder Russisch noch Türkisch hören, denn diese Sprachen werden hier nicht gelehrt" (Frankfurter Rundschau vom 29.10.1999).

68 Die muttersprachliche Förderung wird von offizieller Seite ausdrücklich empfohlen und auch für die „weiterführenden Schularten kann der muttersprachliche Unterricht im Rahmen der Schulautonomie angeboten werden, sofern der Bedarf und die stellenplanmäßige Bedeckung gegeben sind" (Nekula 2011, 2).

aus Deutsch für Schüler und Schüler mit einer anderen Muttersprache, der Einsatz von Begleitlehrern und -lehrerinnen, die Betreuung von „Seiteneinsteigern", die erst im höheren Alter ins österreichische Schulsystem eintreten und in geringem Ausmaß auch das Angebot einer zweisprachigen Alphabetisierung (vgl. Furch 2008, 69).

Der erfolgreiche Erstsprachenerwerb zeigt, dass Kinder mit der Koexistenz von mehr als einer Sprache in ihrer Umgebung umgehen können. Diese Erkenntnis ermuntert durchaus zu einem frühen Einsatz der Förderung in der Zweitsprache. Es gibt allerdings keine Garantie dafür, dass Kinder, die von Anfang an mit zwei Sprachen konfrontiert werden, wirklich alle beide auf Dauer behalten (vgl. Keim/Tray 2006, 224). Auch die Erstsprache eines Kindes mit Migrationshintergrund kann gegenüber einer zeitversetzt hinzutretenden Zweitsprache langfristig ins Hintertreffen geraten. Dies steht häufig auch im engen Zusammenhang mit dem Prestige einer Sprache. Frühe Mehrsprachigkeit in der Schule ist nämlich eher ein Projekt für erfolgsorientierte deutsche und österreichische Eltern aus dem Bildungsbürgertum, die aber für ihre Kinder auch ganz spezielle Sprachen bevorzugen. So gut wie immer sind es Englisch oder auch Spanisch, praktisch nie Türkisch oder Bosnisch.

Ganz wesentlich wäre es aber auch, die Sprachen von Migranten und Migrantinnen im schulischen Kontext als Fremdsprachen anzuerkennen. Dies würde vermitteln, dass Mehrsprachigkeit eine erstrebenswerte Qualifikation ist, die interkulturelle Erziehung begünstigen und verschiedene Sprachen als Ressource erkennen lassen. Diskriminierungen wären dadurch wesentlich seltener zu beobachten, denn dadurch fiele es leichter, eine Über- und Unterordnung in Sprachhierarchien zu verhindern (vgl. Gogolin/Neuman 1997). Türkisch oder Bosnisch werden dann unter Umständen nicht mehr weniger wertgeschätzt, als westeuropäische Sprachen. Nicht vergessen werden darf, dass diese beiden Sprachen auch in Deutschland und Österreich wesentlich häufiger im Alltag gesprochen werden können, als viele andere.

Der Vorteil des Konzeptes, mit dem ungesteuerten Zweitsprachenerwerb sehr früh zu beginnen, ist wissenschaftlich eindeutig belegt und daher positiv besetzt. In linguistischen Fachkreisen wird von individuellen Ausprägungen von Zweisprachigkeit und diversen Graden der Beherrschung von zwei Sprachen gesprochen, was auf jeden Fall als Bereicherung und Vorteil gesehen wird (vgl. Furch 2009, 24).

„Oft wird befürchtet, dass diese Mehrsprachigkeit schlechten Einfluss auf die Entwicklung von Kindern haben könnte. Wahr ist das Gegenteil: Kinder, die mehrsprachig aufwachsen, entwickeln schon früh, unbewusst Strategien zum Spracherwerb und tun sich dann auch später, z. B. in der Schule leichter, weitere Sprachen zu erlernen. Entscheidend dabei ist, dass die Muttersprache gut entwickelt und gefördert wird" (Umgang mit Mehrsprachigkeit 2011, 2). Es ist auch nicht in jedem Fall ungünstig, wenn Kinder mit unterschiedlichen Erstsprachen in einer Gruppe gemeinsam lernen oder spielen[69] (vgl. ebda).

69 Es ist wichtig, dass zum besseren Verständnis von Sprachen und Spracherwerb vermittelt wird,
- „dass Menschen verschiedene Sprachen sprechen,
- dass verschiedene Gründe zur Mehrsprachigkeit führen können,

Grundüberzeugungen und Vorurteile gegenüber Mehrsprachigkeit

Mehrsprachigkeit ist eine Art „Ausnahmezustand"
Die Annahme, der Mensch wäre auf die Einsprachigkeit hin ausgerichtet, ist ein Irrtum. Monolingualismus ist demographisch betrachtet eine Ausnahme, und der einsprachige Mensch ist sprachwissenschaftlich eine Fiktion. Menschen mit ausschließlicher Erstsprachenbeherrschung sprechen nicht nur eine Variante der Sprache. Sie sprechen in der Regel mehrere Dialekte und verfügen über unterschiedliche Stile sowie fachliche Ressourcen aufgrund von Interessen, Bildungswegen und Berufen.

Die Erstsprache erwirbt man „perfekt"
Sprecher und Sprecherinnen der gleichen Sprache unterscheiden sich zum Teil erheblich im Umfang ihres aktiven oder passiven Wortschatzes und in der Differenziertheit ihrer sprachlichen Ressourcen und auch in der jeweiligen kommunikativen Kompetenz. So ist es möglich, dass man eine weitere Sprache auf einigen Ebenen sehr gut erwerben kann.

Man ist nur dann „wirklich" mehrsprachig, wenn man beide/alle Sprachen gleichermaßen beherrscht
Es gibt mehrsprachige Menschen, die mehrere Sprachen in hohem Maße beherrschen, dennoch ist es unrealistisch, von ihnen zu erwarten, dass sie in allen ihren Sprachen über beliebige Themen gleichermaßen differenziert und flüssig reden können und wollen. Das Ausmaß hängt auch davon ab, ob ein Mensch überhaupt die Gelegenheit hatte, sich in jeder seiner Sprachen mit entsprechenden Themenbereichen zu beschäftigen. Nicht selten empfinden Mehrsprachige die eine oder andere ihrer Sprachen als „stärker" oder dominant. Diese Empfindung kann sich im Laufe des Lebens und in Abhängigkeit von den Lebensumständen ändern.

Mischungen sind Zeichen eines defizitären Sprachenerwerbs
Mischungen bilden stilistische Ressourcen und zeigen davon, dass früh gezielt in den verfügbaren Sprachen kooperiert wird.

- dass Menschen oft ein besonderes Verhältnis zu der Sprache haben, die sie als Erstes begonnen haben zu lernen (‚Muttersprache'),
- dass auch innerhalb einer Familie je nach Situation unterschiedliche Sprachen gesprochen werden,
- dass das Erlernen einer Sprache eine große Leistung darstellt,
- dass es vorteilhaft ist, mehrere Sprachen zu sprechen, und sie können neugierig auf ihnen unbekannte Sprachen werden.

Darüber hinaus können die Schüler und Schülerinnen lernen,

- dass Mehrsprachigkeit für viele Menschen eine Selbstverständlichkeit ist und dies in der Vergangenheit auch immer so gewesen ist,
- dass alle Sprachen gleichberechtigt sind bzw. sein sollten,
- Geduld in Situationen zu zeigen, in denen jemand Schwierigkeiten mit der Sprache hat" (Quehl 2003, 274).

Eine gesunde Identitätsentwicklung ist an eine einzige Sprache gebunden
Es ist ein Missverständnis, dass die kindliche Identitätsbildung nur die Bindung an eine Sprache voraussetzt. Viele beanspruchen außerdem für sich ganz dezidiert und selbstbewusst eine hybride Identität.

Migrantenfamilien sollten Deutsch zur Familiensprache machen
In der Diskussion wird immer wieder die Annahme fokussiert, dass nicht-deutschsprachige Eltern Deutsch lernen sollten, um es ihren Kindern beibringen zu können. Wenn Eltern dies tun, setzen sie wichtige Signale. Sie schaffen für die Sprache Deutsch Ansehen. Sie können somit die Neugier und den Bildungsprozess der Kinder ankurbeln. Aber was Eltern nicht können, wenn sie das Deutsche nicht schon gut beherrschen, ihren Kindern ein Modell für die deutsche Grammatik anzubieten. Eltern sollten ermutigt werden, mit ihren Kindern in der Erstsprache zu kommunizieren, in denen sie ihnen einen komplexen und authentischen Input bieten können. Die deutsche Eingabe muss dann von einer anderen Seite kommen. Dabei ist es wichtig, dass ausreichend Personal für eine individuelle Ansprache der Kinder zur Verfügung steht.

Man bemerkt nicht, dass mit zweierlei Maß gemessen wird
Die Einstellungen zur Mehrsprachigkeit hängen sehr vom Marktwert der Sprachen ab und vor allem auch vom Prestige der Sprecher und Sprecherinnen. Im gemeinsamen europäischen Referenzrahmen für Sprachen ist die Rede, dass künftig alle Bürger und Bürgerinnen Europas drei Sprachen beherrschen sollten und somit ist die Wahrscheinlichkeit hoch, dass sie das Angebot zweier Erstsprachen annehmen. Viele Länder tun sich schwer, das beachtliche mehrsprachliche Potential zu erkennen, das ihnen bereits zur Verfügung steht. Wenn Menschen mit englischer oder französischer Erstsprache sich bemühen Deutsch zu sprechen, ist man oft tolerant gegenüber Abweichungen, was bei einem türkisch- oder russischsprachigen Kind meist nicht der Fall ist. Auch dies gilt es, zu korrigieren

Quelle: Keim/Tracy 2006, 225 f

Zusammenfassend ist zu sagen, dass „Kompetenzen in mehreren Sprachen sowie im Umgang mit Menschen anderer kultureller Herkunft (…) nicht nur eine persönliche Bereicherung (sind), sondern auch wichtige Kriterien für schulischen und vor allem beruflichen Erfolg" (Umgang mit Mehrsprachigkeit 2011, 2). Zwei- oder Mehrsprachigkeit ist somit durchaus ein erstrebenswertes Ziel schulischer Bildung[70] (vgl. Fürstenau/Gomolla

70 Der Europäische Rat hat die Notwendigkeit der Beherrschung von Fremdsprachen erkannt und setzt sich sehr für eine mehrsprachige Gesellschaft ein. „Entsprechend hat die Europäische Kommission drei generelle Ziele formuliert:
- das Sprachenlernen zu ermutigen und die linguistische Vielfalt in der europäischen Gemeinschaft zu fördern,

2011, 13), doch die Bilingualität von einem großen Teil der Kinder und Jugendlichen mit Migrationshintergrund wird eben oft ganz anders bewertet[71].

Für die Förderung des Erwerbs der Bildungssprache ist es wichtig, die Kompetenzen und fremdsprachlichen Ressourcen der Schüler und Schülerinnen, welche diese schon mitbringen und die oft unterschätzt werden, anzuerkennen (vgl. Keim/Tracy 2006, 225). Entscheidend ist auch, Förderbedarf zu identifizieren, gezielte Maßnahmen zu ergreifen und die Fortschritte (an)zuerkennen, aber auch auf eine Wertschätzung aller Sprachen zu achten (vgl. Jeuk 2010, 114 ff.).

- eine prosperierende mehrsprachige Wirtschaft voranzutreiben und
- den Bürgern Zugang zur europäischen Gesetzgebung und zu Informationen in ihrer eigenen Muttersprache zu ermöglichen" (Hesse 2007, 2)

Demnach soll jeder/e EU-Bürger/in über praktische Kenntnisse in zwei Fremdsprachen verfügen, welche sich allerdings nur auf den kommunikativen Aspekt beziehen, was nicht bedeutet, dass sie fließend gesprochen werden müssen. Innerhalb der EU gilt die englische Sprache als die „lingua franca", da sie am häufigsten genutzt und auch unterrichtet wird. Von vielen Eltern wird aus diesem Grund Englisch als erste Fremdsprache für ihre Kinder gewählt (vgl. Petersen 2010). Deutsch wiederum wird in der EU von den meisten Menschen als Muttersprache gesprochen und auch in Schulen der meisten Mitgliedsländer als Fremdsprache angeboten.

71 Es wird zwar oft von Mehrsprachigkeit als „Ressource" gesprochen, aber dabei geht es hauptsächlich um die Frage, ob die Herkunftssprachen der Kinder für den Erwerb von Deutschkenntnissen nützlich sind (ebda).

Überblick über die Behandlung kultureller Vielfalt in der Minderheitenforschung und in der Pädagogik

Assimilationismus	**Multikulturalismus**	**Kritik am Multikulturalismus und Primat der Integration**	**Pluralismus und Annahme der sozikulturellen Herkunft**
die Kultur der Minderheiten gilt das irrelevant	die Kultur der Minderheiten gilt als irrelevant	die Kulturzugehörigkeit gilt als nicht relevant; die sozioökonomische Dimensionen und Vorrang	die Vielfalt hat mehrere Dimensionen sprachlich kulturell sozioökonomisch geschlechtsspezifisch usw.
kulturelle Differenz und Ethnizität behindern die Assimilation	kulturelle Differenz und Ethnizität sind positiv besetzt	Kulturelle Differenz darf kein Thema sein	Minderheit wird je nach Blickwinkel als solche definiert
universalistischer Ansatz	partikularistischer eventuell relativistischer Ansatz	universeller Ansatz	Synthese partikularer und universeller Sichtweisen
Ausländerpädagogik	**Interkulturelle Pädagogik**	**Kritik an der inter kulturellen Pädagogik**	**Pädagogik der so zu kulturellen und sprachlichen Vielfalt**
Schwerpunkt: Zweitspracherwerb Fördermaßnahmen	begegnungsorientierte Konzepte konfliktorientierte Konzepte kombinierte Konzepte	Kein Konzept	Vielfalt der Lebenswelten, Vielfalt der Standpunkte Leben mit Diversität erlernen strukturelles Auffangen von Heterogenität
Zwei- und Mehrsprachigkeit sind negativ besetzt	Zwei- und Mehrsprachigkeit sind positiv besetzt	keine Aussage zu den Sprachen	Zwei- und Mehrsprachigkeit sind positiv besetzt
Defizithypothese kompensatorische, differentialistische Pädagogik	Differenzhypothese emanzipatorische, differentialistische Pädagogik	Egalitätshypothese emanzipatorische, egalitäre Pädagogik	Diversitätshypothese emanzipatorische, pluralistische Pädagogik

Quelle: Allemann-Ghionda 2002, 487

9.9 Multikulturalität

9.9.1 Begriffsbestimmung

Multikulturelle Erziehung

Der Terminus „Multicultural education“[72] wird vor allen Dingen im englischsprachigen Raum verwendet und deckt sich in vieler, aber nicht jeglicher Hinsicht mit dem Konzept der Interkulturalität, welches im deutschsprachigen Raum vorherrscht. Ursprünglich stand die „Multicultural education“ in der Tradition der Rassismusbekämpfung in den USA und damit auch in einem engen Zusammenhang mit den „African American Studies“, die sich mit der Erforschung der Situation von Afro-Amerikanern und Afro-Amerikanerinnen befasst (vgl. Waterkamp 2006, 152). Der Bereich war somit in den USA von jeher hauptsächlich auf vorhandene ethnische Kontroversen hin ausgerichtet, die das Nebeneinander verschiedener Kulturen mit sich bringt. Die etablierten Bildungsstrukturen und -inhalte erwiesen sich immer stärker als ungeeignet, um auf das Leben in einer von sozio-kultureller Pluralität geprägten Gesellschaft vorzubereiten.

In der Folge sei exemplarisch am schulischen Kontext dieses Landes aufgezeigt, wie sich das multikulturelle Setting für die einzelnen gesellschaftlichen Sub-Gruppen darstellt.

9.9.2 Multikulturalität in den USA

„Whiteness“

Das Thema „Whiteness“ beherrscht seit jeher öffentliche Schulen in den USA. Verstanden wird darunter „the willingness to maintain white power and privilege while blaming urban students and parents who happen to be mostly people from culturally and linguistically diverse backgrounds" (Mizialko 2005, 176). In der amerikanischen Gesellschaft existiert nämlich eine Leitkultur, die bestimmt ist durch Werte, Verhaltensweisen und Erwartungshaltungen der weißen Mittelklasse. Dies ist der Standard, an dem für gewöhnlich auch die anderen Bevölkerungsgruppen gemessen werden. Abweichungen davon werden häufig als inferior, unzulänglich und oftmals störend bewertet.

72 Ausgehend von der englischsprachigen Diskussion wird auch von multikultureller Erziehung gesprochen. Intercultural education wird dabei eher als spezifizierender Unterbegriff verwendet, um den Akzent auf die Aktivitäten und Arrangements zu legen, die sich auf den Kontakt zwischen Angehörigen verschiedener ethnischer oder kultureller Gruppierungen konzentrieren. Dementsprechend ließe sich ein Bedeutungsunterschied für den deutschen Sprachgebrauch festlegen. Multikulturelle Erziehung wären demnach alle pädagogischen Aktivitäten und Arrangements, die auf die neuen Aufgabenstellungen Antwort geben, die sich durch die Zuwanderung von Menschen mit anderer Kultur oder durch das Akzeptieren einer Vielfalt ethnischer Minderheiten innerhalb einer pluralistischen und somit auch multikulturellen Gesellschaft ergeben. Interkulturelle Erziehung hingegen würde jene Bereiche bezeichnen, die sich auf den einsichtsvollen Umgang von Majorität und ethnisch-kulturellen Minoritäten miteinander konzentrieren. Multikulturelle Erziehung unterstützt die Präsentation der vielen Kulturen nebeneinander (vgl. Nieke 2008, 25 ff.).

93 % des Lehrkörpers in den USA ist europäischen Ursprungs, 83 % der Lehrenden an Grundschulen sind weiße Frauen (vgl. Kunjufu 2002, 17). Andererseits gehören heute bereits mehr als 25 % der Amerikaner und Amerikanerinnen Minoritätengruppen an, und dieser Prozentsatz steigt kontinuierlich an. Der Anteil der weißen Bevölkerung nimmt hingegen beständig ab. Machte er 2000 noch 70 % aus, wo wird es bis 2025 auf 60 % und bis 2050 auf 50 Prozent sinken (vgl. Hochschild/Scovronick 2003, 194). Auch der Unterricht an öffentlichen Schulen orientiert sich bedingt durch die Zusammensetzung des Lehrkörpers primär an Werten und Überzeugungen der dominanten weißen, europäisch-amerikanischen Kultur.

> „There is a psychological distance that separates the races, and this distance makes it difficult for some whites to understand the issues of privilege, poverty, discrimination, and miseducation. It is no surprise, then, that many ethnically and linguistically diverse urban learners are traditionally misidentified, misassessed, miscategorized, misplaced, and misinstructed" (Mizialko 2005, 177).

Wie Delgado (1990, 105 f.) feststellte, lassen sich in den Vereinigten Staaten zwei Formen des Rassismus beobachten; ein substantiver und ein prozeduraler. Beim substantiven Rassismus, welcher auch als alter Rassismus bezeichnet wird, handelt es sich um die gesetzliche Segregierung und andere Formen offener rassistischer Praktiken. Der prozedurale Rassismus hingegen wird als neuer Rassismus identifiziert, der die von der weißen Bevölkerung etablierten Regeln und Vorschriften umfasst, die die Chancen und Gelegenheiten der anderen Bürger mit nicht-weißer Hautfarbe zerstören oder massiv beeinträchtigen, ohne dass dabei expressis verbis die Minderheitswertigkeit dieser Menschen zum Ausdruck käme. Delgado prägte in diesem Zusammenhang die Bezeichnung „Law of Racial Thermodynamics", demnach Rassismus niemals zerstört wird, sondern in neuen, geänderten Formen immer wiederkehrt (ebda). Auch wenn sich die Art des Rassismus verändert, bleibt er in der Substanz dieselbe. Rassismus im alten Stil wurde zwar sozial inakzeptabel, prozeduraler Rassismus ist aber eingewoben in die sozio-ökonomischen Strukturen und wird nur selten als solcher erkannt. Dieser prozedurale Rassismus liegt auch vielen Handlungsformen innerstädtischer Lehrer und Lehrerinnen zu Grunde.

Segrest (2001) sieht im Rassismus einen Weg, um „Whiteness" zur Norm zu erheben. Dazu führt Mizialko (2005, 178) erkärend aus: „In itself, whiteness is not only about race and racism but is a normalizing technology that aids in the production and maintenance of socially constructed standards and norms". Semali (1998, 183) geht noch weiter und hält fest:

> „Whiteness mutates from overt constructions in which coverage is given to arguments, positions, and spokespersons who are in the business of elaborating an openly racist argument or advancing a racist policy to those apparently naturalized representations of events and situations relating to race, whether factual or fictional, that have racist premises and propositions inscribed in them as a set of unquestioned assumptions".

Das Konzept der Vorherrschaft von „Whiteness" hat gewissen Gruppen Privilegien verschafft, während zu gleicher Zeit andere zurückgelassen wurden. Um gegen die negativen Einflüsse von „Whiteness" in schulischen Kontext ankämpfen zu können, muss primär identifiziert werden, wie es sich in diesem Ambiente manifestiert, nämlich „(...) unrealistic high expectations, high standards, accountability, reform, and no child left behind. These are the values of whiteness" (Mizialko 2005, 179).

Weiße Eliten sichern sich ihre dominante gesellschaftliche Position, indem sie das Wissen um deren Erhalt auch in den Schulen an die nachkommenden Generationen übermitteln. Davon sind Minderheitengruppen ausgeschlossen, da ihnen das Knowhow fehlt, um in der Schule erfolgreich zu sein. „Cultural capital is a set of family-inherited and inculcated knowledges and practices that equip advantaged children to succeed in school. Advantaged students have families who socialize them to internalize and understand what Bourdieu defines as the 'modes and use and relationship in language: relationship to and affinity for the dominant culture; styles of interaction and varying dispositions toward schooling itself'" (Fruchter 2007, 29). Aus diesem Grund sind diese privilegierten Schüler und Schülerinnen erfolgreicher, da auch Schulen in einer Form strukturiert sind, dass sie das kulturelle Kapital der dominanten Klassen kultivieren und Schüler und Schülerinnen, die entsprechende Handlungsmuster erfolgreich internalisiert haben, mit Erfolg belohnen.

Schwarze und auch hispanische Schüler und Schülerinnen verfügen nicht in ausreichendem Maße über jenes kulturelle Kapital, das in der Schule geschätzt wird. Diese Schüler und Schülerinnen werden als defizitär wahrgenommen und müssen früh lernen, mit Diskriminierung in Schule und Gesellschaft umzugehen. Dabei sind Schulen oft der einzige Ort, wo verarmte schwarze und hispanische Kinder und Jugendliche Werte erlernen können, über die sich die weiße amerikanische Mittelschicht definiert (vgl. Kunjufu 2002, 93). Sie sind vor die Aufgabe gestellt, ihr eigenes kulturelles Erbe, ihre Sprache und sozialen Praktiken zu akzeptieren und wertzuschätzen, und sich gleichzeitig in die Vorgaben und Erwartungen der dominanten Gesellschaft einzuüben. Nur das Wissen um die kompetente Nutzung dieser Ressourcen sichert ihnen einen der knappen Plätze an den besten Universitäten, die wiederum gut bezahlte Jobs und ein attraktives Leben ermöglichen. Es darf allerdings nicht erwartet werden, dass sich Kinder aus Minderheitengruppen an die dominante Kultur anpassen können, wenn sie die Last dieser Assimilierung selbst tragen müssen. Erlernen sie die normativen Codes der Gesellschaft allerdings nicht, bleibt ihnen ein erfolgreiches Leben versagt. Dafür benötigen sie aber mehr Unterstützung, ohne dass ihre Herkunftskultur gering geschätzt wird. Nur dann werden viel mehr Schüler und Schülerinnen lernen, zwischen den Codes der Mehrheitskultur und ihrer eigenen hin und her zu wechseln (vgl. Delpit 1995, 115).

Die meisten Lehrer und Lehrerinnen an innerstädtischen Schulen sind sich des Konzepts von „Whiteness" und seiner Auswirkungen auf die Schüler und Schülerinnen selten bewusst. Dennoch führt die Vorherrschaft von „Whiteness" zu Ausschluss und Unterdrückung anderer Ethnien (vgl. Harris 2005, 140 ff.). „(...) until urban teaching professionals can know that their whiteness values and orientation are oppressive, justice cannot exist for students" (Mizialko 2005, 182). Erst das Bewusstsein über die Machtverhältnisse in der Gesellschaft gekoppelt mit einem gewissen Grad an Empathie ermöglicht es Lehrern und Lehrerinnen, „to hear, learn, know, and feel their students. While they can never fully experience the struggles of their students, they can create a space where students' stories and experiences are valued, heard, acknowledged, and shared"[73] (Mizialko 2005, 184). Lisa Delpit (1995, 151) fordert daher Lehrer und Lehrerinnen auf, bereit zu sein, die eigenen „Grenzen" zu überschreiten und Offenheit für das „Anderssein" zu entwickeln. „We all interpret behaviors, information, and situations through our own cultural lenses, these lenses operate involuntarily, below the level of conscious awareness, making it seem that our view is simply 'the way it is'". Daher ist es nötig, sich die eigenen Wahrnehmungen und Vorurteile bewusst zu machen und bei Bedarf immer wieder zu korrigieren.

Multikulturalität im schulischen Kontext

Mit dem Entstehen der Bürgerrechtsbewegung in den späten fünfziger Jahren wurde dieser Monokulturalismus in den öffentlichen Schulen der Vereinigten Staaten erstmals in Frage gestellt. Afro-amerikanische und andere Minderheiten begannen ihre Rechte einzufordern und legen seitdem verstärkt Wert darauf, dass ihre Kinder eine öffentliche Schulbildung erhalten, die auch die eigene Kulturgeschichte, Literatur und Tradition berücksichtigt. Auch weiße Kinder sollten so eine umfassendere und ausgeglichenere Sicht der amerikanischen Geschichte und Zivilisation gewinnen, um sich in der Folge toleranter und respektvoller Minderheiten gegenüber zu verhalten. Das geschieht mitt-

73 Im einleitenden Absatz seines Buches „The Souls of Black Folks" (1903, 3) schreibt der schwarze Vorkämpfer W. E. B. DuBois über die grundlegenden Unterschiede zwischen den Erfahrungswerten von weißen und schwarzen, die Afro-Amerikaner und Afro-Amerikanerinnen besitzen müssen, um zu überleben. „After the Egyptian and Indian, the Greek and Roman, the Teuton and Mongolian, the Negro is a son of seventh son, born with a veil, and gifted the second-sight in this American world, – a world which yields him no true self-consciousness, but only lets him see himself through the revelation of the other world. It is a peculiar sensation, this double-consciousness, this sense of always looking at one's self through the eyes of others, of measuring one's soul by the tape of a world that looks on in amused contempt and pity. One ever feels his two-ness, – an American, a Negro; two souls, two thoughts, two unreconciled strivings; two warring ideals in one dark body, whose dogged strength alone keeps it from being torn asunder".
Rund 90 Jahre später beschreibt Barack Obama in seinem Buch "Dreams from my father" (1996, 284), wie diese zwei gegensätzlichen Ichs bei einem Besuch in Afrika zueinander finden: "And all of this while a steady procession of black faces passed before your eyes, the round faces of babies and the chipped, worn faces of the old; beautiful faces that made me understand the transformation that Asante and other black Americans claimed to have undergone after their first visit to freedom that comes from not feeling watched, the freedom of believing that your hair grows as it's supposed to grow and that your rump sways the way a rump is supposed to sway. You could see a man talking to himself as just plain crazy, or read about the criminal on the front page of the daily paper and ponder the corruption of the human heart, without having to think about whether the criminal or lunatic said something about your own fate. Here the world was black, and so you were just you; you could discover all those things that were unique to your life without living a lie or committing a betrayal".
Diese beiden Textdokument liefern ein deutliches Bild davon, welche unglaublichen Privilegien Menschen mit weißer Hautfarbe in einem Land wie den USA haben, vor allen Dingen jenes, des „Single Racial Consciousness" und einer „Single Sight" (Landsmann/Lewis 2006, 17).

lerweile in beschränktem Maße, an der Vormachtstellung der von jeher dominierenden Kultur hat sich allerdings bislang nichts geändert.

Diese „Kulturkriege" („Culture wars"), die das traditionelle westlich orientierte Curriculum einem multikulturellem entgegenstellen, wo die Beiträge von nicht-weißen Amerikanern viel größere Beachtung erfahren, haben eine lange Tradition, ohne dass sich auch nur im Entferntesten eine für alle Gruppen der amerikanischen Bevölkerung zufriedenstellende Lösung abzeichnen würde (vgl. Thompson 2007, 39). „Although multicultural education and culturally relevant teaching have been discussed in academic circles for decades, they are still topics of debate, confusion, and resistance among educators. There are several reasons why. Among them are cultural insensitivity, cultural ignorance, and teachers' resistance" (Thompson 2004, 191).

Eurozentristische Lehrpläne werden von Minderheitengruppen ebenso abgelehnt, wie die Behandlung literarischer Klassiker (etwa Mark Twains „Hucklberry Finn"), da nicht nur das Bild von Minoritäten äußerst negativ gezeichnet ist, sondern auch in Frage gestellt wird, inwieweit „the art made by dead white males" von Relevanz für den Lebensraum amerikanischer Schüler und Schülerinnen aus Minderheitengruppen ist (O'Faolain 1996, 45).

Multikulturelle Aspekte wurden auch in den USA im Laufe der neunziger Jahre immer wichtiger. Offiziell wird Multikulturalität im schulischen Umfeld wie folgt definiert: „Multicultural education recognizes cultural diversity as a fact of life in American society, and it affirms that this cultural diversity is a valuable resource that should be preserved and extended. It affirms that major education institutions should strive to preserve and enhance cultural pluralism" (Clabaugh 1993, 117). Bis heute wurde allerdings nie systematisch erhoben, welche Rolle Multikulturalität im schulischen Kontext tatsächlich spielt und auch über mögliche Auswirkungen ist nichts bekannt. Zwar hat ein Großteil der innerstädtischen Schulbezirke multikulturelle Aspekte in den Curricula implementiert (vgl. Hochschild/Scovronick 2003, 171). Tatsächlich erschöpfen sich die Beiträge hauptsächlich zu Feiern im Februar, dem Black Month oder dem Cinco de Mayo, wenn je nach Schulbezirk entsprechende umfangreiche Aktivitäten geplant werden. An vielen Schulen kann es durchaus vorkommen, dass multikulturellen Aspekten keine Bedeutung beigemessen wird und im Schulalltag nicht darauf Bezug genommen wird. Speziell weiße Schüler und Schülerinnen beklagen auch häufig, dass bei allzu starker Ausrichtung des Unterrichts auf das „multikulturelle Amerika" nicht selten rassistisch determinierte Animositäten unter den Klassenkollegen und -kolleginnen unterschiedlicher Hautfarbe die Folge sind (vgl. Thompson 2007, 46).

Wie wichtig eine durchgängige Berücksichtigung multikultureller Aspekte im Unterricht allerdings für die Verbesserung der Leistungsbereitschaft von Minoritätenschülern und -schülerinnen wäre, lässt sich aus folgender Aussage eines Teenagers ableiten: „(...) I find myself doing better on tests when I'm reading and writing about stuff that pertains to my culture. If they incorporated more of that, then maybe I could do better in that class" (Thompson 2007, 48).

Forderungen nach einem afro-zentrischen Curriculum werden immer häufiger. „(It) should (1) refer to the life experiences (...) and traditions of African peoples as the center of analyses; (2) utilize African and African-American experience as the core paradigm for human liberation and higher-level human functioning; (...) (3) assist African American students in the self-conscious act of creating history; (and) (4) reinforce a quality of thought and practice which is rooted in the cultural image and interest of African people" (Hilliard et al. 1990, xxi). Auch viele amerikanische Indianer setzen sich immer mehr dafür ein, dass ihre Kinder in den Schulen auch über die Kultur und Sprache ihrer Stämme lernen (vgl. Hochschild/Scovronick 2003, 179).

Bedenklich ist aber, dass viele Lehrer und Lehrerinnen, vor allen Dingen solche, die der weißen Mehrheitsbevölkerung angehören, multikulturell ausgerichtete Lehrplaninhalte noch immer für Zeitverschwendung erachten, die von den eigentlich wichtigen Themen nur unnötig ablenken (vgl. Thompson 2007, 60). Allerdings ist erwiesen, dass die Behandlung lebensweltbezogener Themen und die Behandlung von Problemen und Aufgabenstellungen mit Bezug zur eigenen Außenwelt eher geeignet sind, Lernende intrinsisch zu motivieren und ihr politisches Bewusstsein zu erweitern (vgl. Duncan-Andrade/Morrell 2008).

Beinahe die Hälfte aller Kinder von Minderheiten verlässt die Schule ohne Abschlusszeugnis, und nur ein kleiner Teil besucht ein weiterführendes College. Die Arbeitslosenrate in diesen Gruppen ist sehr hoch, und auch jene Jugendlichen, die Arbeit finden, müssen sich oft mit niedrigen Löhnen begnügen. So bleiben sie Teil der immer größer werdenden amerikanischen „Underclass". Die unausgesprochene Annahme der dominanten weißen Kultur war lange Zeit, dass dieses Versagen auf inhärente Defizite der Minoritätengruppen zurückzuführen sei. Die Kinder wurden als zu wenig intelligent und motiviert eingestuft, um Erfolge in der Schule und dann in ihrem späteren Leben erringen zu können. Erst langsam wurden Gegenstimmen laut, die das Versagen der Minoritätenkinder auf die Schwächen des Systems zurückführten, welches hauptsächlich auf die Interessen und Bedürfnisse der weißen Mittelklasse ausgerichtet sind. Die These, dass viele Schwarze, Latinos, indianische und südasiatische Amerikaner geringere Schulerfolge aufweisen als etwa Weiße, da ein für ihren Lebensbereich wenig relevantes Curriculum langweilt und bisweilen sogar beleidigend für sie ist, wirkt überzeugend (vgl. Thompson 2007, 63).

Daher muss die multikulturelle Gesellschaft mit ihren Ausprägungen in den Curricula und im aktiven Unterrichtsgeschehen Niederschlag finden. Vermieden werden müssen in diesem Zusammenhang allerdings Stereotypisierungen. Ein afro-amerikanischer Schüler äußerte sich entsprechend: „You learn about negative black culture. You learn about slavery. You don't learn about positive black people". Andere meinten: „(The teachers) make it seem like black people havent't done anything but be slaves. (...) They act like (slavery is) all we come from, when we have great black poets. We have civil rights leaders, we have great black lawyers, authors, all kind of black people, and they all act like all we come from is cotton fields (...) They need to talk more about black accomplishments, see how we rose from slavery. (...) There's so much in American culture that black people have contributed to" (Thompson 2007, 44 f.).

Auch im Bereich der Schulbuchgestaltung gibt es noch viel „multikulturelles Potential". So wäre empfehlenswert, dass etwa die approbierenden Schulbuchkommissionen mit Vertretern von möglichst vielen der verschiedenen Gruppen der amerikanischen Gesellschaft besetzt werden, um auf diese Weise verschiedene Aspekte einfließen zu lassen und so den realen Gegebenheiten der Sozietät besser gerecht zu werden. „The committees should be careful to scrutinize the books for tokenism and for racist, white supremacist, and ethnocentric messages; and they should ensure that adequate space is devoted in textbooks to the histories, contributions, and experiences of the groups that have historically been left out of textbooks" (Thompson 2007, 62). Ebenso sollten Schulbibliotheken verstärkt mit multikulturellem Material ausgestattet werden.

Multikulturelle Bildung und Erziehung muss auch verstärkt Eingang in Programme der Lehreraus- und -fortbildung finden. Es wäre erforderlich, dass solche Angebote „be conceptualized to include awareness of the influence of culture and language on learning, the persistence of racism and discrimination in schools, and society and instructional and curricular strategies that encourage learning among a wide variety of students" (Nieto 2000, 315).

Banks (2004, 3) fordert als Schlüsselelement einer gelungenen multikulturellen Bildung und Erziehung, dass alle Schüler und Schülerinnen unabhängig von ihrer Hautfarbe und ihrem sozio-ökonomischen Status eines vorfinden müssen: „Equal opportunity to learn in school". Zu den Zielen der multikulturellen Bildung führt Nieto (2000, 305) noch weiter aus: „It challenges and rejects racism and other forms of discrimination in schools and society and accepts and affirms the pluralism (ethnic, racial, linguistic, religious, economic, and gender, among others) that students, their communities, and teachers represent". Weiters müssen noch der Begriff der sozialen Gerechtigkeit expliziert und jede Form von Diskriminierung bekämpft werden. Vieles, was als multikulturelle Bildung und Erziehung bezeichnet wird, ist natürlich noch lange keine, sondern umschreibt lediglich kleinere Anpassungen von Programmen und curricularen Teilbereichen (vgl. Ladson-Billings 2003). „(M)ulticultural education (...) cannot happen through prejudice reduction workshops, the study of ‚other' cultures, international food fairs, and many of the other practices often referred to as multicultural education" (Gorski 2006, 68). Die Ausrichtung des Schulwesens, wie der Gesamtgesellschaft auf „euro, male, Christian, heterosexual, English-speaking, (upper)-middle class" bleibt davon nämlich unberührt. „In place of equity and social justice we offer festivals, sensitivity training, and cultural tourism, often resulting in little more than a deeper entrenchment of stereotypes and assumptions. (...) Some of these programs – they may, indeed, be a step toward multicultural education – they too often are defined as multicultural education, as the step" (Gorski 2006, 71; Nieto, 2000).

Um eine Chance auf ein erfolgreiches Leben in der amerikanischen Gesellschaft zu haben, müssen jedoch alle Schüler und Schülerinnen jene Lernziele erreichen, die als gesamtgesellschaftlich legitimiert gelten. „(I)t will not liberate their dreams or secure their futures to be taught that separation in a small minority community is the only answer to racial bias or that whites are an all-powerful enemy" (Hochschild/Scovronick 2003, 184). Auch wenn sicher richtig ist, dass die Wertigkeit von literarischen oder sonstigen künstlerischen Beiträgen nicht-weißer Amerikaner oft zu gering geschätzt wird und vermutlich auch nicht in ausreichendem Maße Eingang in den Unterrichtsalltag an amerikanischen Schulen findet, ist es trotz allem bedenklich, dass mittlerweile in manchen innerstädtischen Schulbezirken das Schwergewicht ausschließlich auf die Behandlung von Werken von Menschen „of color" gelegt wird. Dies beraubt Schüler und Schülerinnen in anderer Form über Kenntnisse, über die ein Amerikaner nach der Absolvierung von zwölf Schuljahren verfügen sollte. Ebenso problematisch ist auch die Tatsache, dass durch das weitgehende Weglassen bestimmter Bereiche im Unterricht, die Vorbereitung auf die standardisierten externen Tests, und vor allen Dingen auch auf die Aufnahmetests an amerikanische Universitäten, nicht optimal gelingen kann.

Multikulturelle Aspekte im Unterricht

> „(M)any White teachers grew up in rural areas or lived their entire lives in White neighborhoods. They attended a White university, worshipped in a White church, and shopped in White grocery stores. They did their student teaching in rural school districts and accepted teaching assignments in the inner city (...). Many white male and female teachers who are now attempting to educate African American children have not taken one course in African American history, culture, family, learning styles, or Ebonics. Consequently, they are ill prepared to work with African American children (...). How could a teacher who grew up in a White rural community and was educated in a White environment be effective in the inner cities of America?" (Kunjufu 2002, 18).

Lehrer und Lehrerinnen aus der Mittelklasse bedenken oft nicht, dass die Wohnstätten ihrer Schüler und Schülerinnen keineswegs so ausgestattet sind, wie ihre eigenen. Nicht jeder afro-amerikanische oder hispanische Haushalt besitzt Bücher, Atlanten, Globen, Computer, Drucker und Internetzugang (vgl. Kunjufu 2002, 6). Oft wird von den Schülern und Schülerinnen auch erwartet, an Projekten zu arbeiten, die den Besuch öffentlicher Bibliotheken, Museen oder anderer Kulturinstitutionen erfordern. Afro-amerikanischen und hispanischen Eltern fehlt häufig der Zugang zu diesen Einrichtungen, weshalb sie ihre eigenen Kinder auch nie ermutigt haben, sich etwa Bibliotheksausweise anzuschaffen oder regelmäßig Ausstellungen zu besuchen. Die wenigsten sind auch bereit und im Stande, ihre Kinder an solche Orte zu bringen und wieder abzuholen, sei es, weil das Verständnis fehlt oder ganz einfach kein Auto zur Verfügung steht. Öffentliche Verkehrsmittel sind in vielen Regionen der USA auch nicht vorhanden. Dazu kommt das gefährliche Umfeld, in dem viele der ärmsten Kinder leben müssen, und wo nicht daran zu denken ist, bei Einbruch der Dunkelheit noch außer Haus zu sein, will man nicht Opfer von Gang-Aktivitäten oder anderen kriminellen Akten werden (vgl. Kunjufu 2002, 6).

Empfehlungen an Lehrer und Lehrerinnen für den Umgang mit Schülern und Schülerinnen aus Minoritätengruppen

- Show students respect and it will be reciprocated.
- Consider your first impression of a student. Avoid judging the student based on stereotypes.
- Take the time to learn about your students' backgrounds and interests. This will help you develop a connection with them that may create an environment conducive to learning.
- Recognize cultural differences and develop a multicultural curriculum
- Establish high expectations and standards for all students and they will meet the challenges.

Quelle: Landsmann/Lewis (2006, 160 f.).

Viele weiße Lehrer und Lehrerinnen verstehen daher das Verhalten von Kindern und Jugendlichen aus Minderheitengruppen nicht, was auch im Disziplinierungsfall zu großen Problemen führen kann. Es sind bestimmte Rituale, die auf Außenstehende fast lächerlich wirken, wie folgendes Zitat beweist. „It is a power struggle, a rites of passage between African American male students and female teachers. I wonder if there is one education department in America that prepares teachers for the showdown? (...) Ironically, African American males want the teacher to win the showdown, but if they ever notice fear, you have lost their respect and can no longer be an effective teacher" (Kunjufu 2002, 20). Ein großer Unterschied zwischen den verschiedenen Gruppen lässt sich auch bei der Reaktion auf Verhaltensprobleme der Schüler und Schülerinnen feststellen. „(...) differential sanctions often are applied for infractions of the school's discipline policies. Black and Latino students frequently receive stiffer penalties than Whites for similar offenses, due in part to the greater ease with which White parents are able to serve as advocates for their children. When confronted with the possibility of punishment for the violation of a school rule, White parents frequently involve attorneys whose intervention often has the effect of intimidating school administrators" (Noguera 2003, 77).

Das Interaktionsverhalten afro-amerikanischer und hispanischer Schüler und Schülerinnen ist sozialisationsbedingt anders als jenes von weißen Kindern und Jugendlichen. Dies hat natürlich ganz große Auswirkungen auf die Unterrichtsgestaltung. Kunjufus (2002, 98) Beschreibung schwarzen Verhaltens verglichen mit weißem verdeutlicht dies:

> „In Black culture, there is no separation between the performer and audience. In White culture, there is such a separation. This is very similar to the classroom design, where there is separation between teacher and students. In Black culture, when the musician or speaker is performing, the audience is actively involved in the process. The audience may finish the sentence, say amen, or make comments to reinforce what is being said. They sing along with the musician".

Unter dem Eindruck dieser Beobachtungen fragt Kunjus dann auch gezielt: „What are the implications for teachers? How do we reconcile children who are excited about wanting to answer the question with teachers who want students to wait until recognized?" (ebda).

Afro-amerikanische Kinder und Jugendliche haben etwa einen hohen Bedürfnisgrad an Gefühlen des Behütetseins und der Bindung an ihre Lehrer und Lehrerinnen. Dies ist unabhängig vom jeweiligen Alter der Fall. Die schlechteste Lernumgebung für solche Schüler und Schülerinnen ist daher eine große High school. Auch der ständige Wechsel von Fachlehrern und -lehrerinnen und damit Bezugspersonen im täglichen Unterrichtsgeschehen kann sich negativ auswirken (vgl. Kunjufus 2002, 103). Hinzu kommt, dass es oft Kommunikationsprobleme zwischen Lehrern und Lehrerinnen und vielen afro-amerikanischen Schülern und Schülerinnen gibt. Lehrer und Lehrerinnen disziplinieren Schüler und Schülerinnen häufig, da sie ihrer Ansicht nach ihre Anweisungen nicht befolgen. In der Kultur von Angehörigen der weißen Mittelklasse wird das Verhalten von Kindern und Jugendlichen häufig durch suggestive Fragen und Anleitungen in die gewünschte Richtung gedrängt. Ein simples „Glaubt ihr denn nicht, dass es nun Zeit wird, endlich mit dem Lesen zu beginnen?" wird von Mitgliedern dieser Gruppe als klare Aufforderung interpretiert, sich an die Arbeit zu machen. In der schwarzen Subkultur, speziell bei einkommensschwachen Familien, interpretiert ein Schüler oder eine Schülerinnen diese Botschaft als Option. Er kann demnach wählen, ob es tatsächlich an der Zeit ist, sich dem Text zu widmen. Schwarze Kinder erwarten viel mehr als weiße, dass eine Autoritätsperson klare, unmissverständliche Hinweise dazu gibt, was konkret zu tun ist. Auch Eltern, die in diesem Zusammenhang zu Gesprächen in Sprechstunden gebeten werden, reagieren im Allgemeinen mit Unverständnis. „They do what I say. If you just tell them what to do, they'll do it" (Kunjufu 2002, 105), ist ein dazu häufig geäußertes Statement.

Es ist dennoch ein Faktum, dass viele afro-amerikanische und hispanischer Schüler und Schülerinnen disziplinierende Maßnahmen einfach ignorieren (vgl. Payne 2001, 103). Solange nicht der Schulausschuss droht, bleiben sie weitgehend wirkungslos. Die wenigsten Eltern kommen zu Gesprächen in die Schule, das Nachsitzen am Samstag wird einfach verweigert, und der strafweise Aufenthalt im Büro des Direktors oder der Direktorin eher als willkommene Abwechslung betrachtet. Dies irritiert Lehrer und Lehrerinnen natürlich noch zusätzlich.

Ein weiterer kritischer Faktor afro-amerikanischer, hispanischer aber auch indianischer Sub-Gruppen ist der „Wir-Faktor" ihrer Kulturen. „They tend to be cooperative. An historical African value is, „I am because we are." It is difficult for African American, Hispanic, or Native American students who value cooperation to excel in an environment that promotes competition and rugged individualism" (Kunjufu 2002, 107).

Afro-amerikanische und Latino-Eltern nehmen am schulischen Leben viel seltener Teil als weiße (vgl. Nieto, 2000, 315). Im Allgemeinen wird dies von Lehrern bzw. Lehrerinnen und Schuladministration als Desinteresse an der schulischen Bildung ihrer Kinder interpretiert. In Gebieten, wo viel Armut herrscht und Menschen in sozialer

Abgeschiedenheit leben müssen, sind die Eltern jener Kinder, die die größten Schwierigkeiten in der Schule haben, tendenziell am wenigsten ins Geschehen involviert. „Yet, these patterns follow trends that are common to other forms of civic engagement (e.g. voting, participation within political parties and community organizations) in low income communities" (Noguera 2003, 85). Gründe für dieses Phänomen gibt es viele, so z. B. Zeit- und Informationsmangel, dem Gefühl der Machtlosigkeit und ein nur schwach ausgeprägter Sinn für individuelle und kollektive Wirksamkeit.

Was afro-amerikanische und wohl auch hispanische Schüler und Schülerinnen besonders macht, ist nun einmal deren Armut. Daher ist es für Lehrer und Lehrerinnen an innenstädtischen Schulen auch unerlässlich, die versteckten Regeln von Armut zu kennen. „Some of the hidden rules in poverty are a high level of noise, the television is always on, everyone may talk at once, most important information is non-verbal, and the desire is to entertain" (Payne 2001, 18).

Ana Maria Villegas und Tamora Lucas empfehlen in ihrem Buch „Educating Culturally Responsive Teachers" (2002) sechs verschiedene Strategien, um Lehrer und Lehrerinnen für Kulturunterschiede und deren professionelle Bewältigung zu sensibilisieren:

- Gain social cultural consciousness;
- Develop an affirming attitude toward students from culturally diverse backgrounds;
- Develop the commitment and skills to act as agents of change;
- Understand the transformist foundations of culturally responsive teaching;
- Learn about students and their communities; and
- Cultivate culturally responsive teaching practices.

Interessant ist, wie Ruby Payne (2001, 46 ff.) am Beispiel einer Nacherzählung von „Cinderella" die zwei verschiedenen Perspektiven von weißen und schwarzen Kindern nachvollzieht. Gemäß Lisa Delpit (1995, 55) haben Weiße die Tendenz themenzentriert zu erzählen und sich auf das entscheidende Hauptelement in einer Geschichte zu konzentrieren, während Afro-Amerikaner und Afro-Amerikanerinnen episodisches Erzählen bevorzugen, in denen auch auf Nebenstränge eingegangen wird und die Geschichte durch diverse Ausschmückungen viel ausführlicher und länger wird. Was diese Unterschiede im Erzähl- und Schreibverhalten konkret hervorruft, ist noch nicht ausreichend erforscht. Sicher ist, dass sie vorliegen, und dass speziell weiße Lehrer und Lehrerinnen in ihrer Unterrichtsgestaltung kaum darauf eingehen oder Rücksicht nehmen. Auch die standardisierten Curriculumsvorgaben berücksichtigen Derartiges nicht.

Dies verheißt natürlich nichts Gutes für potentielle Schulerfolge schwarzer Kinder. Forschungsergebnisse beweisen, dass Geschichten, die von Kindern und Jugendlichen verschiedener Ethnien verfasst werden, von Lehrern und Lehrerinnen je nach eigener Hautfarbe unterschiedlich bewertet werden, auch wenn sie nicht wissen, von wem die Geschichten konkret geschrieben wurden. Geschichten schwarzer Kindern wurden von weißen Lehrern und Lehrerinnen mehrheitlich als negativ bewertet, da sie inkohärent seien, dem erwünschten Aufbau einer schlüssigen Geschichte nicht entsprächen bzw.

gar keine Geschichte wären. In jedem Fall wurden solche Aufsätze schlechter bewertet, als themenzentrierte, logisch durchstrukturierte Geschichten, die primär von weißen Kindern verfasst wurden. Schwarze Lehrer und Lehrerinnen waren weniger kritisch und empfanden die Geschichten afro-amerikanischer Schüler und Schülerinnen als durchaus interessant, gut aufgebaut und sehr detailreich. Die amerikanische Schulkultur wird aber von den Vorgaben weißer Experten dominiert und im Allgemeinen herrscht wenig Verständnis für ein Abweichen von den von ihnen vorgegebenen Standards vor (ebda).

Weiße Version	**Afro-amerikanische Version**
Once upon a time, there was a girl named Cinderella. She was very happy and she lived with her father. Her father remarried a woman who had three daughters. When Cinderella's father died, her stepmother treated Cinderella very badly and in fact made her the maid for herself and her three daughters. At the same time, in this land, the King decided it was time for the Prince to marry, so he sent a summons to all the people in the kingdom to come to a Ball. Cinderella was not allowed to go but was forced to help her stepsisters and her stepmother to prepare for the Ball. After they left for the Ball and as Cinderella was crying on the hearth, Fairy Godmother came and with her magic wand gave Cinderella a beautiful dress, glass slippers, and a stage coach made from pumpkins and mice. She then sent Cinderella to the Ball in style. There was one stipulation: she had to be back home by midnight. At the Ball, the Prince was completely taken with Cinderella and danced with her all evening. As the clock began striking midnight, Cinderella remembered what her Fairy Godmother had said and fled from the dance. All she left was one of her glass slippers. The Prince held a big search, using the glass slipper as to identify the missing woman. When he finally found Cinderella, she was identified because her foot fit the glass slipper. He married her and they lived happily ever after.	Well you know Cinderella married the prince in spite of that old nasty stepmother. Pointy eyes that one old lag. Good thing she had a Fairy Godmother or she never would have made it to the Ball. Lucky thing, God bless her ragged tail. Wish I had me a Fairy Godmother and to think she nearly messed up big time by staying till the clock was striking twelve. After all the Fairy Godmother had done for her, hum, she should have known better. Eyes too full of the Prince, they were. They didn't call him the Prince for no reason. When she got to the Ball her stepsisters and stepmother didn't even recognize her, she was so beautiful without those rags, served them right, no-good jealous hags. The Prince just couldn't quit dancing with her, just couldn't take his eyes off of her, he had finally found his woman, lucky her, lucky him. Sure wished life was a fairy tale. Kind' a like the way I met Charlie, ha ha. The way she arrived was something else. A coach and a horseman, really fancy. Too bad that when she ran out of there as the clock struck twelve all that was left was a pumpkin rolling away and four mice. What a surprise for the mice. Well the Prince has to find her because his heart is broken. So he takes the glass slipper and hunts for her and her old wicked stepmother is hiding her. What a prize aren't they all? But he finally finds her and marries her. Somebody as Somebody as good as Cinderella deserved that. Sure hope she never invites that stepmother to her castle, should make her the maid.

Quelle: Payne 2001, 46 ff.

Zusammenfassend kann erfolgreicher Unterricht in multikulturellen Klassen durchaus gelingen, vorausgesetzt Folgendes wird beachtet:

> „(E)ffective teaching starts with the teacher's mind-set about students. That mind-set includes the teachers belief about students' home life, community, style of discourse, and cultural background. Teachers who subconsciously or consciously be-

> lieve that black, Latino, Native American, Southeast Asian, or other marginalized groups – including low-income whites – are inferior to middle – and upper-class whites will never be effective with most students in these groups. Like a police radar gun detecting a speeding driver, students will be able to detect the teacher's true feelings. (...) This can lead to passive-aggressive behavior, apathy, blatant resistance, and confrontation" (Thompson 2007, 55).

Zu hinterfragen ist auch die Einstellung weißer Lehrer und Lehrerinnen zu ihrer Tätigkeit an innerstädtischen Schulen, da auch diese den Unterricht sowie den Umgang mit den Schülern und Schülerinnen beeinflusst. „(S)ome white teachers have a missionary complex. They believe they can 'save' African American students. Missionaries believe they are 'culturally deprived' if they do not possess the missionary's culture, Missionaries want to change the student's culture to be in accordance with their own" (Kunjufu 2002, 28).

Eine andere Gruppe von weißen amerikanischen Lehrern und Lehrerinnen fühlt sich zu „liberalen" Ideen hingezogen. Ihrer Meinung nach sind schwarze Lehrer und Lehrerinnen den Schülern und Schülerinnen gegenüber zu autoritär, fordernd und barsch (vgl. Delpit 1995, 115 f.). Betrachtet man dies klassenspezifisch, ist das leicht erklärbar. Viele schwarze und hispanische Lehrer und Lehrerinnen stammen bestenfalls aus der unteren Mittelschicht oder noch ärmeren Elternhäusern, in denen die Befehlsstruktur in der Erziehung vorherrschend ist. Während in Mittelklassefamilien erklärt und vieles ausdiskutiert wird, fordert man in Familien aus anderen sozialen Schichten ein bestimmtes Verhalten einfach ein und sanktioniert es im Falle der Nichterfüllung mit Strafen. Dieses Verhalten legen solche Lehrer und Lehrerinnen auch im Schulalltag an den Tag, weshalb dies weiße Kollegen und Kolleginnen, die selbst meist aus anderen Milieus stammen, schnell befremden kann.

Weißen „liberal" denkenden Lehrern und Lehrerinnen wird auch gerne der Vorwurf gemacht, tendenziell viel bessere Noten zu geben, als ihre Schüler und Schülerinnen eigentlich verdienen würden, was zu einer Noteninflation führt. Viele trauen auch schwarzen und hispanischen Schülern und Schülerinnen leistungsmäßig oft wesentlich weniger zu als Weißen oder Asiaten bzw. Asiatinnen. „Less encouragement by teachers (...) may harbor doubts about their abilities and thereby contribute to a self-fulfilling prophecy of underachievement"[74] (National Center for Education Statistics 2001, 9). Dass dies tatsächlich Einfluss auf deren Leistungsfähigkeit hat, konnte bislang allerdings noch nicht hundertprozentig nachgewiesen werden (vgl. Thernstrom/Thernstrom 2003, 195 f.).

Es fällt auch eine Segregierung innerhalb von Schulen auf. In den höchsten Leistungsgruppen findet man fast nur weiße und asiatische Schüler und Schülerinnen, in

74 „Teachers shouldn't lower their expectations because students are Black, low income, fatherless, and poorly dressed. These are some of the traditional reasons why teachers lower expectations for African American students. Unfortunately, African American students that receive the greatest brunt of respect and low expectations are inner-city African American males in the upper grades-dark skinned, speaking Ebonics, and are trapped in remedial classes" (Kunjufu 2002, 94).

den untersten hauptsächlich schwarze und hispanische (vgl. Thernstrom/Thernstrom 2003, 183). Viele innerstädtischen Schulen bieten gar keine Advanced Placement Kurse an, da einerseits Geld fehlt, aber andererseits auch die Qualifikation vieler Lehrer und Lehrerinnen an diesen Institutionen so etwas nicht zulässt. Bewerben sich Schüler und Schülerinnen aus solchen Schule nun an Universitäten, sind sie bereits im Nachteil da ihre Mitkonkurrenten, welche bessere Schulen in den Vororten besucht haben, sehr wohl solche Programme besuchen konnten. An vielen Universitäten hat beim Aufnahmeprozess die Absolvierung von AP Kursen einen hohen Stellenwert. Konnten solche nicht belegt werden, weil ganz einfach das Angebot fehlte, sind die Betroffenen massiv im Nachteil (vgl. Kunjufu 2002, 62). Andererseits ist auch das Argument nicht zu vernachlässigen, dass das Angebot von AP-Kursen in solchen Schulen aufgrund der geringen Nachfrage wenig zweckmäßig ist (vgl. Thernstrom/Thernstrom 2003,184).

Es gibt auch einige erfolgreiche Modelle, die sich speziell der Ausbildung afro-amerikanischer Kinder in den USA widmen. Das CIBI (The Council of Independent Black Institutions) ist eine Dachorganisation, die mehr als vierzig private Schulen vereint, welche sich dezidiert der Ausbildung junger Afro-Amerikaner und Afro-Amerikanerinnen verschrieben hat und sich dabei besonders auf die Vermittlung von schwarzer Geschichte und Kultur konzentriert. Der Lehrplan ist afro-zentrisch konzipiert, was den Schülern und Schülerinnen die Identifikation mit den Inhalten erleichtern soll. Problematisch ist allerdings, dass in vielen Fällen die Finanzierung dieser Programme nicht immer abgeklärt ist (vgl. Kunjufu 2002, 146 und 153).

Black Colleges[75] sind ebenfalls verhältnismäßig erfolgreich bei der Ausbildung studierender Afro-Amerikaner und Afro-Amerikanerinnen. Es gibt in den USA etwas mehr als hundert dieser Institutionen, von denen rund 30 % aller afro-amerikanischen Studierenden graduieren. Die Qualität der Abschlüsse wird allerdings immer wieder angezweifelt, obwohl viele Absolventen ihre Studien später durchaus erfolgreich an anderen Universitäten fortsetzen (vgl. Kunjufu 2002, 146).

Andere haben jedoch große Probleme: „Many African American youth have been so frustrated and their spirits so broken at White colleges that they either do not graduate or feel so shattered after the experience that they choose not to pursue a graduate degree" (Kunjufu 2002, 146). Kunjufu (2002, 147) meint aber weiter: „We can learn from Black colleges that when African American students are in the majority, it's a nurturing environment and peer pressure can be positive and can reinforce academic achievement".

Die Sprachproblematik

Die Anzahl von Schülern und Schülerinnen mit nicht-englischer Muttersprache stieg in den letzten Jahren immer stärker an. Rund fünf Millionen Kinder in öffentlichen Schulen beherrschen gegenwärtig nur schlechtes oder überhaupt kein Englisch. Dreiviertel davon sprechen Spanisch, gefolgt von Vietnamesisch und Hmong (vgl. Hochschild/Scovronick 2003, 149). Die meisten davon leben in sechs Staaten, nämlich Kalifornien,

75 Bekannte „Traditional Black Colleges" sind etwa Morehouse, Spelman, Howard oder North Carolina A&T.

Texas, New York, Florida, Illinois und New Jersey und auch dort konzentrieren sie sich primär im Zentrumsbereich der großen Städte[76]. Die Mehrzahl ist überdurchschnittlich arm und besucht in hohem Maße gemeinsam mit Afro-Amerikanern die Schule. Mindestens 42% aller Lehrer und Lehrerinnen an öffentlichen Schulen haben somit Schüler und Schülerinnen in ihren Klassen, die Probleme mit Englisch aufweisen. Allerdings sind nur wenige Lehrer und Lehrerinnen für den Unterricht solcher Schüler und Schülerinnen ausgebildet (ebda).

Vor mehr als drei Jahrzehnten wurden Programme zum „zweisprachigen" Unterricht, meist in Englisch und Spanisch, ins Leben gerufen. Obwohl dieser grundsätzlich für alle Minoritätengruppen offen stand, wurde er nämlich meist nur von Hispanics in Anspruch genommen. Damit sollten die Bildungschancen jener Schüler und Schülerinnen verbessert werden, die Probleme hatten, dem regulären Unterricht in englischer Sprache zu folgen. Leider war dieser Ansatz zum Scheitern verurteilt, da auf diese Weise nicht ermöglicht wurde, dass sich die Schüler und Schülerinnen entsprechende Englischkenntnisse aneignen konnten, um ins Regelschulwesen umzusteigen. Die Lehrer und Lehrerinnen waren nämlich meist selbst der englischen Sprache nicht wirklich mächtig und fast der gesamte Unterricht fand in spanischer Sprache statt[77].

Daher absolvierten viele Schüler und Schülerinnen nahezu ihre gesamte Schulzeit in solchen Klassen, wo sie nicht Englisch lernten und auch sonst einen qualitativ schlechten Unterricht erhielten. Erst im Jahre 1998 sprach sich die Bevölkerung Kaliforniens, wo rund ein Drittel der gesamten hispanischen Population der USA lebt, in der Proposition 227 für die Einstellung dieses „zweisprachigen" Unterrichtes in dieser Form aus, weshalb seitdem zwar spezielle Klassen für spanischsprachige Kinder eingerichtet werden, sie aber hauptsächlich in englischer Sprache unterrichtet werden. Im Jahr 2002 wurde in Massachusetts ein ähnliches Gesetz verabschiedet (vgl. Thernstrom/Thernstrom 2004, 114).

Ein weiterer negativer Effekt des bilingualen Unterrichts war auch, dass hispanische Kinder isoliert beschult wurden und im schulischen Umfeld kaum Kontakt zu den Angehörigen anderer Ethnien hatten (vgl. Thernstrom/Thernstrom 2004, 110). Zudem wurden die Schüler und Schülerinnen oft Opfer von Stigmatisierung und litten an Anpassungsproblemen, wenn sie in reguläre Klassen überwechselten.

In den sechziger Jahren wurde der zweisprachige Unterricht noch als Methode gelobt, um die Kultur der Immigranten zu beschützen und sie vor allzu starker Amerikanisierung zu bewahren. Gegenwärtig wird eher die Ansicht vertreten, dass man Kinder um Lebenschancen betrügt, wenn sie die Landessprache nicht beherrschen. Zudem wird auch eingefordert, dass sie sich Kenntnisse über die Geschichte und Kultur Amerikas aneignen müssen[78].

---

76 In Texas hat 13,5% und in Kalifornien 6 % der Schülerpopulation nur beschränkte Englischkenntnisse (vgl. Vesely/Crampton 2005, 169; Clark 2001).

77 Die Kinder chinesischer Immigranten, die auch zweisprachige Klassen besuchten, erhielten im Gegensatz dazu einen Großteil des Unterricht in englischer Sprache. Chinesisch wurde nur zusätzlich unterrichtet (vgl. Rossell 2002, 105).

78 Gleichzeitig anerkennt man zumindest von wissenschaftlicher Seite her durchaus die Notwendigkeit, auch hispanische Schüler und Schülerinnen an „culturally appropriate educational experiences",

Heute besucht die Hälfte aller nicht-englischsprachigen Schüler und Schülerinnen Schulen, in denen mehr als ein Drittel der Schüler und Schülerinnen auch nicht Englisch als Muttersprache hat. Dies erschwert den Spracherwerb und die Integration dieser Kinder und Jugendlichen in die amerikanische Gesellschaft und die Internalisierung ihrer Werte und Normen (vgl. Hochschild/Scovronick 2003, 159).

Sobald Schüler und Schülerinnen als nicht-englischsprachig klassifiziert sind, beginnt für sie speziell in innenstädtischen Schulen ein Teufelskreis. Sie werden als defizitär und inferior wahrgenommen. In vielen Fällen bedeutet dies eine schlechtere Qualität der Ausbildung. Häufig werden diese Kinder in sonderpädagogische Programme abgeschoben, was überhaupt nicht notwendig wäre. Schüler und Schülerinnen mit beschränkten Englischkenntnissen sind häufig auch von ihren Schulkollegen nicht akzeptiert und erwünscht (vgl. Xu 2005,124). Viele erlernen Englisch nie in ausreichendem Maße, um dem Unterricht wirklich folgen zu können und verlassen dann meist irgendwann die Schule ohne Abschluss (vgl. Hochschild/Scovronick 2003, 151 f.). All dies wirkt sich katastrophal auf Entwicklung und schulische Leistungserfolge der Betroffenen aus, da sie im Endeffekt häufig weder ihre Muttersprache noch Englisch in akzeptabler Form beherrschen. Meistens fehlt nämlich eine unterstützende Umgebung, um diesen Kindern zu helfen, sich an das neue Schulsystem und die Sprache zu gewöhnen.

Die ausschließliche Beschulung von nicht-englischsprachigen Kindern im Regelschulwesen kann allerdings auch Probleme mit sich bringen, da sie oft kaum etwas verstehen, dem Unterricht daher nicht folgen können und dennoch nicht auf entsprechende Hilfe von Seiten der Lehrkräfte hoffen können. Auch in dieser Konstellation entwickeln sie früh Gefühle des Versagens, der Diskriminierung und des Außenseitertums (vgl. Hochschild/Scovronick 2003, 155).

Ein neuer Programmansatz für Schüler und Schülerinnen, die der englischen Sprache nicht wirklich mächtig sind, scheint wesentlich vielversprechender zu sein. Verfolgt wird dabei eine duale Immersion. Dabei werden Schulklassen in zwei Gruppen geteilt, wobei eine aus Schülern und Schülerinnen mit englischer Muttersprache besteht und die andere aus Kindern, deren Muttersprache ebenfalls ident, nicht aber Englisch ist. Beide Gruppen sollen nun die jeweils andere Sprache erlernen, wobei die Lehrer und Lehrerinnen selbst zweisprachig sind und der Unterricht in beiden Sprachen erfolgt. Die akademischen Leistungserfolge aller Schüler und Schülerinnen sind nicht nur im sprachlichen Bereich nachweislich zufriedenstellend und der soziale Lernwert ist ebenfalls sehr hoch. Wechselseitige Akzeptanz der Kulturen und Respekt vor einander lassen sich außerdem beobachten. „The kids, regardless of their background, have the opportunity to learn a new language as well as a new culture. Both languages have value. Both cultures have value. (...)" (Hochschild/Scovronick 2003, 155; Howard 2001). Auch die Akzeptanz

teilhaben zu lassen, die speziell auf ihre Gruppe zugeschnitten sind. Dass dies vor besondere Herausforderungen stellt, da die Gruppe der hispanischen Immigranten nicht homogen ist, muss in diesem Zusammenhang allerdings auch betont werden (ebda).

innerhalb der Bevölkerung für solche schulischen Angebote ist sehr hoch. Problematisch ist nur die Finanzierung und damit ein bedarfsgerechtes Angebot solcher Programmes.

Bislang profitieren daher nur rund 50.000, hauptsächlich hispanische Schüler und Schülerinnen von dem Modell und auch noch überdurchschnittlich viele in Kalifornien und New York. Die meisten dieser Schüler und Schülerinnen stammen zudem aus Mittelklassefamilien, obwohl der Bedarf an solchen innovativen Programmen speziell in den armen Schulbezirken sehr hoch wäre. Dort fehlen aber ganz besonders qualifizierte Lehrer und Lehrerinnen und das Geld für den Ankauf entsprechender Unterrichtsmittel (vgl. Hochschild/Scovronick 2003, 154 f.).

Initiativen, Ebonics, also die Umgangssprache der Afro-Amerikaner und Afro-Amerikanerinnen im schulischen Umfeld als legitime Zweitsprache anzusehen, wurden bislang überhaupt ignoriert. Teilweise lehnte man von hochoffizieller Seite aus Washington und den entsprechenden Zentren der Einzelstaaten, die Verwendung öffentlicher Mittel für die Implementierung solcher Schulversuche kategorisch ab. Jene Schulbezirke, die dies ernsthaft ins Auge gefasst hatten, wurden auch von afro-amerikanischen Gruppen stark kritisiert, die die Befürchtung äußerten, dass eben solche Maßnahmen, die Ausbildung ihrer Kinder noch weiter verschlechtern würden (vgl. dazu auch Noguera 2003, 87).

9.10 Cross-Cultural Trainings als Beispiel für die interkulturelle Erwachsenenbildung

Hand in Hand mit der zunehmenden Globalisierung kommt es auch zu einem gewaltigen Anstieg von Firmenfusionierungen und -übernahmen. Solche Unternehmenszusammenschlüsse orientieren sich primär an möglichen Profitsteigerungen, kulturelle Dimensionen werden selten mitbedacht (vgl. Forstmann 1998, 57). Meist wird erst während der Implementierungsphase deutlich, wie wichtig auch personelle und kulturelle Aspekte sind, soll so ein Zusammenschluss erfolgreich sein (vgl. Olie 1994; Datta 1991). Interkultureller Wissensaustausch ist nämlich ein wesentlicher Faktor für eine nachhaltige Marktpositionierung eines Unternehmens. Die produktive Nutzung von Wissensbeständen bedingt aber, dass Wissensflüsse auch über (kulturelle) Grenzen hinweg erfolgen. Interkulturelle Barrieren können dabei problematische Hemmfaktoren darstellen.

Die Zusammenarbeit in multikulturellen Teams wird bedingt durch die Globalisierung in Zukunft noch viel häufiger erforderlich sein, als dies bisher der Fall war. Nur die Kooperation von internationalen Fachkräften wird in vielen Fällen jenes Know-how hervorbringen, das für erfolgreiche Lösungsansätze erforderlich ist (vgl. (Zeutschel/Thomas 2003, 17). Grenzüberschreitende Firmenzusammenschlüsse können zudem kulturelle Probleme auf zwei Ebenen heraufbeschwören, einerseits auf jener der nationalen und andererseits auf der organisationalen (vgl. Barkema et al.1996). Dabei greifen häufig beide in einander über, da etwa Führungsstile meist starke Prägungen durch die nationale Kultur erfahren und auch die Kultur der Organisation bis zu einem gewissen Grad nicht unbeeinflusst bleibt von den Besonderheiten der nationalen Kultur (vgl. Kumbruck/Derboven 2009, 25; Malekzadeh/Nahavandi 1998, 114 ff.). In welchem Ausmaß dies erfolgt, ist nicht geklärt. Hofstede (1991, 317 f.) geht etwa von einem sehr starken Eindringen der nationalen Kulturspezifika auch in die Unternehmen aus, während Schreyögg (1993, 152) durchaus Raum für die Herausbildung einer ganz spezifischen Unternehmenskultur, die sich unabhängig von den Landeskulturen entwickelt, annimmt. Dies erklärt auch die unterschiedlichen Organisationskulturen innerhalb derselben Landesgrenzen.

Unternehmen sind gekennzeichnet durch eine Reihe von Subkulturen, die sich wechselseitig beeinflussen. Die Firmen selbst sind wiederum Subsysteme der nationalen Kultur, zwischen denen ebenfalls Beziehungen bestehen (vgl. Thomas 2003 a, 39). Darüber hinaus ist auch jedes Individuum durch eine Vielzahl von spezifischen Subkulturen geprägt. „Deren Einflüsse überlagern sich bzw. konkurrieren miteinander, wodurch eine hochgradige Komplexität des Kulturphänomens entsteht“ (Kumbruck/Derboven 2009, 26). Diese Phänomene können viele Probleme im Arbeitsalltag von international agierenden Unternehmen schaffen, im Fall von Firmenzusammenlegungen sind diese fast vorprogrammiert (siehe dazu ausführlich Cooper et al. 2001).

Innerhalb der verschiedenen Strategien der Internationalisierung sieht die ethnozentrische Betrachtungsweise die eigenen Methoden als überlegen an und ist bestrebt, sie den anderen Kulturen aufzuzwingen. Multinationale Unternehmen sind nun eher bemüht, den kulturfremden Teilen des Unternehmens ihre Selbstständigkeit und damit ihre Kultur weitgehend zu belassen, auch wenn man in bestimmten Bereichen eine gewisse Standardisierung anstrebt. Diversität wird als Wert anerkannt, und mittels gezielter Managementmaßnahmen wird versucht, Problembereiche zu lösen, die in kulturellen Unterschiedlichkeiten begründet sind (vgl. Thomas 2008).

Es gibt eine Reihe von Mechanismen, die erfolgreiches Management in internationalen Settings fördern (vgl. Morisini/Renaud 2003. 6). Diese beziehen sich auf die Art und Weise, mit der organisationales Wissen in einer Firma gebildet und ausgetauscht wird beziehungsweise wie firmeninterne Routinen, Normen, Prozesse oder Konventionen sowie Geschäftspraktiken die Zusammenarbeit einer multikulturellen Belegschaft begünstigen oder behindern. Dazu zählen eine kompetente grenzüberschreitende Führung, die von Managern und Managerinnen mit integrierendem Rollenverständnis über professionelle und kulturelle Grenzen hinweg wahrgenommen wird und die Installierung von Mechanismen zur Artikulation, Kodifizierung und Verordnung vom gemeinsamen Regeln und Praktiken in einer Firma, die begleitet werden von Programmen für interkulturelle Trainings. Dies erleichtert den Umgang mit differenten Kommunikationsstilen, die Kodifizierung und Artikulation der vorherrschenden Firmenpolitik, die Weitergabe von Wissensbeständen an alle Mitarbeiter und Mitarbeiterinnen und die Vorgabe von gemeinsamen Zielen und gemeinsamen Bedeutungssystemen (vgl. dazu auch Kumbruck/Derboven 2009, 5). Solche Trainings können als ein Teilbereich der Erwachsenenbildung in einem sehr spezifischen Setting angesehen werden.

Es ist demnach ganz wesentlich, dass grenzüberschreitend agierende Mitarbeiter und Mitarbeiterinnen eines Unternehmens über interkulturelle Kompetenzen verfügen. Diese werden meist im Rahmen von speziellen Schulungen angeeignet. Dabei gibt es verschiedene Ansätze zur Gestaltung solcher interkulturellen Trainings:

- „Die Kultur vergleichende Perspektive vergleicht Kulturen direkt miteinander und schaut, wie universelle Aufgaben einer Kultur gelöst werden. Es wird davon ausgegangen, dass man, um Menschen anderer Kulturen verstehen zu können, wissen muss, wie diese sich in ihrem Kulturkreis verhalten. Trainings, die diese Perspektive betonen, sind eher Fakten orientiert, vermittelt überwiegend länderspezifisches Wissen und arbeiten oft mit Dos and Don'ts.
- Die interkulturelle Perspektive geht demgegenüber davon aus, dass sich Menschen in Kontakt mit Menschen aus anderen Kulturkreisen anders verhalten als zu Hause und fragt lediglich nach dem Einfluss ihrer kulturellen Orientierungen auf das Verhalten bei interkulturellen Kontakten. Trainings mit dieser Perspektive sind meist länderübergreifend und arbeiten eher mit Dimensionen von kulturellen Prägungen (Kulturdimensionen). Damit können Orientierungen anderer Kulturkreise vermittelt werden, ohne in Stereotype zufallen, und gleichzeitig kann die Veränderung von kulturspezifischen Verhaltensweisen in interkulturellen Kontakten berücksichtigt werden.
- Die transkulturelle Perspektive versucht, sich gänzlich von kulturellen Schemata zu lösen und betont von daher das Gemeinsame von Kulturen" (Kumbruck/Derboven 2009, 6).

Beim Kontakt mit Menschen aus anderen Kulturkreisen treffen nicht nur unterschiedliche Werte und Wahrnehmungen aufeinander, sondern auch die Ideen und Konzepte, die sich jeder Beteiligte über die vermeintliche Einstellungen des anderen bildet. Subjektive und selektive Selbst- und Fremdsichten wirken dann ständig in wechselseitigen Prozessen aufeinander ein, was wiederum zu unvorhersehbaren Reaktionen in diesen Interaktionen, Kulturkategorisierungen und möglichen Stereotypisierungen führen kann. Somit ist das Verhalten unter interkulturellen Kontextbedingungen einerseits von den eigenen kulturellen Ausrichtungen und Orientierungen, aber auch von einer antizipativen Haltung gegenüber der Reaktion des anderen in zirkulärer Form geprägt. Daher können interkulturelle Trainings auch nur bedingt auf den Kontakt mit fremden Kulturräumen vorbereiten. So sind Missverständnisse selbst dann nicht immer zu vermeiden, wenn sich zwei Kulturfremde versuchen, aneinander anzupassen, die vermeintlichen kulturellen Gewohnheiten des anderen zu antizipieren und mit dem eigenen Verhalten zu koordinieren (vgl. dazu auch Kumbruck/Derboven 2009, 12).

Im Rahmen von ständigen Prozessen des Aufeinander-Einstellens, während derer immer wieder Korrekturen vorgenommen werden, kommt es zum Aneignen von einem immer höheren Grad an interkultureller Kompetenz und wechselseitiger Annäherung. Menschen, die eine ähnliche Sozialisierung durchlaufen haben, sind zwar aufgrund unterschiedlicher Charaktere nie gleich, sich dennoch in kultureller Hinsicht ähnlich, da sie gemeinsame Handlungsmuster und Sichtweisen internalisiert haben. Diese somit einer bestimmten Gruppe zuzuordnen, ohne sich dadurch automatisch dem Vorwurf einer Stereotypisierung auszusetzen, ist daher schon aus Orientierungsgründen absolut zulässig. „Um nicht handlungsunfähig zu werden, kann es sich niemand leisten, die Aspekte der Welt permanent mit maximaler Differenziertheit zu betrachten. Insofern ist die Neigung, unbekannte und vielschichtige Bereiche zunächst in große Kategorien einzuteilen, eine grundlegende Eigenschaft menschlicher Wahrnehmung" (Layes 2003, 121).

Mittels kulturell ausgebildeter sozialer Kategorien erfolgt eine Einordnung. Geschlecht, Status, Ethnie, Religion usw. bilden Kategorien, die bei der ersten Kontaktaufnahme mit fremden Menschen Orientierung bieten. Gleichzeitig eröffnen sich so Kommunikationsmöglichkeiten, da sich Gesprächsthemen ergeben können (vgl. Adler 1997, 76). In interkulturellen Trainings werden nun eine Reihe von kulturtypischen Dos und Don'ts gelehrt, die z. B. Informationen über Begrüßungsrituale, Essenzeremonien, Small-Talk-Sitten, aber auch den täglichen Umgang im Berufsumfeld vermitteln. Für den Geschäftsbereich hat etwa Lewis (1998, 99 ff.) detailliert analysiert, wie in Verhandlungssituationen in den verschiedenen Kulturen auf gänzlich unterschiedliche Art und Weise versucht wird, die eigenen Argumente gut zu positionieren, Kompromisse zu finden und zu einem zufriedenstellenden Geschäftsabschluss zu kommen.

Zentral wird die Begegnung des Eigenen mit dem Fremden, wobei die wechselseitige Annäherung als Ziel fungiert. Damit kommt es zu einer „Entselbstverständlichung des Eigenen" und zur „Selbstverständlichung des Fremden" (Kumbruck/Derboven 2009, 33). Dies erfordert die Bewusstmachung und Akzeptanz der eigenen kulturellen Prägung. Durch den Abgrenzungsprozess des Eigenen vom Fremden besteht die Chance zur Entwicklung von Toleranz, indem ganz bewusst versucht wird, die andere Perspektive verstehen zu lernen. Das Entdecken von Unterschieden soll dabei nicht Intoleranz begünstigen, sondern zu Empathie führen. Auf dieser Grundlage kann sich dann „interkulturelles Handeln durch wechselseitiges Verstehen" entwickeln (Kumbruck/Derboven 2009, 34).

Um diesen Ansatz umsetzen zu können, haben Maznewski/DiStefano (2000, 197 ff.) ein Konzept entwickelt, das dabei unterstützen soll, multikulturelle Teams in der Bewältigung ihrer Aufgabenbereiche zu unterstützen. Im Rahmen des sogenannten „Mapping" sind die Mitglieder von Arbeitsgruppen dazu aufgerufen, Gemeinsamkeiten und Unterschiede auszumachen. Damit sollen Haltungen, wie die Überlegungen, dass ohnehin alle Menschen grundsätzlich gleich sind, vermieden werden, da sie letztlich ohne Erfolg bleiben. Die Phase des „Bridging" fordert dann dazu auf, „Brücken" zu finden, um mit den identifizierten Unterschieden besser umgehen zu lernen. Darauf folgt das „Integrating", in dessen Rahmen die verschiedenen Perspektiven und Haltungen der Teammitglieder diskutiert und mögliche Konflikte gelöst werden müssen. Der Versuch, Unterschiede zu eliminieren, muss allerdings auch in dieser Phase unterbleiben. Zeutschel/Thomas (2003, 6 ff.) empfehlen noch eine vierte Phase, die sich der „Innovation" widmet. Dabei wird die multikulturelle Zusammensetzung von Teams als Chance und Potential erkannt, um positive Veränderungen im Unternehmen als lernende Organisation zu erzielen.

10. Literatur

Adick, Christel (1992): Die Universalisierung der modernen Schule. Eine theoretische Problemskizze zur Erklärung der weltweiten Verbreitung der modernen Schule in den letzten 200 Jahren mit Fallstudien aus Westafrika. Paderborn: Ferdinand Schöningh.

Adick, Christel (2000): Gegenstand und Reflexionsebenen der International und Interkulturell Vergleichenden Erziehungswissenschaft. In: Adick, Christel/Kraul, Margret/Wigger, Lothar (Hrsg.): Was ist Erziehungswissenschaft? Donauwörth: Auer, 67–95.

Adick, Christel (2003): Bedeutung von Lehr- und Lernzielen in international vergleichender Perspektive. In: Füssel, H./Roeder, P. (Hrsg.): Recht – Erziehung – Staat. Zeitschrift für Pädagogik 47, 86–104.

Adick, Christel (2005): Transnationalisierung als Herausforderung der Vergleichenden Erziehungswissenschaft. In: Tertium Comparationis 11/2, 243–269.

Adick, Christel (2008): Transnational Organizations in Education. In: Pries, Ludger (Hrsg.): Rethinking Transnationalism – The Meso-Link of Organizations. New York.

Adick, Christel (2008): Vergleichende Erziehungswissenschaft. Eine Einführung. Stuttgart: Kohlhammer.

Adick, Christel (2009): World Polity – ein Forschungsprojekt und Theorierahmen zur Erklärung weltweiter Bildungsentwicklungen. In: Koch, Sascha/Schemmann, Michael (Hrsg.): Neo-Institutionalismus in der Erziehungswissenschaft: Grundlegende Texte und empirische Studien (Organisation und Pädagogik). Wiesbaden: VS Verlag für Sozialwissenschaften, 258–291.

Adick, Christel (2012): Bildungsentwicklungen und Schulsysteme in Afrika, Asien, Lateinamerika und der Karibik. München/Münster/Berlin/New York: Waxmann.

Allemann-Ghionda, Christina (1997): John Deweys Einfluss auf die italienische Schule nach dem Zweiten Weltkrieg. Tertium Comparationis 3/1, 48–62.

Allemann-Ghionda, Christina (2004): Vergleichende Erziehungswissenschaft. Weinheim/Basel: Beltz.

Altbach, Phillip/Arnove, Robert/Kelly, Gail (1982): Comparative Education. London: Macmillan.

Anweiler, Oskar (1966): Von der pädagogischen Auslandskunde zur Vergleichenden Erziehungswissenschaft. In: Pädagogische Rundschau 20/10, 886–896.

Anweiler, Oskar (1967): Konzeptionen der Vergleichenden Pädagogik. In: Zeitschrift für Pädagogik 13, 305–314.

Anweiler, Oskar (1996): Bildungssysteme in Europa. Entwicklung und Struktur des Bildungswesens in zehn Ländern. Weinheim: Beltz.

Arnove, Robert F. (1980): Comparative Education and World-System Analyses. Comparative Education Review 24/1, 48–62.

Arnove, R.F. (1999): Introduction: Reframing Comparative Education. The Dialectic of the Global and the Local. In: Arnove, R.F./Torres, C.A. (Hrsg.): Comparative Education: The Dialect of the Global and the Local. Oxford: Rowman & Littlefield.

Argyle, Michael (1969): Social Interaction. London: Tavistock Publications.

Aronson, Elliot/Wilson, Timothy/Akert, Robin (2008): Sozialpsychologie. München: Pearson Studium.

Auernheimer, Georg (1994): Struktur und Kultur. Über verschiedene Zugänge zu Orientierungsproblemen und –strategien von Migranten. In: Zeitschrift für Pädagogik 40, 29–42.

Auernheimer, Georg (1995): Einführung in die interkulturelle Erziehung. Darmstadt: Wissenschaftliche Buchgesellschaft.

Auernheimer, Georg (Hrsg.) (2002): Interkulturelle Kompetenz und pädagogische Professionalität. Opladen.

Bank, Volker (2008): Vom Wert des Vergleichs. In: Chemnitzer Europastudien 8, 257–274.

Banks, J. A./Banks, Ch. A./McGee (1995): Handbook of Research on Multicultural Education. New York: Macmillan Publishing.

Barkowski, Hans (2008): Prinzipien Interkulturellen Lernens für die multikulturelle und mehrsprachige Schule. In: Furch, Elisabeth/Eichelberger, Harald (Hrsg.): Kulturen, Sprachen, Welten. Fremdsein als pädagogische Herausforderung. Innsbruck: Studienverlag, 32–48.

Barmeyer, Chistoph (2012): Taschenlexikon Interkulturalität. Göttingen: Vandenhoeck & Ruprecht.

Bartlett, Lesley/Vavrus, Frances (2009): Critical Approaches to Comparative Education. Vertical Case Studies from Africa, Europe, the Middle East, and the Americas. New York: Palgrave Macmillan.

Bauer, Barbara/Halimi, Serge/Rekacewicz, Philippe (2012):Atlas der Globalisierung: Die Welt von morgen. Berlin: Taz.

Bauer, Werner T. (2008): Zuwanderung nach Österreich. http://www.politikberatung.or.at/typo3/fileadmin/02_Studien/8_Migration/zuwanderungna choesterreich.pdf. (Letzter Zugriff: 10.02.2014).

Baumert, Jürgen (2001): PISA 2000. Basiskompetenzen von Schülerinnen und Schülern im internationalen Vergleich. Opladen: Leske+Budrich.

Baumert, Jürgen/Lehmann, Rainer (1997): TIMSS. Mathematisch-naturwissenschaftlicher Unterricht im internationalen Vergleich. Deskriptive Befunde. Opladen.

Bechtel, Mark (2003): Interkulturelles Lernen beim Sprachenlernen im Tandem. Tübingen: Gunter Narr.

Becker, Gary S. (1993): Der ökonomische Ansatz zur Erklärung menschlichen Verhaltens. Tübingen: Mohr.

Bender-Szymanski, Dorothee (2008): Interkulturelle Kompetenz bei Lehrerinnen und Lehrern aus der Sicht der empirischen Bildungsforschung. In: Auernheimer, Georg (Hrsg): Interkulturelle Kompetenz und pädagogische Professionalität. Wiesbaden: VS Verlag für Sozialwissenschaften, 201–230.

Benner, Dietrich (1994): Bildung und Erziehung in Europa. Weinheim: Beltz.

Bereday, George (1961): Comparative Education and Ethnocentrism. In: International Review of Education 7, 24–33.

Bereday, George (1961): Theorie und Methoden der Vergleichenden Erziehungswissenschaft. In: Brezinka, Wolfgang (Hrsg.): Weltweite Erziehung, Festgabe für Friderich Schneider. Freiburg: Herder, 142.

Bereday, George Z. (1964): Comparative Method in Education. New York: Holt/Rinehart/ Winston Inc.

Bereday, George (1963/64): Sir Michael Sadler's "Study of Foreign Systems of Education". In: Comparative Education Review 7/2, 307–314.

Bertels, Ursula/Bussmann, Claudia (2013): Handbuch interkulturelle Didaktik. Münster/New York/München/Berlin: Waxmann.

Bayer, M. (1997): Bericht der Kommission Schulpädagogik/Lehrerausbildung. In: Erziehungswissenschaft 13/1996, 249–264.

Birzea, Cesar (1994): Educational Policies of the Countries in Transition. Strasbourg: Council of European Press.

Blinder, Alan (2013): After the Music Stopped: The Financial Crisis, the Response, and the Work Ahead. New York: Penguin Press HC.

Blumberga, Ieva (2008): Spracherwerb. In: Furch, Elisabeth/Eichelberger, Harald (Hrsg.): Kulturen, Sprachen, Welten. Fremdsein als pädagogische Herausforderung. Innsbruck: Studienverlag, 135–138.

Bologna Secretariat (2008): Bologna Process Template for National Reports: 2007–2009.

Boekh, Andreas (1993): Abhängigkeit, Unterentwicklung und Entwicklung: Zum Erklärungswert der Dependencia-Ansätze. In: Nohlen, Dieter/Nuscheler, Franz (Hrsg.): Handbuch der Dritten Welt. Hamburg: Dietz JHW, 135–146.

Boli, John/Ramirez, Francisco (1986): World Culture and the Institutional Development of Mass Education. In: Richardson, John (Hrsg.): Handbook of Theory and Research in the Sociology of Education. Westport, 65–90.

Bollenbeck, Georg/Saadhoff, Jens (2007): Humboldts Tod. Über die Effekte der Hochschulreform. In: Bollenbeck, Georg/Wende, Waltraud ›Wara‹ (Hrsg.): Der Bologna-Prozess und die Veränderung der Hochschullandschaft. Heidelberg: Synchron Wissenschaftsverlag der Autoren, S. 11–31.

Bologna Secretariat (2008): Bologna Process Template for National Reports: 2007–2009.

Bolscho, Dietmar/Hauenschild, Katrin (2009): Interkulturalität und Transkulturalität. Überlegungen zu Perspektiven für Bildung. In: Dirim, İnci/Mecheril Paul (Hrsg.): Migration und Bildung. Soziologische und erziehungswissenschaftliche Schlaglichter. Münster: Waxmann, 229–245.

Boos-Nünning, Ursula (1976): Integration ausländischer Arbeitnehmer. Schulbildung ausländischer Kinder. Bonn: Eichholz.

Bos, Wilfred (2007): IGLU 2006. Lesekompetenzen von Grundschulkindern in Deutschland im internationalen Vergleich. Münster: Waxmann.

Bos, Wilfred/Baumert, J. (1999): Internationale Schulleistungsforschung als Instrument externer Evaluation des Bildungswesens in Deutschland am Beispiel von TIMSS III. In: von Rosenbladt, B. (Hrsg.): Bildung in der Wissensgesellschaft. Ein Werkstattbericht zum Reformbedarf im Bildungssystem. Münster: Waxmann, 63–92.

Bourdieu, Pierre (1980): Le Sens Pratique. Paris: Editions de Minuit 93.

Bourdieu, Pierre (1982): Die feinen Unterschiede. Frankfurt am Main: Suhrkamp 277.

Bourdieu, Pierre (1992): Ökonomisches Kapitel – Soziales Kapital – Kulturelles Kapitel. In: Bourdieu, Pierre (Hrsg.): Die verborgenen Mechanismen der Macht. Schriften zu Politik und Kultur I. Hamburg: VSA, 49–79.

Bourdieu, Pierre (1992): Vorschläge des College de France für das Bildungswesen der Zukunft. In: Bourdieu, Pierre (Hrsg.): Die verborgenen Mechanismen der Macht. Hamburg: VSA, 111–122.

Bourdieu, Pierre/Passeron, Jean-Claude (1971): Die Illusion der Chancengleichheit. Untersuchung zur Soziologie des Bildungswesens am Beispiel Frankreich. Stuttgart: Klett.

Bourdieu, Pierre/Passeron, Jean-Claude (1974): Abhängigkeit in der Unabhängigkeit: die relative gesellschaftliche Autonomie des Bildungssystems. In: Hurrelmann, Klaus (Hrsg.): Soziologie der Erziehung. Weinheim: 124–158.

Bray, M. (1999): Control of Education: Issues and Tensions in Centralization and Decentralization. In: Arnove, R.F./Torres, C.A. (Hrsg.): Comparative Education. The Dialect of the Global and the Local. Oxford: Rowman & Littlefield.

Bray, M./Murray, T. (1995): Levels of Comparison in Educational Studies: Different Insights from Different Literatures and the Value of Multilevel Analyses. Harvard Educational Review 65/3, 472–490.

Brinek, Gertude (2010): Einleitung. Bologna – What‘s next? Über die Zukunft der österreichischen Hochschulen. In: Brinek, Gertrude/Hörmann, Bernadette/Hopmann, Stefan T.(Hrsg.): Bologna – What‘s next? Über die Zukunft der österreichischen Hochschulen. Wien: Facultas, 13–31.

Broadfoot, Patricia (1977): The comparative contribution – a research perspective. In: Comparative Education 13/2, 133–137.

Broszinsky-Schwabe, Edith (2011): Interkulturelle Kommunikation: Missverständnisse – Verständigung. Wiesbaden: VS Verlag für Sozialwissenschaften.

Bundesministerium für Wissenschaft und Forschung (2010): Europäischer Hochschulraum – Der Bologna-Prozess im Überblick. http://www.bmwf.gv.at/startseite/studierende/studieren_im_europaeischen_hochschulrau m/bologna_prozess/ueberblick. (Letzter Zugriff: 10.02.2014).

Bundesministerium für Wissenschaft und Forschung (2010): Hintergrundinformationen zum Nationalen Qualifikationsrahmen (NQR). http://www.bmwf.gv.at/startseite/studierende/studieren_in_oesterreich/nqr/. (Letzter Zugriff: 10.02.2014).

Bundesministerium für Wissenschaft und Forschung (2012): Bologna 2012. Bologna Monitoring Bericht über die Maßnahmen zur Umsetzung der Bologna-Ziele in Österreich. Berichtzeitraum: 2010–2012. Wien.

Bundesministerium für Unterricht, Kunst und Kultur/Bundesministerium für Wissenschaft und Forschung (2011): Aktualisierte Position des österreichischen Bundesministeriums für Unterricht, Kunst und Kultur und des österreichischen Bundesministeriums für Wissenschaft und Forschung zur nächsten Generation der EU Bildungsprogramme 2014–2020. Wien.

Bundesministerium für Unterricht, Kunst und Kultur (2013): Schule mehrsprachig. http://www.schulemehrsprachig.at/index.php?id=55&no_cache=1&tx_inmeschoolprojects_pi1[page]=1. (Letzter Zugriff: 10.02.2014).

Bundesministerium für Wissenschaft und Forschung (BM.W_Fa) (2010): Programm LLP – Erasmus. http://www.bmwf.gv.at/startseite/studierende/studieren_im_europaeischen_hochschulraum/519/1014/. (Letzter Zugriff: 10.02.2014).

Bundesministerium für Wissenschaft und Forschung (BM.W_Fa) (2010): Europäischer Hochschulraum – Der Bologna-Prozess im Überblick. http://www.bmwf.gv.at/startseite/studierende/studieren_im_europaeischen_hochschulraum/bologna_prozess/ueberblick/. (Letzter Zugriff: 10.02.2014).

Bundesministerium für Wissenschaft und Forschung (BM.W_Fa) (2010): Hintergrundinformationen zum Nationalen Qualifikationsrahmen (NQR). http://www.bmwf.gv.at/startseite/studierende/studieren_in_oesterreich/nqr/. (Letzter Zugriff: 10.02.2014).

Bundesministerium für Wissenschaft und Forschung (BM.W_Fa) (2010): Die neue Generation der EU-Bildungsprogramme ab 2014. http://www.bmwf.gv.at/startseite/studierende/studieren_im_europaeischen_hochschulraum/die_neue_generation_der_eu_bildungsprogramme_ab_2014/. (Letzter Zugriff: 10.02.2014).

Bundesministerium für Wissenschaft und Forschung (BM.W_Fa) (2010): Der österreichische Länderbericht – National Report. http://www.bmwf.gv.at/startseite/studierende/studieren_im_europaeischen_hochschulrau m/bologna_prozess/national_report/. (Letzter Zugriff: 10.02.2014).

Bundesministerium für Wissenschaft und Forschung (BM.W_Fa) (2010): Der Bologna-Prozess in Österreich. http://www.bmwf.gv.at/startseite/studierende/studieren_im_europaeischen_hochschulraum/bologna_prozess/bologna_in_oesterreich/. (Letzter Zugriff: 10.02.2014).

Bundesministerium für Wissenschaft und Forschung (2010): Die neue Generation der EU-Bildungsprogramme ab 2014. http://www.bmwf.gv.at/startseite/studierende/studieren_im_europaeischen_hochschulrau m/die_neue_generation_der_eu_bildungsprogramme_ab_2014/. (Letzter Zugriff: 10.02.2014).

Bundesministerium für Wissenschaft und Forschung (2010): Der österreichische Länderbericht – National Report. http://www.bmwf.gv.at/startseite/studierende/studieren_im_europaeischen_hochschulraum/bologna_prozess/national_report/. (Letzter Zugriff: 10.02.2014).

Bundesministerium für Wissenschaft und Forschung (2010): Der BolognaProzess in Österreich. http://www.bmwf.gv.at/startseite/studierende/studieren_im_europaeischen_hochschulraum/bologna_prozess/bologna_in_oesterreich/. (Letzter Zugriff: 10.02.2014).

Bundeszentrale für politische Bildung: (Spät-)Aussiedler vom 28. November 2012.

Busch (1985): Vergleichende Erziehungswissenschaft: eine Einführung in Gegenstand, Methode und Entwicklungsprobleme. In: Twellmann, Walter (Hrsg.): Handbuch Schule und Unterricht. Düsseldorf: Schwann-Pagel, 842.

Busch (Hrsg.) (1978): Vergleichende Erziehungswissenschaft in der Lehrerausbildung. Oldenburg: Heinz Holzberg.

Clabauh, Gary (1993): The Limits and Possibilities of Multiculturalism. In: Educational Horizons, Spring, 117–119.

Clapeyron, Pauline/Seisek-Yilmaz, Leyla (2010): Mit Sprachenvielfalt in die Zukunft. In: Mit Sprachenvielfalt in die Zukunft. Oldenburg: BIS-Verlag der Carl-von Ossietzky-Univerlag, 70–71.

Collins, K.T/Downes, L.W/Griffiths, S.R./Shaws, K.E. (1973): Key Words in Education. London: Longman.

Cooper, Joel/Kelly, Kimberly/Weaver, Kimberlee (2001): Attitudes, Norms and Social Groups. In: Blackwell Handbook of Social Psychology. Group Processes. Malden: Blackwell, 259–282.

Cowen, Robert (2000): Last past the post: Comparative education, modernity and perhaps postmodernity. Comparative Education 32/2, 151–170.

Crossley, Michael/Watson, Keith (2003): Comparative and International Research in Education. London: Routledge Falmer.

de Coster, Isabelle (Information Network on Education in Europe) (2009): Die schulische Integration der Migrantenkinder in Europa. Maßnahmen zur Förderung der Kommunikation mit Migrantenfamilien und des muttersprachlichen Unterrichts für Migrantenkinder. Brüssel: Eurydice.

Delgado, Richard (1990): Does Voice Really Matter? In: Virginia Law Review 76, 105–106.

Delpit, Lisa (1995): Other People´s Children. New York: New Press.

Dettleff, Henning (2010): Der Bachelor auf dem Arbeitsmarkt: Erfahrungen der Wirtschaft mit einem neuen Studienabschluss. In: Himpele, Klemens/Keller, Andreas/Staack, Sonja (Hrsg.): Endstation Bologna? Zehn Jahre Europäischer Hochschulraum. Bielefeld: Bertelsmann, 75–79.

Dewey, John (2007): Human Nature and Conduct: An Introduction to Social Psychology. New York: Cosimo Classics.

Dias, P. V. (1981): Erziehungswissenschaft, Bildungsförderung und Entwicklung in der Dritten Welt. In: Goldschmidt (Hrsg.), 33–48.

Dias, P. V. (1987): Rediscovery of Education as "Alternative Education" in the "Third World". "Pädagogik: Dritte Welt". Johann Wolfgang Universität. Frankfurt: IKO.

Dias, P. V. (1997): Pädagogik: Dritte Welt. In: Bernhard, A./Rothermel, L. (Hrsg.): Handbuch Kritische Pädagogik. Weinheim: Deutscher Studienverlag, 315–332.

Diehm, Isabell./Radtke, Frank-Olaf (1993): Erziehung und Migration. Eine Einführung. Stuttgart/Berlin/Köln: Kohlhammer.

Dietrich, Ingrid. (2001): Migrantenkinder – eine diskriminierte Minderheit in unseren Schulen? In: Auernheimer, Georg. (Hrsg.): Migration als Herausforderung für pädagogische Institutionen. Opladen: Leske+Budrich, 60–71.

Docquier, Frédéric/Rapoport, Hillel (2011): Globalization, brain drain and development. Bonn: Forschungsinstitut zur Zukunft der Arbeit.

Döbert, Hans/Hörner, Wolfgang/Von Kopp, Botho/Mitter Wolfang (2002): Die Schulsysteme Europas. Hohengehren: Schneider.

Döll, Marion/Dirim, İnci (2011): Mehrsprachigkeit in der Sprachdiagnostik. In: Fürstenau, Sara/Gomolla, Mechtild (Hrsg.): Migration und schulischer Wandel: Mehrsprachigkeit. Wiesbaden: VS Verlag für Sozialwissenschaften – Springer Fachmedien Wiesbaden GmbH, 153–167.

Dose, I. (2007): Finnland: PISA-Testsieger und Reiseziel für Bildungstouristen. In: Dose, I./ Hecker, K./Schulz, U. (Hrsg.): Vorbildfunktion vs. Entsorgungspädagogik? Schulpolitik und Bildung in Skandinavien und Deutschland. Leipzig/Berlin: Edition Kirchhof & Franke, 25–28.

Drerup, Heiner (1997): Die neue Koedukationsdebatte zwischen Wissenschaftsanspruch und politisch-praktischem Orientierungsbedürfnis. In: Zeitschrift für Pädagogik 43/6, 853–875.

Druwe, Ulrich (2010): Kompetenz als Maßstab – die Reform der Lehrerbildung aus Hochschulperspektive. In: Himpele, Klemens/Keller, Andreas/Staack, Sonja (Hrsg.): Endstation Bologna? Zehn Jahre Europäischer Hochschulraum. Bielefeld: Bertelsmann, 105–116.

Duncan-Andrade, Jeffrey/Morrell, Ernest (2008): The Art of Critical Pedagogy: Possibilities for Moving from Theory to Practice in Urban Schools. New York: Peter Lang.

Eckardt, Philipp (2005): Der Bologna-Prozess. Entstehung, Strukturen und Ziele der europäischen Hochschulreformpolitik. Norderstedt: Books on Demand GmbH.

Eckstein, Max/Noah, Harold (1969): Scientific Investigations in Comparative Education. London.

Eckstein, Max/Noah, Harold (1993): Secondary School Examinations: International Perspectives on Policies and Practices. New Haven/London: Yale University Press.

EHEA Ministerial Conference (2012): Lifelong Learning. http://www.ehea.info/articledetails.aspx?ArticleId=14. (Letzter Zugriff: 10.02.2014).

EHEA Ministerial Conference (2012): Quality assurance. http://www.ehea.info/articledetails.aspx?ArticleId=24. (Letzter Zugriff: 10.02.2014).

Epstein, E.H. (1983): Currents Left and Right: Ideology in Comparative Education. Comparative Education Review 27/1, 3–29.

Espe, Hans (Hrsg.) (1954): Marc-Antoine Jullien von Paris: Skizzen und Vorarbeiten zu einem Werk über die vergleichende Erziehung. Berlin.

Europäische Bildungsminister (1999): Der europäische Hochschulraum. Gemeinsame Erklärung der europäischen Bildungsminister. Bologna.

Europäische Gemeinschaft (2009): ECTS-Leitfaden. Luxemburg: Amt für amtliche Veröffentlichungen der Europäischen Gemeinschaften.

Europäische Kommission (1994): Die Zusammenarbeit im Bildungsbereich in der Europäischen Union 1976–1994. Nr. 5. Luxemburg: Amt für amtliche Veröffentlichungen der Europäischen Gemeinschaften.

Europäische Kommission (1995): Weißbuch zur allgemeinen und beruflichen Bildung. Lehren und Lernen. Auf dem Weg zur kognitiven Gesellschaft. Luxemburg.

Europäische Kommission (2011): Allgemeine und berufliche Bildung. Überblick zum Programm für Lebenslanges Lernen. http://ec.europa.eu/education/lifelong-learningprogramme/doc78_de.htm. (Letzter Zugriff: 10.02.2014).

Europäische Union (2010): Einheitliche Europäische Akte. Zusammenfassung der EUGesetzgebung. http://europa.eu/legislation_summaries/institutional_affairs/treaties/treaties_singleact_de.htm. (Letzter Zugriff: 10.02.2014).

European Association for Quality Assurance in Higher Education (2009): Standards and Guidelines for Quality Assurance in the European Higher Education Area. Helsinki.

Eurydice, Europäische Informationsstelle (2010): Fokus auf die Hochschulbildung in Europa. Die Auswirkungen des Bologna-Prozesses. Brüssel.

EWG (Europäische Wirtschaftsgemeinschaft) (1957): Vertrag zur Gründung der Europäischen Wirtschaftsgemeinschaft.

EWG (Europäische Wirtschaftsgemeinschaft) (1963): Amtsblatt der Europäischen Gemeinschaften. Beschluss des Rates vom 2. April 1963 über die Aufstellung allgemeiner Grundsätze für die Durchführung einer gemeinsamen Politik der Berufsausbildung. 63/266/EWG.

Fehlings de Acurio, Regine/Vega Corine (2002): Plädoyer für mehrsprachige Erziehung durch bilinguale Kindergärten. www.carrusel.de/?download=Pl%E4doyer.pdf, 1–3. (Letzter Zugriff: 10.02.2014).

Fiala, Andrea. (2008): Interkulturelle Elternarbeit. In: Zentrum polis-Politik Lernen in der Schule (Hrsg.): Aktionstage Politische Bildung, 13.

Fischer, Cornelia/Heier, Dieter (1983): Entwicklungen der Arbeitsmarkttheorie. Frankfurt/New York: Campus.

Fleck, Elfie (2008): Wie viel Muttersprache braucht ein Kind? Leseförderung für fremdsprachige Kinder: Warum sie nicht nur Deutsch lernen sollen. http://www.bmukk.gv.at/medienpool/16065/wievielmuttersprachebrauchte.pdf. (Letzter Zugriff: 10.02.2014).

Fleck, Elfie (2010): Migration und Sprachförderung an österreichischen Schulen. In: Muhr, Rudolf/Biffl, Gudrun (Hrsg.): Sprache – Bildung – Bildungsstandards – Migration. Chancen und Risiken der Neuorientierung des österreichischen Bildungssystems. Frankfurt am Main: Peter Lang, 139–156.

Foshay, Arthur W./Thorndike, Robert L./Hotyat, Fernand/Pidgeon, Douglas A./Walker, David A. (1962): Educational Achievements of Thirteen-Years-Olds in Twelve Countries. Hamburg: UNESCO Institute of Education.

Fox, Elisabeth (1991): Das internationale Bakkalaureat – Wegbereiter einer weltweiter Erziehung und Bildung. In: Bildung und Erziehung 44/3, 327–349.

Freire, Paulo (1972): Pedagogy of the oppressed. London: Penguin Books.

Freudenthal, Hans (1975): Pupils achievements internationally compared – the IEA. In: Educational Studies in Mathematics (Educ. Stud. Math.). Dordrecht 6, 127–186.

Fruchter, Norm (2007): Urban Schools. Public Will. New York: Teachers College Press.

Fuchs, Ragnhild (2001) : Ansätze der interkulturellen Erziehung im Elementarbereich. In: Auernheimer, Georg (Hrsg.): Migration als Herausforderung für pädagogische Institutionen. Opladen: VS Verlag für Sozialwissenschaften, 36–49.

Furch, Elisabeth (2008): Kinder mit Migrationshintergrund im Bildungssystem. In: Furch, Elisabeth/Eichelberger, Harald (Hrsg.): Kulturen, Sprachen, Welten. Fremdsein als pädagogische Herausforderung. Innsbruck: Studienverlag, 67–73.

Furch, Elisabeth (2009): Migration und Schulrealität. Eine empirische Untersuchung an Grundschullehrerinnen. Wien: LIT.

Fürstenau, Sara (2011): Mehrsprachigkeit als Voraussetzung und Ziel schulischer Bildung. In: Fürstenau, Sara/Gomolla, Mechtild (Hrsg.): Migration und schulischer Wandel: Mehrsprachigkeit. Wiesbaden: VS Verlag für Sozialwissenschaften – Springer Fachmedien Wiesbaden GmbH, 25–50.

Fürstenau, Sara/Gomolla, Mechtild (2011): Einführung. Migration und schulischer Wandel: Mehrsprachigkeit. In: Fürstenau, Sara/Gomolla, Mechtild (Hrsg.): Migration und schulischer Wandel: Mehrsprachigkeit. Wiesbaden: VS Verlag für Sozialwissenschaften – Springer Fachmedien Wiesbaden GmbH, 13–23.

Galton, B. (1989): Research and Innovation. In: Galton, M./Blyth, A. (Hrsg.): Handbook of Primary Education in Europe. London/Strasbourg: Fulton & Council of Europe.

Galtung, Johan (2007): Frieden mit friedlichen Mitteln: Friede und Konflikt, Entwicklung und Kultur. Münster: Agenda.

Giddens, Anthony (1999): Soziologie. Graz: Nausner & Nausner.

Giesecke, Herrmann (2005): „Humankapital" als Bildungsziel? Grenzen ökonomischen Denkens für das pädagogische Handeln. In: Neue Sammlung 3, 377–389.

Gogolin, Ingrid/Fürstenau, Sara (2001): Sprachliches Grenzgängertum. Zur Mehrspachigkeit von Migranten. In: List, Gundula/List, Günther: Quersprachigkeit. Zum transkulturellen Registergebrauch in Laut- und Gebärdensprache. Tübingen: Stauffenburg, 49–64.

Gogolin, Ingrid (1994): Der monolinguale Habitus der multilingualen Schule. Münster.

Gogolin, Ingrid/Krüger-Potratz, Marianne (2006): Einführung in die Interkulturelle Pädagogik. Opladen: Farmington Hills.

Gomolla, M./Radtke, F.O. (2002): Institutionelle Diskriminierung. Die Herstellung ethnischer Differenz in der Schule. Opladen: Leske + Budrich.

Gorski, Paul (2006): The Unintentional Undermining of Multicultural Education. In: Landsmann, Julie/Lewis, Chance: White Teachers/Diverse Classrooms. Sterling: Stylus, 61–78.

Gottlieb, Esther (2000): Are we postmodern yet? Historical and theoretical explorations in comparative education. In: Moon, Bob/Ben-Peretz, Miriam/Brown, Sally (Hrsg.): Routledge International Companion to Education. London/New York: Routledge.

Greve, Jens/Heintz, Bettina (2005): Die Entdeckung der Weltgesellschaft. Entstehung und Grenzen der Weltgesellschaftstheorien. In: Heintz, Bettina (Hrsg.): Weltgesellschaft. Theoretische Zugänge und empirische Problemlagen. Stuttgart: Zeitschrift für Soziologie, 89–119.

Haberzettl, Stefanie (2010): Mit Sprachenvielfalt in die Zukunft. In: Mit Sprachenvielfalt in die Zukunft. Oldenburg: BIS-Verlag der Carl-von Ossietzky-Univerlag.

Halls, W.D. (1973): Culture and education: The culturalist approach to comparative studies. In: Evans, Reginalds/Holmes, Brian/Van de Graaff, John (Hrsg.): Relevant Methods in Comparative Education. Hamburg: UNESCO Institute for Education, 119–135.

Halls, W.D. (1990): Comparative Education. Contemporary Issues and Trends. London: Jessica Kingsley Publishers/UNESCO.

Hamburger, Franz (2005): Migration. In: Otto, Hans-Uwe/Thiersch, Hans (Hrsg.): Handbuch Sozialarbeit. Sozialpädagogik. München: Ernst Reinhardt, 211–222.

Hamburger, Franz (2009): Abschied von der Interkulturellen Pädagogik. Plädoyer für einen Wandel sozialpädagogischer Konzepte. Weinheim: Juventa.

Haq, Mahbub (1995): Reflections on Human Development. New York: Oxford University Press.

Harber, Clive/Davies, Lynn (1997): School Management and Effectiveness in Developing Countries. London: Casell.

Harris, Ian (2005): Managing Violence in Urban Schools. In: Obiakor, Festus E./Beachum, Floyd D. (Hrsg.): Urban Education for the 21st Century. Springfield: Charles C. Thomas Publisher, 139–161.

Haug, Guy/Kirstein, Jette/Knudsen, Inge (1997): Project Report. Trends in Learning Structures in Higher Education.

Hayden, Mary/Thompson, Jeff (1998): International Education: Perceptions of Teachers in International Schools. In: International Review of Education 44, 549–568.

Hayden, Mary/Wong, Cynthia (1997): The International Baccalaureate: International Education and Cultural Preservation. In: Educational Studies 23, 349–361.

Heintz, Bettina (Hrsg.) (2005): Weltgesellschaft. Theoretische Zugänge und empirische Problemlagen. Stuttgart: Zeitschrift für Soziologie.

Herwartz-Emden, Leonie/Strasser, Josef (2013): Interkulturalität und Sozialisation. In: Genkova, Petia/Ringeisen, Tobias/Leong, Frederick (Hrsg.): Handbuch Stress und Kultur: Interkulturelle und kulturvergleichende Perspektiven. Heidelberg: Springer, 361–380.

Higginson, J.H. (Hrsg.) (1979): Selections from Michael Sadler. Liverpool: Dejall and Meyorre.

Hilker, Franz (1962): Vergleichende Pädagogik. Eine Einführung in ihre Geschichte, Theorie und Praxis. München.

Holmes, B. (1981): Models in Comparative Education. In: Compare 11/2, 155–161.

Hilliard, Asa et al. (1990): Infusion of African and African American Content in the School Curriculum. Dallas/Fort Worth: Aaron Press.

Hochschild, Jennifer/Scovronick, Nathan (2003): The American Dream and the Public Schools. New York: Oxford University Press.

Hofstede, Geert (2010): Cultures and Organizations: Software for the Mind. New York: McGraw-Hill Professional.

Hohmann, M. (1989): Interkulturelle Erziehung – eine Chance für Europa. In: Hohmann, M./ Reich, H. (Hrsg.): Ein Europa für Mehrheiten und Minderheiten. Münster/New York: Waxmann, 1–32.

Holmes, Brian (1965): Problems in Education. A Comparative Approach. London: Routledge/ Kegan.

Holmes, Brian (1971): Comparative Education. In: Deighton, Lee C. (Hrsg.): The Encyclopedia of Education. New York: The Macmillan Company, 357–363.

Holzbrecher, Alfred (2004): Interkulturelle Pädagogik. Berlin: Cornelsen Scriptor.

Holzbrecher, Alfred (2006): Lernen für Europa – Zur Aktualität eines didaktischen Konzepts Interkulturellen Lernens. In: PH-FR. Zeitschrift der Pädagogischen Hochschule Freiburg 2006/1, 5–6.

Hopmann, Stefan/Brinek, Gertrude/Retzl, Martin (Hrsg.)(2007): PISA zufolge PISA. PISA According to PISA. Wien: Lit.

Hopmann, Stefan/Riquarts, K. (1995): Didaktik und/oder Curriculum. Grundprobleme einer international vergleichenden Didaktik. Zeitschrift für Pädagogik 33, 9–34.

Hornberg, Sabine/Dirim, Inci/Lang-Wojtasik, Gregor/Mecheril, Paul (Hrsg.) (2009): Beschreiben – Verstehen – Interpretieren. Stand und Perspektiven International und Interkulturell Vergleichender Erziehungswissenschaft in Deutschland. Münster/München/Berlin/New York: Waxmann.

Hörner, Wolfgang (1993): Technische Bildung und Schule. Eine Problemanalyse im internationalen Vergleich. Köln.

Hörner, Wolfgang (1996): Einführung: Bildungssystem in Europa – Überlegungen zu einer vergleichenden Betrachtung. In: Anweiler, O./Boos-Nünning, U./Brinkmann, G./Glowka, D./Goetze, D./Hörner, Wolfang/Kuebart, F./Schäfer, H.P. (Hrsg.): Bildungssysteme in Europa. Entwicklung und Struktur des Bildungswesens in zehn Ländern: Deutschland, England, Frankreich, Italien, Niederlande, Polen, Schweden, Russland, Spanien, Türkei. Weinheim/Basel: Beltz, 13–29.

Hörner, Wolfgang (1997): Europa als Herausforderung für die Vergleichende Erziehungswissenschaft. Reflexion über die politische Funktion einer pädagogischen Disziplin. In: Kodron, C./Kopp, B c./Lauterbach, U./Schäfer, U./Schmidt, G. (Hrsg.): Vergleichende Erziehungswissenschaft: Herausforderung, Vermittlung, Praxis: Festschrift für Wolfgang Mitter zum 70. Geburtstag. Köln: Böhlau, 65–80.

Hörner, Wolfgang (2004): Vergleichende Erziehungswissenschaft. In: Krüger, Heinz-Hermann/Grunert, Cathleen (Hrsg.): Wörterbuch Erziehungswissenschaft. Wiesbaden, 182–188.

Hughes, R.E. (1901): Schools at Home and Abroad. London: Swan Sonnenschein.

Hughes, R.E. (1902): The Making of Citizens. A Study in Comparative Education. London/ Felling-on-Tyne: Walter Scott Publishing Co.

Interkulturelles Lernen (2009): Das Unterrichtsprinzip Interkulturelles Lernen. http://bmukk.gv.at/schulen/unterricht/prinz/interkult_lernen.xml. (Letzter Zugriff: 10.02.2014).

Jackson, Raymond (1984): Comparative education. In: Hills, P.J.: A Dictionary of Education. London: Routledge and Kegan Paul, 17–21.

Jahnke, Thomas/Meyerhöfer, Wolfram (Hrsg.) (2007): PISA & Co – Kritik eines Programms. Hildesheim: Franzbecker.

Janssen, Bernd (1992): Bildungspolitik. In: Weidenfeld, Werner/Wessels, Wolfgang (Hrsg.): Jahrbuch der Europäischen Integration. Bonn: Europa Union.

Jeuk, Stefan (2010): Deutsch als Zweitsprache in der Schule. Grundlagen-Diagnose-Förderug. Stuttgart: Kohlhammer.

Jullien de Paris, M.A. (1817): Esquisse et vues preliminaires d´un ouvrage sur l´education comparee. Paris: Colas/Delaunay.

Jullien de Paris/Marc-Antoine (1962): Esquisse d´un ouvrage sur l´education comparee. Genf: Bureau International d´Education.

Kästner, H. (1993): „Nach Maastricht" – Zum Entwicklungsstand der Europäischen Dimension in Bildung und Erziehung auf nationaler und europäischer Ebene. In: Janssen, B. (Hrsg.): Die europäische Dimension für Lehrer. Bonn, 54–73.

Kahl, Reinhard (2005): Spitze – Schulen am Wendekreis der Pädagogik. Filmdokumentation.

Kandel, I. L. (1933): Comparative Education. Boston: Houghton Mifflin.

Kandel, I. L. (1933): Studies in Comparative Education. London: Harrap.

Karakasoglu, Yasemin/Lüddecke, Julian (Hrsg.) (2004): Migrationsforschung und Interkulturelle Pädagogik. Aktuelle Entwicklungen in Theorie, Empirie und Praxis. Münster/Berlin/München/New York: Waxmann.

Keim, Inken/Tracy, Rosemarie (2006): Mehrsprachigkeit und Migration. Optimale Lernbedingungen für Migrantenkinder stehen noch aus. In: Der Bürger im Staat. Zuwanderung und Integration 56/4, 222–226.

Kelly, Gail (1992): Debates and Trends in Comparative Education. In: Arnove, R.F./Altbach, Philip/Kelly, Gail (Hrsg.): Emergent Issues in Education: Comparative Perspectives. Albany: State University of New York, 13–22.

Kelly, Gail/Altbach, Philip (1986): Comparative Education: Challenge and Response. In: Comparative Education Review 30/1, 89.

Koch, Sascha/Schemmann, Michael (Hrsg.) (2009): Neo-Institutionalismus in der Erziehungswissenschaft: Grundlegende Texte und empirische Studien (Organisation und Pädagogik). Wiesbaden: VS Verlag für Sozialwissenschaften.

Kodron, Christoph (1997): Vergleichende Erziehungswissenschaft. Herausforderung – Vermittlung – Praxis. Frankfurt am Main: Deutsches Institut für Internationale Pädagogische Forschung.

Konjufu, Jawanza (2002): Black Students. Middle Class Teachers. Chicago: African American Image.

Kotthoff , Helga (2000): Dein Leid mir. In: Kotthoff, Helga (Hrsg.): Kultur(en) im Gespräch. Tübingen: Gunter Narr, 99–150.

Kraus, Josef (2005): Der PISA Schwindel. Unsere Kinder sind besser als ihr Ruf. Wie Eltern und Schule Potentiale fördern können. Wien: Signum.

Kromrey, Helmut (2006): Empirische Sozialforschung. Weinheim: Lucius & Lucius.

Krüger-Potratz, Marianne (1996): Zwischen Weltfrieden und Stammesversöhnung. In: Bildung und Erziehung 49/1, 27–43.

Krüger-Potratz, Marianne (2005): Interkulturelle Bildung. Eine Einführung. Münster: Waxmann.

Kühlmann, T. M. (1995): Mitarbeiterentsendung ins Ausland – Auswahl, Vorbereitung, Betreuung und Wiedereingliederung. Göttingen: Verlag für Angewandte Psychologie.

Kubow, Patricia/Fossum, Paul (2007): Comparative Education: Exploring Issues in International Context. London: Pearson.

Kumbruck, Christel/Derboven, Wibke (2005): Interkulturelles Training. Trainingsmanual zur Förderung interkultureller Kompetenzen in der Arbeit. Heidelberg: Springer.

Ladenthin, Volker (2003): PISA – Recht und Grenzen einer globalen empirischen Studie. Eine bildungstheoretische Betrachtung. In: Vierteljahrsschrift für wissenschaftliche Pädagogik. Paderborn 79/3, 354–375.

Ladson-Billings, Gloria (2003): New Directions in Multicultural Education. Complexities, Boundaries, and Critical Race Theory. In: Banks, James et al. (Hrsg.): Handbook of Research and Multicultural Education. San Francisco: Jossey-Bass, 50–65.

Landsmann, Julie/Lewis, Chance (2006): White Teachers/Diverse Classrooms. Sterling: Stylus.

Lasonen, J. (2009): Sozialpolitische und pädagogische Antworten auf Probleme der Migration. In: Matthies, A./Skiera, E. (Hrsg.): Das Bildungswesen in Finnland. Geschichte, Struktur, Institutionen und pädagogisch-didaktische Konzeptionen, bildungs- und sozialpolitische Perspektiven. Bad Heilbrunn: Julius Klinkhardt, 248–255.

Latimer, Amy E./Rench, Tara A./Brackett, Marc A.(2007): Emotional Intelligence: A Framework for Examining Emotions in Sport and Exercise groups. In: Beauchamp, Mark (Hrsg.): Group Dynamics in Exercise and Sport Psychology. London: Routledge, 3–24.

Leiprecht, Rudolf (2001): Alltagsrassismus. Eine Untersuchung bei Jugendlichen in Deutschland und den Niederlanden. Münster/New York: Waxmann.

Leitner, Alexandra/Pinter, Anna (2010): Früher Spracherwerb in der Migration. Wien: Praesens.

Lenzen, Dieter (2007): Pädagogik – Erziehungswissenschaft. In: Lenzen, Dieter: Pädagogische Grundbegriffe. Reinbek bei Hamburg: Rowohlt, 1105–1117.

Levitt, Theodore (1983): „The globalization of markets". In: Harvard Business Review 3, 92–117.

Liegle, L. (1992): Culture and Socialization: Forgotten Traditions and New Dimensions in Comparative Education. In: Schriewer, J./Holmes, B. (Hrsg.): Theories and Methods in Comparative Education. Bern: Peter Lang, 225–262.

Lockheed, M.E./Verspoor, A.M. (1991): Improving Primary Education in Developing Countries. Oxford: Oxford University Press.

Lohmann, Ingrid (2003): Bildung – Ware oder öffentliches Gut? Auswirkungen des General Agreement on Trade in Services (GATS) auf den Bildungsbereich. In: Köhler, Gerd/Quaißer, Gunter (Hrsg.): Bildung – Ware oder öffentliches Gut? Über die Finanzierung von Bildung und Wissenschaft. Frankfurt am Main, 242–252.

Lohrenscheit, C. (2004): Das Recht auf Menschenrechtsbildung. Grundlage und Ansätze einer Pädagogik der Menschenrechte. Frankfurt: IKO Verlag.

Luhmann, N./Schorr, E. (1979): Reflexionsprobleme im Erziehungssystem. Frankfurt am Main: Suhrkamp.

Luhmann, Niklas/Schorr, Karl-Eberhard (1979): Reflexionsprobleme im Erziehungssystem. Stuttgart.

Maeße, Jens (2010): Die vielen Stimmen des Bologna-Prozesses. Zur diskursiven Logik eines bildungspolitischen Programms. Bielefeld: Transcript.

Matthies, A. (2009): Vertiefender Exkurs II. „Anders lernen" – Förderpädagogische Maßnahmen und Sonderunterricht in der finnischen Grundschule. In: Matthies, A./Skiera, E. (Hrsg.): Das Bildungswesen in Finnland. Geschichte, Struktur, Institutionen und pädagogisch-didaktische Konzeptionen, bildungs- und sozialpolitische Perspektiven. Bad Heilbrunn: Julius Klinkhardt, 157–165.

Matthies, A./Skiera, E. (Hrsg.) (2009): Das Bildungswesen in Finnland. Geschichte, Struktur, Institutionen und pädagogisch-didaktische Konzeptionen, bildungs- und sozialpolitische Perspektiven. Bad Heilbrunn: Julius Klinkhardt.

McLaren, Peter/Giarelli, James (1995): Critical Theory and Educational Research. New York: State University of New York Press.

McLean, Martin (1995): Educational Traditions Compared. Content, Teaching and Learning in Industrialized Countries. London: David Fulton Publishers.

McLelland, David (1961): The Achieving Society. Princeton: Van Nostrand.

McSweeney, Brendan (2002): Hofstede's Model of National Cultural Differences and Their Consequences: A Triumph of Faith – A Failure of Analysis. Human Relations 55/1, 89–119.

Mecheril, Paul (2003): Prekäre Verhältnisse. Über natio-ethno-kulturelle (Mehrfach)Zugehörigkeiten. Münster.

Mecheril, Paul (2004): Einführung in die Migrationspädagogik. Weinheim: Beltz.

Menzel, Ulrich (1995): Geschichte der Entwicklungstheorie; Einführung und systematische Bibliographie. Hamburg.

Meri, Matti (2010): Finnland. In: Döbert, H./Hörner, W./von Kopp, B/Reuter, L.R. (Hrsg.): Die Bildungssysteme Europas. Grundlagen der Schulpädagogik, 46. Hohengehren: Schneider, 226–238.

Merimaa, E. (2009): Die allgemeine Grundschule – Neun Jahre gemeinsames Lernen für alle. In: Matthies, A./Skiera, E. (Hrsg.): Das Bildungswesen in Finnland. Geschichte, Struktur, Institutionen und pädagogisch-didaktische Konzeptionen, bildungs- und sozialpolitische Perspektiven. Bad Heilbrunn: Julius Klinkhardt, 137–148.

Meyer auf der Heyde, Achim (2010): Macht der Bachelor krank? Studieren zwischen Druck, Kontrolle und Konkurrenz – Anforderungen an eine neue Studierendgeneration. In: Himpele, Klemens/Keller, Andreas/Staack, Sonja (Hrsg.): Endstation Bologna? Zehn Jahre Europäischer Hochschulraum. Bielefeld: Bertelsmann, 69–73.

Meyer, John (1977): The Effects of Education as an Institution. In: American Journal of Sociology 83, 55–77.

Meyer, John (1986): Weltkultur. Wie die westlichen Prinzipien die Welt durchdringen. Krücken, Georg (Hrsg.). Frankfurt am Main, 85–132.

Meyer, John (1996): Die kulturellen Inhalte des Bildungswesens. Zeitschrift für Pädagogik 34, 23–34.

Meyer, John (2005): Der sich wandelnde kulturelle Gehalt des Nationalstaats. In: Meyer, John: Weltkultur. Wie die westlichen Prinzipien die Welt durchdringen. Frankfurt: Suhrkamp, 133–162.

Meyer, John/Hannan, M.T. (1979): National Development and the World System. Educational, Economic and Political Change, 1950–1970. London/Chicago: The University of Chicago Press.

Meyer, John/Kamens, D.H./Benavot, A. (1992): School Knowledge for the Masses: World Models and National Primary Curricular Categories in the Twentieth Century. Washington D.C.: The Falmer Press.

Meyer, John W./Ramirez, Francisco (1977): The World Educational Revolution, 1950–1970. In: Sociology of Education 50, 242–258.

Meyer, John/Ramirez, Francisco (2000): The World Institutionalization of Education. In: Schriewer, Jürgen (Hrsg.): Discourse Formation in Comparative Education. Frankfurt: Peter Lang, 111–132.

Meyer, John W./Ramirez, Francisco (2005): Die globale Institutionalisierung der Bildung. In: Meyer, John W.: Weltkultur. Wie die westlichen Prinzipien die Welt durchdringen. Krücken, Georg (Hrsg.). Frankfurt am Main, 212–234.

Meyer, John W./Ramirez, Francisco/Soysal, Y.N. (1992): World Expansion of Mass Education. In: Sociology of Education 65, 128–149.

Miles, M.B./Hubermann, A.M. (1994): Qualitative Data Analysis. An Expanded Sourcebook. Thousand Oaks: Sage.

Mitter, Wolfang (1996): Staat und Markt im internationalen Bildungswesen aus historisch-vergleichender Sicht – Gegner, Konkurrenten, Partner? In: Bildung zwischen Staat und Markt. Zeitschrift für Pädagogik 35, 125–142. Weinheim.

Mitter, Wolfgang (1997): Challenges to Comparative Education: Between Retrospect and Expectation. In: International Review of Education 43, 401–412.

Mitter, Wolfgang (2005): Akteure und Netzwerke in der Vergleichenden Erziehungswissenschaft. In: Pädagogische Rundschau 59, 207–220.

Mitter, Wolfgang/Kopp, B. (1996): European Curriculum: Reality or Dream? In: Winther-Jensen, T. (Hrsg.): Challenges to European Education. Culture Values, National Identities, and Global Responsibilities. Bern: Peter Lang, 295–312.

Mitter, Wolfgang/Kopp, B. (Hrsg.) (1994): Die Zeitdimension in der Schule als Gegenstand des Bildungsvergleichs. Köln: Böhlau.

Mizialko, Amy (2005): Reducing the Power of Whiteness in Urban Schools. In: Obiakor, Festus E./Beachum, Floyd D. (Hrsg.): Urban Education for the 21st Century. Springfield: Charles C. Thomas Publisher, 176–186.

Müller, Andrea G./Stanat, Petra (2006): Herkunftsbedingte Disparitäten im Bildungswesen: Differenzielle Bildungsprozesse und Probleme der Verteilungsgerechtigkeit In: Baumert, Jürgen/Stanat, Petra/Watermann, Watermann (Hrsg.): Schulischer Erfolg von Schülerinnen und Schülern mit Migrationshintergrund: Analysen zur Situation von Zuwanderern aus der ehemaligen Sowjetunion und aus der Türkei, 221–255.

Müller, Detlef K. (Hrsg.) (1994): Pädagogik Erziehungswissenschaft Bildung. Köln: Böhlau.

Mundy, Karen/Bickmore, Kathy/Hayhoe, Ruth/Madden, Meggan/Madjidi, Katherine (2008): Comparative and International Education. Issues for Teachers. Toronto: Canadian Scholar's Press Inc.

Naisbitt, John (1982): Megatrends. Ten New Directions Transforming Our Lives. New York: Warner Books.

Nationale Agentur für EU-Hochschulzusammenarbeit (2011): Tempus. Ziele und Aufgaben. http://eu.daad.de/eu/tempus/programminhalte/05239.html. (Letzter Zugriff: 10.02.2014).

Nekula, Kurt (2011): Jährliche Information zum muttersprachlichen Unterricht. http://www.bmukk.gv.at/ministerium/rs/2011_11.xml. (Letzter Zugriff: 10.02.2014).

Neuwirth, Erich/Ponocny, Ivo/Grossmann, Wilfried (Hrsg.) (2006): PISA 2000 und PISA 2003. Vertiefende Analysen und Beiträge zur Methodik. Graz: Leykam.

Nieke, Wolfgang (2008): Interkulturelle Erziehung und Bildung. Wertorientierungen im Alltag. Wiesbaden: VS Verlag für Sozialwissenschaften.

Nieto, Sonia (2000): Affirming Diversity. The Sociopolitical Context of Multicultural Education. New York: Longman.

Noah, Harold (1973): Defining Comparative Education: Conceptions. In: Edwards/Holmes/Van de Graaff, 109–118.

Noah, Harold (1983): The Use and Abuse of Comparative Education. New York: Teachers College.

Noah, Harold (1985): Comparative Education: Methods. In: Husen, Torsten/Postlethwaite, T. Neville (Hrsg.): The International Encyclopedia of Education. Oxford: Pergamon, 869–872.

Noah, Harold (1991): Bildungspolitik und internationale Studien zum Bildungswesen. In: Bildung und Erziehung 44, 27–38.

Noah, Harold J./Eckstein, Max A. (1969): Toward a Science of Comparative Education. London: Macmillan.

Noah, Harold/Eckstein, Max (1988): Dependency Theory in Comparative Education: Twelve Lessons from the Literature. In: Holmes, B. (Hrsg.): Theories and Methods in Comparative Education. Frankfurt am Main: Peter Lang, 165–192.

Noguera, Pedro (2001): The Trouble with Black Boys. In: Harvard Journal of African Americans and Public Policy 3, 23–46.

Noguera, Pedro (2007): City Schools and the American Dream. New York: Teachers College.

Nohl, Arnd-Michael (2010): Konzepte interkultureller Pädagogik. Eine systematische Einführung. Bad Heilbrunn: Julius Klinkhardt.

Nohlen, Dieter (Hrsg.) (2002): Lexikon Dritte Welt. Reinbek bei Hamburg: Rowohlt Tb.

OEAD, Nationalagentur Lebenslanges Lernen (2012): Erasmus in Österreich. Statistischer Überblick. Wien.

OECD (2011): Bildung auf einen Blick. OECD Indikatoren. Deutsche Übersetzung, Bundesministerium für Bildung und Forschung.

Oelkers, J./Tenorth, H. (Hrsg.) (1987): Pädagogik, Erziehungswissenschaft und Systemtheorie. Weinheim/Basel: Beltz.

Oerter, Rolf/Montada, Leo. (Hrsg.) (2008): Entwicklungspsychologie. Weinheim: Beltz.

Ortega-Pilch, Angela/Schröttner, Barbara (2012): Transnational Spaces and Regional Localization. Social Networks, Border Regions and Local-Global Relations. Münster/New York/München/Berlin: Waxmann.

Österreichische Bologna-Servicestelle der OEAD-GmbH (2010): Im Fokus: Bologna in Österreich. Akteurinnen und Akteure, Einblicke, Schlaglichter. Wien.

Österreichischer Wissenschaftsrat (2009): Universität Österreich 2025. Analysen und Empfehlungen zur Entwicklung des österreichischen Hochschul- und Wissenschaftssystems. Wien: Österreichischer Wissenschaftsrat.

Payne, Ruby (2005): A Framework for Understanding Poverty. Highlands: aha Process.

Peltzer-Karpf, Annemarie (2011): A kući sprecham Deutsch. Sprachstandserhebung in multikulturellen Volksschulklassen: bilingualer Spracherwerb in der Migration. http://www.bmukk.gv.at/medienpool/15807/sprachstandserhebung.pdf. (Letzter Zugriff: 10.02.2014).

Petersen, Inger (2010): Mit Sprachenvielfalt in die Zukunft. Oldenburg: BIS-Verlag der Carl-von Ossietzky-Univerlag.

Phillips, David (2000): Learning from elsewhere in education: Some perennial problems revisited with reference to British interest in Germany. Comparative Education 36/3, 297–307.

Phillips, David/Schweisfurth, Michele (2008): Comparative and International Education. An Introduction to Theory, Method and Practice. London/New York: Continuum International Publishing Group.

Postlethwaite, T.N. (1986): International Education Research. Papers in Honor of Torsten Husen. Oxford/New York: Pergamon Press.

Postlethwaite, T.N./Weiler, H./Roeder, P.M. (1980): Schulen im Leistungsvergleich. Bedingungen für ein erfolgreiches Lernen – Ergebnisse der internationalen IEA-Untersuchungen in sechs Unterrichtsfächern. Stuttgart.

Prengel, Annedore (1995): Pädagogik der Vielfalt. Verschiedenheit und Gleichberechtigung in Interkultureller, Feministischer und integrativer Pädagogik. Opladen: VS Verlag für Sozialwissenschaften.

Quehl, Thomas (2003): Möglichkeiten interkultureller und antirassistischer Pädagogik in der Grundschule. In: Kloeters, Ulrike/Lüddecke, Julian/Quehl, Thomas (Hrsg.): Schulwege in die Vielfalt. Handreichung zur Interkulturellen und Antirassistischen Pädagogik in der Schule. Frankfurt am Main: IKO-Verlag für Interkulturelle Kommunikation, 253–316.

Radtke, Franz-Olaf (2003): Die Erziehungswissenschaft der OECD. In: Erziehungswissenschaft 27, 109–136.

Raivola, Reijo (1985): What is Comparison? Methodological and Philosophical Considerations. In: Comparative Education Review 29/3, 362.

Ramirez, Francisco/Boli, John (1987): The Political Construction of Mass Schooling: European Origins and Worldwide Institutionalization. In: Sociology of Education 60, 2–17.

Ramirez, Francisco/Boli, John (1994): The Political Institutionalization of Compulsory Education: The Rise of Compulsory Schooling in the Western Cultural Context. In: Mangan, J.A. (Hrsg.): A Significant Social Revolution. Cross-Cultural Aspects of the Evolution of Compulsory Education. London/Portland: The Woburn Press.

Ratzki, Anne (2001): Interkulturelle Erziehung: Beispielhafte Ansätze aus der Region. In: Auernheimer, Georg. (Hrsg.): Migration als Herausforderung für pädagogische Institutionen. Wiesbaden: VS Verlag für Sozialwissenschaften, 73–75.

Robinsohn, H. (1992): Comparative Education. A Basic Approach. A Selection of Writings by Saul B. Robinsohn. Jerusalem: The Hebrew University.

Robinsohn, Saul (1970): Erziehungswissenschaft: Vergleichende Erziehungswissenschaft. In: Speck, Josef/Wehle, Gerhard (Hrsg.): Handbuch pädagogischer Grundbegriffe. München: Kösel, 479–498.

Röhrs, Hermann (1966): Schule und Bildung im internationalen Gespräch. Studien zur Vergleichenden Erziehungswissenschaft. Frankfurt am Main: Akademische Verlagsgesellschaft.

Röhrs, Hermann (1966): Schule und Bildung im internationalen Gespräch. Studien zur Vergleichenden Erziehungswissenschaft. Frankfurt am Main.

Röhrs, Hermann (1975): Forschungsstrategien in der Vergleichenden Erziehungswissenschaft. Weinheim/Basel.

Röhrs, Hermann (1995): Der Weltbund für Erneuerung der Erziehung. Wirkungsgeschichte und Zukunftsperspektiven. Weinheim: Deutscher Studien Verlag.

Rossell, Christine (2002): Dismantling Bilingual Education: Implementing English Immersion: The California Initiative. San Francisco: Public Policy Institute of California.

Ruhloff, J. (1992): Kulturbegegnung als Herausforderung an Bildung und Erziehung. Überlegungen im Hinblick auf "Europa 1993". In: Zeitschrift für Pädagogik 3/1992, 345–356.

Rullmann, Anja (1996): Modernisierung und Dependenz. Paradigmen internationaler Kommunikationsforschung. In: Meckel, Miriam/Kriener, Markus (Hrsg.): Internationale Kommunikation. Opladen: Westdeutscher Verlag, 19–47.

Sadler, M. (1897–1902): Special Reports on Educational Subjects: Office of Special Inquiries and Reports.

Schäfer, Sarina Jessica (2010): Studium Internationale – Wie viel Mobilität wollen wir wirklich? In: Himpele, Klemens/Keller, Andreas/Staack, Sonja (Hrsg.): Endstation Bologna? Zehn Jahre Europäischer Hochschulraum. Bielefeld: Bertelsmann, 93–96.

Scherrer, Christoph/Kunze, Karen (2011): Globalisierung. Stuttgart: Utb.

Scheunpflug, Annette/Schröck, Nikolaus (2001): Globales Lernen Einführung in eine pädagogische Konzeption zur entwicklungsbezogenen Bildung. Stuttgart: Utb.

Schily, Konrad (2007): Die Internationalisierung und Europäisierung der deutschen Hochschulen. In: Bollenbeck, Georg/Wende, Waltraud (Hrsg.): Der Bologna-Prozess und die Veränderung der Hochschullandschaft. Heidelberg: Synchron Wissenschaftsverlag der Autoren, 53–61.

Schleicher, K. (1994): Einleitung. In: Schleicher, K./Bos, W. (Hrsg.): Realisierung der Bildung in Europa: Europäisches Bewusstsein trotz kultureller Identität? Darmstadt: Wissenschaftliche Buchgesellschaft, 1–18.

Schleicher, K. (Hrsg.) (1993): Zukunft der Bildung in Europa: Nationale Vielfalt und europäische Einheit. Darmstadt: Wissenschaftliche Buchgesellschaft.

Schleicher, K./Bos, W. (Hrsg.) (1994): Realisierung der Bildung in Europa: Europäisches Bewusstsein trotz kultureller Identität? Darmstadt: Wissenschaftliche Buchgesellschaft.

Schneider, Friedrich (1932/1933): Internationale Pädagogik, Ausländerpädagogik, Vergleichende Erziehungswissenschaft. Geschichte, Wesen, Methoden, Aufgaben und Ergebnisse. In: Internationale Zeitschrift für Erziehungswissenschaft 1/2, 243–257.

Schneider, Friedrich (1947): Triebkräfte der Pädagogik der Völker. Eine Einführung in die Vergleichende Erziehungswissenschaft. Salzburg: Otto Müller.

Schneider, Friedrich (1961): Vergleichende Erziehungswissenschaft. Geschichte, Forschung, Lehre. Heidelberg: Quelle & Meyer.

Schriewer, Jürgen (1978): Unterwegs zu einem neuen Selbstverständnis? Zur Standortbestimmung und Methodologie der Vergleichenden Erziehungswissenschaft. In: Zeitschrift für Pädagogik 24/1, 117.

Schriewer, Jürgen (1979): Über die Relevanz von Fragestellungen vergleichender Erziehungswissenschaft. In: VE-Informationen. Münster 4, 13–32.

Schriewer, Jürgen (1982): „Erziehung" und „Kultur". Zur Theorie und Methodik Vergleichender Erziehungswissenschaft. In: Brinkmann/Renner (Hrsg.): Die Pädagogik und ihre Bereiche. Paderborn: Schöningh, 185–236.

Schriewer, Jürgen (1994 a): Welt-System und Interrelationsgefüge. Die Internationalisierung der Pädagogik als Problem Vergleichender Erziehungswissenschaft. Humboldt Universität Berlin.

Schriewer, Jürgen (1994 b): Internationalisierung der Pädagogik und Vergleichende Erziehungswissenschaft. In: Müller, Detlef (Hrsg.) : Pädagogik – Erziehungswissenschaft – Bildung. Köln: Böhlau, 407–426.

Schriewer, Jürgen (1997): L'education comparee: mise en perspective historique d'un champ de recherche. In: Revue francaise de pedagogie 121, 9–27.

Schriewer, Jürgen (1998): Konstruktion von Internationalität: Referenzhorizonte pädagogischen Wissens im Wandel gesellschaftlicher Systeme (Spanien, Sowjetunion/Russland, China). In: Kaelbe, Hartmut/Schriewer, Jürgen (Hrsg.): Gesellschaften im Vergleich. Forschung aus Sozial- und Geisteswissenschaften. Frankfurt am Main, 151–258.

Schriewer, Jürgen (2000 a): Comparative Education Methodology in Transition: Towards a Science of Complexity? In: Schriewer, Jürgen: Discourse Formation in Comparative Education. Frankfurt am Main: Peter Lang, 3–52.

Schriewer, Jürgen (2000 b): Stichwort: Internationaler Vergleich in der Erziehungswissenschaft. In: Zeitschrift für Erziehungswissenschaft 3/4, 495–515.

Schriewer, Jürgen (2001): Fortschrittsmodelle und Modellkonstruktionen. Formen der Internationalisierung pädagogischen Wissens. In: Büschenfeld, 302–327.

Schriewer, Jürgen (2005): Wie global ist institutionalisierte Weltbildungsprogrammatik? Neo-institutionalistische Thesen im Licht kulturvergleichender Analysen. In: Heintz, Bettina (Hrsg.): Weltgesellschaft. Theoretische Zugänge und empirische Problemlagen. Stuttgart: Zeitschrift für Soziologie, 425–441.

Schubert, Volker (2005): Pädagogik als vergleichende Kulturwissenschaft. Erziehung und Bildung in Japan. Wiesbaden: VS Verlag für Sozialwissenschaften.

Schultz, Theodore (1992): The economic value of education. Studies in the economics of Education. Aldershot: Elgar Books.

Schulz von Thun, Friedemann (2010): Miteinander reden: Störungen und Klärungen. Allgemeine Psychologie der Kommunikation. Reinbek: rororo.

Schweitzer, Helmut (1994): Der Mythos vom interkulturellen Lernen. Münster/Hamburg: Lit.

Seitz, Klaus (1993): Von der Dritten Welt Pädagogik zum Globalen Lernen. In: Scheunpflug, Annette/Treml, Alfred K. (Hrsg.): Entwicklungspolitische Bildung. Bilanz und Perspektiven in Forschung und Lehre. Tübingen, 39–77.

Segrest, M. (2001): The Souls of White Folks. In: Rasmussen, B. B. et al. (Hrsg.): The Making and Unmaking of Whiteness. Durham: Duke University Press, 43–71.

Seitz, Klaus (2002): Bildung in der Weltgesellschaft. Gesellschaftstheoretische Grundlagen Globalen Lernens. Frankfurt am Main.

Seitz, Klaus (2002): Zwischen Ignoranz und Mystifizierung. Anmerkungen zur Rezeption der Pädagogik des Südens und zur „Internationalität" der Reformpädagogik. In: Datte, Asit/Lang-

Wojtasik, Gregor (Hrsg.): Bildung zur Eigenständigkeit. Vergessene reformpädagogische Ansätze aus vier Kontinenten. Frankfurt am Main, 271–287.

Seitz, Stefan (2006): Migrantenkinder und positive Schulleistungen. Bad Heilbrunn: Klinkhardt.

Semali, L. (1998): Perspectives of the Curriculum of Whiteness. In: Kincheloe, J./Steinberg, S. (Hrsg.): White Reigns. New York: St. Martin's Press, 177–192.

Skiera, E. (2009 a): Zum sozio-kulturellen Hintergrund des Bildungs- und Sozialwesens. Eine landeskundliche Einführung. Land und Bevölkerung. In: Matthies, A./Skiera, E. (Hrsg.): Das Bildungswesen in Finnland. Geschichte, Struktur, Institutionen und pädagogisch-didaktische Konzeptionen, bildungs- und sozialpolitische Perspektiven. Bad Heilbrunn: Julius Klinkhardt, 23–28.

Skiera, E. (2009 b): Das finnische Bildungswesen im Überblick. In: Matthies, A./Skiera, E. (Hrsg.): Das Bildungswesen in Finnland. Geschichte, Struktur, Institutionen und pädagogisch-didaktische Konzeptionen, bildungs- und sozialpolitische Perspektiven. Bad Heilbrunn: Julius Klinkhardt, 118–122.

Skiera, E./Matthies, A. (2009): Einleitung: Das Bildungswesen Finnlands in mehrper-spektivischer Sicht. In: Matthies, A./Skiera, E. (Hrsg.): Das Bildungswesen in Finnland. Geschichte, Struktur, Institutionen und pädagogisch-didaktische Konzeptionen, bildungs- und sozialpolitische Perspektiven. Bad Heilbrunn: Julius Klinkhardt, 13–21.

STATISTIK AUSTRIA (2013): Bevölkerung nach Staatsangehörigkeit und Geburtsland. http://www.statistik.at/web_de/statistiken/bevoelkerung/bevoelkerungsstruktur/bevoelkerung_nach_staatsangehoerigkeit_geburtsland/index.html. (Letzter Zugriff: 10.02.2014).

Steiner-Khamsi, Gita (2000): Transferring Education, Displacing Reforms. In: Schriewer, Jürgen (Hrsg.): Discourse Formation in Comparative Education. Frankfurt am Main: Peter Lang, 155–187.

Steiner-Khamsi, Gita (2005): Local Meanings, Global Schooling, Anthropology and World Culture Theory. In: Globalization, Societies and Education 3/2, 229–237.

Thernstrom, Abigail/Thernstrom, Stephan (2003): No Excuses. Closing the Racial Gap in Learning. New York: Simon & Schuster.

Thomas, David C. (2008): Cross-Cultural Management: Essential Concepts. New York: SAGE Publications.

Thompson, Gail (2004): Through Ebony Eyes: What teachers need to know but are afraid to ask about African American students. San Francisco: Jossey-Bass.

Thompson, Gail (2007): Up Where We Belong. San Francisco: Jossey-Bass.

UN Refugee Agency (2013): Die Magna Carta des Flüchtlingsschutzes. http://www.unhcr.at/mandat/genfer-fluechtlingskonvention.html?L=0. (Letzter Zugriff: 10.02.2014).

Ungerer, L. (1994): Europa als Gegenstand politischen Unterrichts. In: Wölfing, W./Strittmatter, V. (Hrsg.): Bildung und Erziehung in Europa. Weinheim: Beltz, 63–79.

Uysal, Yasar (2002): Lernen und interkulturelle Erziehung. Der Beitrag der Schule zum Schulerfolg türkischer Schüler. In: Die Deutsche Schule 4, 457–470.

Wallerstein, Immanuel (1983): Klassenanalyse und Weltsystemanalyse. In: Kreckel, Reinhard (Hrsg.): Soziale Ungleichheiten (Soziale Welt). Göttingen, 301–320.

Wallerstein, Immanuel (2004): World-Systems Analysis. An Introduction. Durham/London.

Waterkamp, Dietmar (2006): Vergleichende Erziehungswissenschaft. Münster: Waxmann.

Watson, K. (1991): Alternative Funding of Education Systems: Some Lessons from Third World Experiments. In: Oxford Studies in Comparative Education 1, 113–146.

Watson, R. (1998): Memories, Models and Mapping: The Impact of Geopolitical Changes on Comparative Studies in Education. In: Compare 28/1, 5–31.

Watzlawick, Paul/Jackson, Don D./Beavin, Janet H. (1993): Menschliche Kommunikation. Bern/Stuttgart/Toronto: Hans Huber.

Welch, A. (1999): The Triumph of Technocracy or the Collapse of Certainty? Modernity, Postmodernity, and Postcolonialism in Comparative Education. In: Arnove, R. F./Torres, C. A. (Hrsg.): Comparative Education: The Dialectic of the Global and the Local. Lanham: Rowman & Littlefield, 25–50.

Wende, Waltraud (2007): Wozu Germanistik? Der Bologna-Prozess als Chance längst überfälliger Modernisierungsprozesse. In: Bollenbeck, Georg/Wende, Waltraud (Hrsg.): Der Bologna-Prozess und die Veränderung der Hochschullandschaft. Heidelberg: Synchron Wissenschaftsverlag der Autoren, 105–123.

Wuttke, Joachim (2007): Die Insignifikanz signifikanter Unterschiede. Der Genauigkeitsanspruch von PISA ist illusorisch. In: Jahnke, Thomas/Meyerhöfer, Wolfram: PISA & Co – Kritik eines Programms. Hildesheim: Franzbecker, 7–121.

Wuttke, Joachim (2009): PISA: Nachträge zu einer nicht geführten Debatte. Mitteilungen der Gesellschaft für Didaktik der Mathematik 87, 22–34.

Vesely, Randall/Crampton, Faith (2005): Financing Urban Schools. In: Obiakor, Festus E./Beachum, Floyd D. (Hrsg.): Urban Education for the 21st Century. Springfield: Charles C. Thomas Publisher, 162–175.

Villegas, Ana Maria/Lucas, Tamora (2002): Educating Culturally Responsive Teachers. Albany: State University of New York Press.

Xu, Yaoying (2005): Education Young Learners in Urban Schools and Communities. In: Obiakor, Festus E./Beachum, Floyd D. (Hrsg.): Urban Education for the 21st Century. Springfield: Charles C. Thomas Publisher, 114–138.